"… NO ENTANTO, AO MESMO TEMPO E EM OUTRO NÍVEL…"

Blucher KARNAC

"... NO ENTANTO, AO MESMO TEMPO E EM OUTRO NÍVEL..."

Aplicações clínicas na linha kleiniana/bioniana

Volume 2

James S. Grotstein

Tradução

João Paulo Machado de Souza

Patrícia F. Lago

Authorised translation from the English language edition published by Karnac Books Ltd.
"... no entanto, ao mesmo tempo e em outro nível...": aplicações clínicas na linha kleiniana/bioniana - volume 2
Título original: *"... but at the Same Time and on Another Level...": Clinical Applications in the Kleinian/Bionian Mode - volume 2*

Equipe Karnac Books
Editor-assistente para o Brasil Paulo Cesar Sandler
Coordenador de traduções Vasco Moscovici da Cruz
Revisora gramatical Beatriz Aratangy Berger
Conselho consultivo Nilde Parada Franch, Maria Cristina Gil Auge, Rogério N. Coelho de Souza, Eduardo Boralli Rocha

Blucher

Rua Pedroso Alvarenga, 1245, 4° andar
04531-934 - São Paulo - SP - Brasil
Tel.: 55 11 3078-5366
contato@blucher.com.br
www.blucher.com.br

Segundo o Novo Acordo Ortográfico, conforme 5. ed. do *Vocabulário Ortográfico da Língua Portuguesa*, Academia Brasileira de Letras, março de 2009.

Dados Internacionais de Catalogação na Publicação (CIP)
Angélica Ilacqua CRB-8/7057

Grotstein, James S.
"... no entanto, ao mesmo tempo e em outro nível..." : aplicações clínicas na linha kleiniana/bioniana - volume 2 / James S. Grotstein ; tradução de João Paulo Machado de Souza, Patrícia F. Lago. - São Paulo : Blucher, 2017.
432 p.

Título original: *"... but at the Same Time and on Another Level...": Clinical Applications in the Kleinian/Bionian Mode - volume 2*

Bibliografia
ISBN 978-85-212-1248-5

1. Psicanálise 2. Klein, Melanie, 1882-1960 3. Bion, Wilfred R. (Wilfred Ruprecht), 1897-1979 I. Título.

17-1395 CDD 150.195

Índice para catálogo sistemático:
1. Psicanálise

Dedico esta obra a Wilfred Bion, Ronald Britton, Albert Mason, Thomas Ogden e Antonino Ferro, todos que me inspiraram de diversas formas na escrita deste livro. Também dedico-o à minha esposa, Susan, que suportou longa e pacientemente seu período como "viúva literária" enquanto eu estava absorto na redação. Sou profundamente grato àqueles que foram meus pacientes ao longo dos anos; aos que ajudei, mas, especialmente – e infelizmente –, àqueles que não pude ajudar. Foram eles que me levaram a refletir sobre mim mesmo (em quatro análises e em inúmeras supervisões voluntárias) e a consultar diversas escolas de pensamento psicanalítico até que eu ficasse imerso na escola kleiniana – e, agora, pós-kleiniana – e bioniana, ao mesmo tempo que sou grato e utilizo a sabedoria de outras escolas nas quais fui treinado e/ou com as quais tive contato. Minha jornada profissional tem sido muito estimulante, mas é constantemente conduzida pela necessidade de reparar meus fracassos e dedicar-me uma vez mais à tarefa psicanalítica.

Agradecimentos

Estou em dívida com muitas pessoas por esta obra. Certamente estou em dívida com meus analistas, Robert Jokl, Ivan Maguire, Wilfred Bion e Albert Mason, e com meus supervisores e professores da Sociedade/Instituto de Psicanálise de Los Angeles, e com muitos outros, kleinianos, pós-kleinianos e bionianos. Também gostaria de oferecer minha gratidão aos seguintes supervisionandos e colegas, que graciosamente me concederam ajuda inestimável para escrever este texto, ou me permitiram usar seu material clínico. Sou especialmente grato a Ronald Britton, Thomas Ogden, Antonino Ferro, Albert Mason e Shelley Alhanati, por sua inspiração e gentileza ao conceder permissão para que eu usasse exemplos do seu trabalho clínico.

A Thomas Ogden e ao editor do *Psychoanalytic Quarterly*, por sua gentil permissão para que eu publicasse seu caso "A mulher que não conseguia refletir" *(Psychoanalytic Quarterly*, 1997, *66*: 567-595).

A Antonino Ferro e ao *Psychoanalytic Quarterly*, por sua gentil permissão para que eu publicasse trechos de "Marcella: a transição da sensorialidade explosiva para a capacidade de pensar" *(Psychoanalytic Quarterly*, 2003, Volume 72: 183-200).

Também estou em dívida com Raquel Ackerman, Joseph Aguayo, Afsaneh Alisobhani, Elizabeth Clark, Edmund Cohen, Jeffrey Eaton, Michael Eigen, Daniel Fast, Maureen Franey, Eugenie French, Sandra Garfield, Janis Goldman, Martha Joachim, Jude Juarez, Andrea Kahn, Leila Kuenzel, Jennifer Langham, Howard Levine, Robert Oelsner, Murray Pepper, Lee Rather, Paulo Sandler, Kirsten Schwanke, David Tresan e Lisa Youngman.

Gostaria de expressar minhas desculpas e meu profundo pesar a todos amigos, colegas e supervisionandos que generosamente me presentearam com os manuscritos que solicitei, mas que acabei não podendo usar em função da lamentável e dolorosa limitação de espaço.

Prefácio

No Volume 1, meu desejo era recapitular seletivamente a teoria kleiniana (principalmente a tradicional) e bioniana, para apresentar os aspectos mais importantes que fundamentam e informam sua técnica clínica, sem pretender que fosse um livro texto sobre teoria *per se*. Também incluí algumas ideias teóricas que, acredito, constituem ordens ocultas da técnica dos referidos autores, como "a criança do inconsciente de sempre e para sempre".

No Volume 2, descrevo em detalhes *minha ideia* sobre como compreender e interpretar especificamente em uma sessão analítica. O leitor notará que descrevo sessões clínicas em detalhes estenográficos, e apresento sessões completas. Notará também que não incluo a história pretérita do paciente, mas faço referência a ela quando necessário para compreender o texto. Nas sessões de meus próprios analisandos e nas de outros, empenho-me em detalhar minhas observações particulares, *rêveries* e contratransferências, assim como meus pensamentos sobre como, quando e o que deve ser interpretado.

Desejo reiterar o que afirmei no prefácio ao Volume 1, no que se refere ao foco deste texto, relativo ao pensamento kleiniano "clássico" infantil, de objeto parcial, como se diferenciando cada vez mais da posterior ênfase pós-kleiniana no processo analítico (transferência/contratransferência) no aqui e agora – tudo concebido em uma perspectiva de objeto total.

Esta obra foi escrita no ápice e, após, no crepúsculo da teoria e técnica kleiniana "clássica", que lida com estados mentais infantis acompanhados por designações de objeto parcial, e centra-se no *texto* analítico das associações do analisando e em reconstruções. A obra pós-kleiniana londrina contemporânea surgiu nesse período. Seus seguidores gradualmente diferenciaram-se da obra clássica e começaram a pensar, falar e interpretar em um novo jargão, que foca nas complexidades do *processo de transferência/contratransferência no "aqui e agora"*, colocando ênfase em *enactments* pelo analisando ou analista. É uma perspectiva de objeto total – e não de objeto parcial. Como menciono ao final do texto, parece-me assemelhar-se muito a um sério jogo de paixão teatral, em que analisando e analista muitas vezes desempenham papéis ocultos, que Sandler (1976) há muito delineou e que são agora o foco de atenção do grupo de estudos de Betty Joseph (Hargreaves & Varchevker, 2004).

Não obstante esta mudança sutil, mas significativa, na teoria e técnica e na linguagem em que são expressas, é meu entendimento que os pós-kleinianos londrinos contemporâneos são treinados e, portanto, bem versados em relação à teoria clássica infantilística, de objeto parcial, e que efetivamente ela ocupa o segundo plano, se não muitas vezes o primeiro, em seu pensamento e em seus estilos de interpretação. Acredito, em outras palavras, que constituiu uma parte importante da sua formação psicanalítica básica, antes de colocarem-na de lado para sua nova orientação.

Desejo neste momento apresentar uma ressalva. No Volume 2, enfatizo conceitos de técnica psicanalítica. Minhas recomendações constituem *minha versão* do que acredito serem visões geralmente aceitas, e minhas sugestões pessoais. Sugiro que o leitor, por conseguinte, compreenda o que apresento como *diretrizes sugeridas* de ambas as fontes, com o entendimento de que situações clínicas podem frequentemente demandar desvios justificáveis.

Ressalva. Na minha versão original deste trabalho, tentei equilibrar o uso de designações de gênero através do emprego de pronomes multigênero, como "ele(a)", "seu/sua" e "dele(a)". No entanto, muitos daqueles que, a meu pedido, criticaram este texto, disseram-me que tal terminologia, embora precisa e adequada, é considerada complicada e desconfortável para os leitores. Portanto, relutantemente recorri ao emprego de pronomes e adjetivos masculinos, em detrimento dos femininos, pelo que peço perdão às mulheres. A psicanálise já foi dominada por homens. Agora, a tendência é a dominação feminina. A população predominante de pacientes, tanto antes como agora, pode muito bem ter sido e ainda ser feminina. Assim, minhas desculpas ainda maiores, e minhas lástimas!

Conteúdo

Manter-se por descobrir é a realização mais astuta de arte.

John Dryden

A memória acredita antes de o conhecimento poder recordar.

Luz em Agosto, William Faulkner

E como a fantasia dá relevo
A coisas até então desconhecidas, a pena do poeta
Lhes dá forma, e a essa coisa nenhuma aérea e vácua
Empresta nome e fixa lugar certo.

Theseus em *Sonho de uma noite de verão* (Ato V, Cena 1)

PARTE I

TÉCNICA PSICANALÍTICA

1. Entrevista: a sessão inicial

Ao entrevistar o futuro analisando pela primeira vez, a experiência sugere que pode ser melhor para o analista não confundir esta entrevista com a análise em si. Etchegoyen (1991) acredita que uma distinção clara deve ser feita entre a consulta original cara-a-cara e a análise futura de modo a permitir que o potencial analisando desenvolva uma impressão da realidade da presença do analista – ao menos uma imagem baseada naquilo que ele é capaz de apreender durante a consulta. Klein e seus seguidores, inclusive Bion, parecem frequentemente fazer algo diferente disso. Eles consideram que a análise já começou desde o início da entrevista inicial e, embora se interessem pela história passada, não perguntam diretamente sobre ela, mas permitem que ela se revele por conta própria. Em outras palavras, eles seguem as associações livres do analisando e interpretam a transferência desde o princípio. Essa foi minha experiência em minhas análises kleiniana (Albert Mason) e kleiniana/bioniana (Bion). No entanto, Mason (comunicação pessoal) defende o ponto de vista de que ele prefere coletar alguns dados sobre o passado do analisando para evitar ser surpreendido pelo aparecimento de psicoses, vícios e outros transtornos do tipo.

A entrevista inicial permite a avaliação do analisando em potencial no que diz respeito à sua adequação para a análise e representa a melhor oportunidade para que o analista esclareça a natureza do procedimento analítico, a justificativa para o uso do divã, o estabelecimento dos honorários, o agendamento das sessões e as regras do analista com relação às faltas.

Também descobri que pode ser útil em certas ocasiões estender a entrevista inicial por até seis sessões consecutivas para uma melhor avaliação, principalmente da adequação para a análise – comigo. Minha postura varia de um analisando em potencial para outro no que se refere à coleta de uma história detalhada. Geralmente, prefiro não fazê-lo – prefiro entrar em contato com ela conforme ela emerge durante a análise. Em outros casos, no entanto, posso optar por focar-me sobre a história por acreditar, naquela ocasião, que devo proceder assim: ou, para criar uma piada bioniana apócrifa, "Não há problema em coletar uma história desde que você se esqueça dela rapidamente!"

Uma vez que tenhamos concordado sobre a indicação da psicanálise e após minha sugestão de que os pacientes venham idealmente cinco vezes por semana, os futuros analisandos podem ficar chocados e assustados, especialmente por associar esta frequência com a gravidade de sua psicopatologia. Explico então que a frequência não tem nada a ver com sua doença, mas que representa a natureza do procedimento que funciona de modo ideal sob estas condições. Sigo adiante dizendo que, com os atendimentos ocorrendo nesta frequência, as emoções e os pensamentos que uma sessão analítica podem evocar podem então ser abordados na sessão ou nas sessões seguintes. Do contrário, eles retornariam ao inconsciente e não seriam trabalhados.

O analisando compreende rapidamente, uma vez que a análise esteja em curso, que a frequência resulta no estabelecimento de um "ritmo de segurança" (Tustin, 1990, p. 160): um ciclo invariante que corresponde à experiência que o bebê tem da congruência ideal entre dois ciclos: (a) a chegada e a extinção de suas necessidades alimentares e (b) a chegada e a partida da mãe para satisfazer sua carência. Quando ocorrem alterações ou quebras desta frequência, o "ritmo de segurança" é rompido ("mudança catastrófica": Bion, 1970): essa experiência representa um aspecto importante do *contexto adaptativo*[1] (Langs, 1976a, 1976b) e/ou do *objeto analítico*[2] (Bion, 1965).

No passado, o uso do divã era recomendado apenas em tratamentos de quatro ou cinco sessões semanais. Atualmente, muitos psicoterapeutas e mesmo psicanalistas utilizam o divã para tratamentos baseados em uma, duas ou três sessões por semana. Acredito que cada analista ou terapeuta deva utilizar seus próprios critérios e possa consultar outros colegas a este respeito – mas também acredito que, independentemente da frequência, o analista e/ou terapeuta deve assumir e preservar a postura analítica com o paciente.

Em minha prática clínica, explico o uso do divã da seguinte forma:

> *Freud aparentemente pensava que era um tipo de decodificador do código secreto do inconsciente que emergia a partir das associações livres do paciente. Ele se via tão profundamente concentrado na função de decodificar que se sentia invadido quando o analisando, sentado à sua frente, mantinha o olhar sobre ele. Freud então,*

> *para sua própria conveniência, institui o procedimento de fazer com que o analisando olhasse em outra direção e, enquanto o fazia, permanecesse deitado para ficar mais confortável. Freud não tinha ideia na época de que, ao posicionar o analisando desta maneira, isto é, com o olhar desviado e na posição horizontal, ele havia de fato revelado o funcionamento do hemisfério cerebral direito, que é não linear, menos organizado, orientado para o campo e mais emotivo e devaneador por natureza. (Grotstein, 1995c)*

Minha experiência me informa que a sugestão do uso do divã não deve ser dogmática. Tenho contato com analisandos nos quais observo um *apego tênue* e noto que eles geralmente preferem permanecer sentados para que possam utilizar seus olhos para se ligar ao analista. Acredito que esta observação deva ser mantida em mente.

Também explico ao futuro analisando o modo como ele deve proceder uma vez que a análise tenha início: que a regra fundamental (Freud, 1913[1912-13], p. 207) preconiza que ele deve dizer tudo que lhe venha à mente, não importando quão irrelevante ou embaraçoso possa parecer. Com respeito ao modo como eu devo proceder, explico que minha tarefa é ouvir suas falas livremente criadas até que eu tenha alguma ideia sobre o que a parte inconsciente de sua personalidade esteja tentando nos dizer. Minhas intervenções serão principalmente interpretações – isto é, minha impressão em um dado momento sobre o que parecem ser suas próprias "interpretações" sobre si mesmo. Posso também fazer perguntas sobre informações que não se encontram à minha disposição. Posso ainda tentar esclarecer alguma coisa. Também explico que suas próprias perguntas dirigidas a mim serão consideradas como associações livres e podem, portanto, não ser respondidas diretamente ou mesmo absolutamente; esclareço que esta prática não é evasiva ou grosseira por parte do analista, mas que se deve ao fato de que um pensamento, afirmação ou fantasia estivera operando antes que a questão fosse elaborada e que este precursor da pergunta (porque esta pergunta foi feita?) tem primazia sobre a própria pergunta no pensamento analítico.

Notas

1. O contexto adaptativo diz respeito a qualquer fator ou a todos os fatores do ambiente externo e/ou da análise aos quais o analisando está se adaptando naquele momento (Langs, 1976a, 1976b). Qualquer "turbulência emocional" (Bion, 1965, p. 157) decorrente de uma "mudança catastrófica" (Bion, 1970) torna-se parte do contexto adaptativo.

2. O "objeto analítico" (Bion, 1962b, p. 68) constitui a essência da máxima ansiedade inconsciente do paciente; isto é, ele representa a expressão do principal tema narrativo subjacente da sessão. Ele pode ser detectado, de acordo com Bion, por meio de "sensação, mito e paixão", com os quais acredito que ele queira se referir à observação e à fantasia inconsciente – ou ao mito pessoal e ao mito geral ao qual ele pode corresponder (por exemplo, o mito de Édipo e as emoções vivenciadas com relação ao tema de que ele trata).

2. A análise tem início: estabelecimento do enquadre

*O enquadre (*setting*) analítico: estabelecimento, manutenção e preservação*

Bion estabeleceu uma conexão entre a barreira de contato[1] e o enquadre analítico. De forma sucinta, o enquadre analítico, que medeia a relação entre analisando e analista, é o correlato externo e a extensão da barreira de contato intrapsíquica que, por sua vez, faz a separação protetora entre os Sistemas *Cs.* e *Ics.* (Bion, 1962b, p. 17).

Com base na longa tradição psicanalítica, aconselho o analista não apenas a observar o enquadre analítico, mas também a "*tornar-se*" o enquadre. Um dos componentes desta recomendação é o seguinte: quando o analista entra na sala de espera para cumprimentar e chamar o analisando, ele deve ser cortês e devolver os cumprimentos, mas não entrar em conversas ou discussões com o analisando. Ele deve aguardar até que o analisando ocupe o divã e comece a fazer associações antes de falar. O analista deve também lidar com o hábito que alguns analisandos têm de entrar na sala de atendimento levando café, garrafas de água e/ou telefones celulares nas mãos.

Categorias de enquadre

O conceito de enquadre analítico parece ter pelo menos quatro dimensões diferentes:

A. O "*enquadre de fundo*" refere-se aos contornos do *setting* analítico – isto é, o contexto adaptativo da sessão, a adequação dos modos tanto do analisando quanto do analista e o comportamento durante a sessão, a adequação da vestimenta de ambos, o ato de trazer café, água e outras coisas para dentro da sala, o uso de telefones celulares pelo analisando, o atendimento do telefone pelo analista durante a sessão e assim por diante. Um elemento do enquadre de fundo merece atenção especial. Tustin (1990) cunhou o termo "*ritmo de segurança*" para se referir à previsibilidade da regularidade das sessões analíticas para a criança autista (p. 160). Este conceito pode representar uma manifestação da necessidade que bebês, crianças e analisandos têm de possuir uma agenda preestabelecida para suas atividades, e acredito que ele seja mais adequado à experiência de todos os bebês e crianças em geral e, particularmente, de todos os analisandos.

B. A *atitude interpretativa do analista* refere-se ao foco do analista no enquadre da relação analítica entre o analisando e ele próprio na situação de transferência ↔ contratransferência ↔ *rêverie*: isto é, ele deve "*enquadrar*" tanto o *setting* analítico quanto o *processo e a função analítica* dentro dele. Ele deve, em última análise, com algumas exceções legítimas, conduzir a análise (a) permitindo que ela se desenrole espontaneamente e intervindo apenas através de interpretações, no sentido amplo do termo, que inclui confrontações, perguntas (se necessário) e assim por diante. Se possível, o analista não deve dialogar com o analisando. Em outras palavras, o analista deve salvaguardar a *atmosfera analítica*. O analista deve fazer perguntas? Este parece ser um tema controverso. Acredito que, como regra, as perguntas devem ser evitadas se possível, a menos que o analista sinta necessidade de informações do paciente sobre uma ou outra de suas associações ou sobre aspectos desconhecidos de sua história passada. As próprias associações do analisando geralmente fornecem as respostas buscadas. Uma pergunta típica que analistas e/ou terapeutas frequentemente fazem a seus analisandos é: "Porque será que você sempre se depara com homens (ou mulheres) deste tipo?" Este tipo de pergunta *guia* leva o analisando a se tornar seu próprio analista. Existe outra razão para a ressalva relativa às perguntas, no entanto. O analista pode, legítima e inocentemente, fazer uma pergunta, mas pode não se dar conta de que sua pergunta "inocente" pode ser ouvida pelo analisando como uma crítica, recomendação ou ordem – por conta da presença da transferência, particularmente de uma transferência superegoica.

C. O "*enquadre condicional*" inclui aquelas circunstâncias legítimas nas quais o analista se sente, de acordo com seu melhor julgamento, levado a alterar o enquadre. Estas situações podem incluir o uso criterioso de análise pelo telefone durante algumas sessões caso o paciente esteja fora da cidade ou do país e tenha a necessidade real de continuar a análise, ou ainda outras exceções legítimas que podem fazer com que o analista permita o estabelecimento de um "enquadre condicional". No entanto, tais expansões do enquadre ainda constituem violações dele – isto é, de seus parâmetros – e devem ser objetos de análise.

D. O "*trato*" que existe inconscientemente entre analisando e analista especifica que cada um deles, individual e coletivamente, é responsável por cuidar da melhor maneira possível da "criança em constante desenvolvimento do inconsciente": o "*sujeito analítico*". Vejo o enquadre como parte do "*trato*" que conecta eticamente o analisando e o analista em sua tarefa conjunta e individual de preservar a integridade e a continuidade da análise.

Aquilo que Bion (1962a, 1962b) viria posteriormente a descrever como o fenômenos de "continente-conteúdo" já tinha sido intuído por Freud sob a forma do *setting psicanalítico*, que viria a se tornar o *enquadre psicanalítico* – o contorno ou continente dentro do qual se dá o processo psicanalítico. O estabelecimento das regras do enquadre pelo analista junto ao analisando, junto com a aceitação destas pelo segundo, é o que vejo como um *trato* entre os dois. Este trato torna o analisando e o analista responsáveis por seu comparecimento, sua postura, sua consideração e pelo cuidado e bem-estar de seu "bebê/criança" compartilhado: a "criança em constante desenvolvimento do inconsciente".

O enquadre como guardião da peça passional analítica

Diferente da maioria dos psicanalistas, do passado e do presente, acredito que a psicanálise possa ser pensada como constituindo essencialmente uma "*peça passional*" – algo que inclui e vai além das pulsões (motivação inconsciente) e das relações objetais internas e externas. Acredito, pessoalmente, que o conceito de drama ou peça (atuação como ator-*self* na peça) transcende as considerações tradicionais da teoria de impulsos e objetos e reconfigura a prática da psicanálise e da psicoterapia no domínio estético (Bion, 1965, p. 52). As regras que se aplicam à manutenção do enquadre analítico têm um paralelo curioso nas regras que os atores utilizam quando encenam uma peça ou filme (Stanislavski, 1936) ou com as regras que as crianças seguem instintivamente quando brincam (Opie & Opie, 1959). O ator deve utilizar sua persona enquanto deixa sua personalidade normal subordinada para se adequar ao papel que deve representar. Esta subordinação de sua personalidade normal pode ser equiparada àquilo que o analista deve fazer ao conduzir a análise – e o mesmo vale para o analisando. Ao pensarmos a experiência psicanalítica como uma peça passional improvisada, podemos então conceber que o inconsciente do analisando cria, escreve, dirige, produz e *apresenta* um cenário criptografado que consiste de associações livres (Grotstein, 2000). Em outras palavras, uma coisa é recomendar abstinência tendo em mente a ideia de barrar a atuação dos impulsos para que eles possam ser atrelados a palavras e pensamentos. Outra coisa diferente é recomendar abstinência para que a "peça analítica" possa ser interpretada.

Tais associações "livres" são na verdade, penso eu, os mistérios codificados do inconsciente que uma presença sobrenatural – o "sujeito inefável do inconsciente", o "sonhador que sonha o sonho", o "dramaturgo" – escolhe revelar por conta de sua importância potencial e relevância atual. Desta perspectiva, as regras do enquadre analítico são necessárias para resguardar a capacidade dos dois parceiros analíticos de participar com *suspensão de descrença* no drama da paixão que está se revelando. Outra consequência de se considerar o tratamento psicanalítico como uma peça ou drama é que o conceito de resistência analítica é modificado e relegado à margem. Da perspectiva dramática, em outras palavras, tudo que o paciente diz ou revela em seu comportamento – inclusive a resistência – está sendo demonstrado ou apresentado para que seja compreendido ao se tornar dramaticamente óbvio para o analista e também para o analisando. Talvez fosse isso que Freud (1900a) tivesse em mente ao falar sobre aquela qualidade do trabalho onírico que propõe que o inconsciente apresente "condições de representabilidade" (p. 335).

O *conatus* (Spinoza, em Damasio, 2003, p. 36; Hampshire, 2005, pp. 67-68) é o princípio que propõe que todos os organismos vivos, inclusive o homem, busca inconscientemente (reflexivamente) manter a similitude [*selfsameness*] de sua identidade central no processo de mudança ("ansiedade catastrófica", Bion, 1965, pp. 8-11).

Um supervisionando certa vez apresentou-me o caso clínico de uma paciente de meia idade que sofria de transtorno bipolar (Eixo I do DSM) e de um transtorno mental primitivo (Eixo II). Por bastante tempo, a paciente costumava ouvir e responder positivamente às interpretações do analista e então adormecer ou entrar em um estado crepuscular. O supervisionando reclamou para mim que "a paciente estava morta na sessão!" Eu respondi, "Não, a paciente *não* estava morta. Ela estava *apresentando* dramaticamente seu *desejo* de estar morta naquele momento para evitar a ansiedade das mudanças que ocorreria caso ela digerisse completamente suas interpretações." O supervisionando concordou.

Portanto, se a psicanálise for considerada como uma peça passional improvisada, então aquilo que tradicionalmente chamamos de resistência por parte do analisando pode ser pensado como uma revelação de ansiedade conativa que prenuncia a antecipação de uma ruptura catastrófica do *self*.

O enquadre analítico como fiador e facilitador da liberação

Ao longo de muitas análises, dei-me conta da necessidade de repensar as regras do enquadre analítico – regras que eu tomara como tão certas desde minha formação psicanalítica que haviam se tornado um catecismo automático. Refletindo sobre o tema, desenvolvi algumas considerações próprias. Quando o enquadre analítico (o *setting* com limites) encontra-se intacto e seguro como resultado do comportamento do analista, o inconsciente parece sentir-se mais livre para emergir e expressar-se. É como se o inconsciente soubesse que a psicanálise é uma forma especial de peça na qual as fronteiras devem estar delimitadas para que o drama sagrado e mais pessoal venha à superfície para ser representado. Finalmente ocorreu-me, durante a análise de uma moça que encontrava-se em uma transferência erótica comigo, que as fronteiras deveriam estar bem demarcadas e a regra de abstinência em vigor para que ela pudesse vivenciar a natureza completa de seu *self* libidinal, sem a interferência de sua autodescoberta pela realização do ato sexual. Em outras palavras, é como se houvesse duas formas de relação sexual: a forma que acontece entre dois parceiros reais no mundo externo e uma outra, que só pode acontecer na psicanálise – no mundo interno com base na *rêverie* do analisando e do analista e sobre a rede sagrada assegurada pela regra da abstinência. A regra da abstinência e a proteção contratual proporcionadas pela manutenção do enquadre por parte do analista oferece a oportunidade perfeita para que o analisando vivencie toda a extensão de sua enteléquia (potencial interno) sexual.

Outras considerações sobre o enquadre

Algumas questões relacionadas ao enquadre das quais o analista deve tratar minuciosamente no início da análise incluem o tempo e a frequência das sessões (daí a regularidade e simetria), o valor da sessão, a data de pagamento, a responsabilidade do analisando por faltas e os períodos de férias. Os analistas gradualmente se deram conta de que o enquadre analítico oferece uma sensação de constância para o analisando e se transforma naquilo que Tustin (1990) chamou de "ritmo de segurança". Ele representa uma invariante no processo psicanalítico contra a qual, ou dentro da qual, as variáveis psicanalíticas – impulsos, afetos, circunstâncias da vida – se confrontam.

Tornou-se cada vez mais claro com o passar do tempo que, uma vez que o enquadre tenha sido estabelecido, boa parte da atividade do analista consiste em preservá-lo, monitorá-lo e/ou patrulhá-lo. Uma vez que o enquadre representa um acordo mutuamente estabelecido entre o par analítico, também é importante que o analista o respeite. Isso significa que ele deve assegurar seu comparecimento às sessões, utilizar vestimenta e comportamento adequado durante elas, discutir temas potencialmente controversos com o analisando fora das sessões (esta precaução é especialmente válida em institutos de formação) e, sob todos os aspectos, portar-se como um analista.

O significado e a interpretação deste último ponto começou a mudar com o passar do tempo. Antes, isso significava que o analista deveria ser neutro e objetivo, mas atencioso e não pessoal – ou seja, não deveria conversar casualmente com o analisando ou fazer revelações pessoais. Não entrarei nos debates atuais sobre empatia analítica e a questão das revelações pessoais pelo analista. Respeito o fato de que toda regra tem suas exceções justificáveis, mas a regra desejável que é ainda seguida hoje em dia é que o analista deve ser engajado, ou o que Alvarez (1996) chama de "companhia viva": receptivo, mas sem conluio, e adequadamente discreto na preservação do enquadre. Depois de minha experiência analítica com Wilfred Bion e, mais tarde, com Albert Mason, ambos os quais se aproximavam do ideal para a condução da análise, a meu ver, eu recomendaria ao analista que restrinja suas intervenções principalmente às interpretações - tão dentro da transferência quanto possível - e evite explicações ou comentários educativos.

A quebra do enquadre por parte do analisando pode ocorrer de diversas formas, por várias razões. Uma forma comum é que o paciente se atrase e/ou não compareça às sessões. Outros buscam "pegar emprestadas" revistas da sala de espera do analista, dar presentes, tentar tocar ou abraçar o analista, continuar falando ao telefone celular ao entrar na sala de atendimento, recusar-se a sair quando a sessão acaba e assim por diante. Obviamente, estas atuações rebeldes demandam atenção e interpretação, consoante com a tarefa infindável do analista de monitorar e manter o enquadre. Com frequência, é o analista que pode quebrar o enquadre de várias formas e por uma variedade de razões contratransferenciais, sendo uma das principais a idealização por ele do analisando ou seu desejo de ser idealizado por este; de forma semelhante, tais quebras podem resultar do desconforto ou antipatia que o analista sente em relação ao paciente.

Quando ocorrem situações de *folie à deux*, uma razão possível é que o analisando esteja apresentando um tema de seu inconsciente sob a forma de uma fantasia que não só combina-se com a mesma fantasia ou uma fantasia semelhante do analista, mas que também faz com que ele entre em conluio com o paciente por conta da necessidade de preservar a ficção da fantasia (Mason, 1994; comunicação pessoal, 2005). Um exemplo comum desta situação de *folie à deux* ocorre na formação psicanalítica: o analista que possui um interesse arraigado nos princípios e crenças de sua escola analítica pessoal pode tentar converter o analisando em formação às mesmas crenças. Por outro lado, o analisando pode apresentar-se de forma tal que o analista pode começar a idealizar o analisando como um "messias" ou uma criança onipotente que irá salvar o analista ou o grupo psicanalítico ao qual ele pertence. Também existe, é claro, o tipo específico de *folie à deux* que ocorre no tratamento de pacientes que entram em reações terapêuticas negativas ou equilíbrios psíquicos.

Lembro-me de um "garoto prodígio" muito inteligente, culto e articulado que me encantava com seus dons há muitos anos atrás. Percebi que o estava idealizando e dei-me conta de que nossos papéis haviam sido trocados. Minha autoanálise da situação foi a seguinte: antes de entrar na faculdade de medicina para me tornar psicanalista, eu desejara fazer uma carreira em literatura inglesa. Depois da minha mudança de carreira, ainda continuei a sentir que havia perdido algo em minha vida e via minha escolha anterior com carinho. O analisando representava minha carreira abandonada em literatura inglesa. Inconscientemente, eu vinha vivendo algo indiretamente através de meu analisando e, com isso, deixara de analisar o modo como ele estava utilizando sua área como uma resistência analítica. Eu estivera em uma *folie à deux* com ele. Quando me dei conta de meu envolvimento indireto com ele e sua carreira, pude separar-me dele e oferecer interpretações significativas para ajudar a encerrar o impasse analítico.

Bion e o enquadre

Já escrevi em outra ocasião (Grotstein, 2007) sobre o uso do enquadre por Bion. Um exemplo de minha própria análise pode mostrá-lo em ação: Certa vez, em um momento de transferência negativa, critiquei Melanie Klein (a analista *dele*). A resposta de Bion foi a seguinte: "Ah, você *conheceu* Melanie Klein? *Como* você a conheceu?" Bion não estava sendo sarcástico: ele estava demonstrando quão integralmente ele mantinha o enquadre na sessão.

Em vez de interpretar diretamente minha transferência negativa naquele momento e observar que eu estava emocional e epistemicamente fechado - ou seja, incapaz de pensar, mas apenas de ralhar com ele - ele buscou abrir-me para criar um espaço vazio, insaturado, para pensar. Ele estava me lembrando indiretamente que eu *não* tinha conhecido Melanie Klein uma vez que eu jamais tinha me encontrado com ela, e muito menos a tinha analisado![2]

Frequência das sessões

A frequência de sessões exigida para a psicanálise sempre foi e continua a ser de cinco vezes por semana, embora gradualmente a frequência de quatro sessões semanais tenha se tornado oficialmente aceitável. Havia antes uma linha divisória clara entre a psicanálise e a psicoterapia caso as sessões tivessem uma frequência menor do que quatro vezes por semana. A justificativa para quatro ou cinco sessões semanais está relacionada àquilo que se acredita ser a frequência necessária para evocar uma regressão profunda o suficiente para que o trabalho analítico seja realizado e para que se possa trabalhar adequadamente com os resultados de tal regressão. Se o analisando é atendido cinco vezes por semana, então restam apenas dois dias nos quais ele não é atendido e, portanto, esta frequência e proporção é ideal para que o inconsciente se sinta seguro para permanecer aberto e possibilitar, assim, uma sensação de continuidade inconsciente. Em contraste, caso o paciente seja atendido, digamos, duas vezes por semana, ele então ficará por sua própria conta durante cinco dias na semana, forçando assim o inconsciente a se adaptar a todos aqueles dias durante os quais ele não será processado. O resultado da frequência menor pode bem ser que o paciente, sem o apoio adicional da presença do analista, retorne inconscientemente aos seus mecanismos de defesa usuais e crie uma descontinuidade consigo mesmo.

O uso do divã e uma reavaliação de seu emprego na psicanálise

O uso do divã para o tratamento de transtornos mentais tem uma história que começa muito antes de Freud. Os gregos antigos aparentemente praticavam uma forma semelhante de psicanálise, caracterizada pelo uso do divã, pela análise dos sonhos e pelo emprego da retórica, da dialética e da catarse (Entralgo, 1970; Simon, 1978). Não está claro qual era a justificativa deles para o uso do divã. Como todos sabemos, a sugestão de Freud de que o paciente utilize o divã tem muito a ver com razões pessoais: Ele não queria ser observado enquanto pensava sobre as associações livres do paciente e também acreditava que o paciente, sentindo-se mais confortável ao permanecer deitado, seria capaz de atingir camadas mais profundas de fantasias pré-conscientes.

Freud aparentemente nunca percebeu que ele havia, na verdade, descoberto o funcionamento do hemisfério cerebral direito! Uma pessoa que se encontra deitada e sem contato visual com seu interlocutor parece ativar uma mudança de hemisfério cerebral relacionada aos modos de processamento de dados do lado esquerdo para o direito em pessoas destras e no sentido contrário em pessoas canhotas. Curiosamente, pesquisadores trabalhando com a observação de bebês também perceberam que havia uma diferença considerável no nível de alerta da criança quando esta era observada enquanto permanecia sentada ou deitada. Esta mudança no nível de alerta da consciência estava associada a alterações eletroencefalográficas e também a uma mudança hemisférica, a partir de um modo altamente controlado, organizado, linear e abstrato para um modo mais flexível, de fluxo mais livre, um pouco mais desfocado e dependente do campo. O termo "dependente do campo" sugere um estado de mente no qual o sujeito é dominado por e organizado em torno de emoções e fantasias e, como consequência, busca aqueles objetos no ambiente, interno e externo, que parecem dar suporte ou confirmar tal estado mental. Esta mudança para o "cérebro direito" na posição deitada na análise seria demonstrada pela natureza das associações do paciente, as quais seriam "livres" - isto é, otimamente desconectadas da edição, censura e controle do "cérebro esquerdo" - e organizadas então pelo inconsciente. O uso do divã dramatiza, exagera e permite que o inconsciente selecione. Pode-se concluir disso que o ato de deitar-se facilita uma mudança do mundo real para o mundo imaginativo, fantasmático e/ou ilusório.[3]

Embora se saiba que os aspectos estoicos da técnica psicanalítica sejam decorrentes da posição de Freud de que a descarga dos instintos pulsionais sob a forma de ação devem ser contidos com o propósito de permitir uma transformação verbal, também é possível propor que uma perspectiva adicional da justificativa estoica é facilitar a emergência e o desenvolvimento dos aspectos dramáticos da vida interior do indivíduo para que estes possam ser reconhecidos. O inconsciente precisa da segurança proporcionada pelo enquadre para assegurar que uma suspensão da descrença possa ocorrer. Assim, quando a psicanálise é pensada a partir da perspectiva da dramaturgia, pode-se notar que uma peça está sendo encenada: uma peça que é improvisada perante a consciência, mas que parece, no entanto, já ter sido preparada para ser revelada pelo inconsciente. O paciente e o analista são capacitados para participar desta "peça" pela austeridade e disciplina de seus papéis respectivos e com base em quão diligentemente cada um deles "interpreta o papel". A posição sentada, face a face, afeta a intensidade e credibilidade da encenação desta "peça". Indo além, ao deitar-se, apenas parece que o paciente está falando com o analista. Em um nível mais profundo, ele está de fato participando de um ato discursivo consigo mesmo, utilizando o analista como canal – o "Outro" de Lacan (1975) –, isto é, seu inconsciente interage consigo mesmo através do analista, mas o impacto e o reconhecimento desta refração através do outro sobre o ego constitui o método da psicanálise. Quando nos deitamos, consequentemente, os limites entre nosso consciente e nosso inconsciente e entre nós e o outro (e os outros) tornam-se mais fluidos e, portanto, mais reveladores. O paciente no divã se sente mais livre para comunicar seus estados sentimentais mais profundos, para neles submergir e para ponderar sobre eles.

A relação entre o uso do divã e a natureza incomum do discurso psicanalítico levanta ainda um outro ponto raramente abordado. Nos diálogos comuns, assim como na psicoterapia, lidamos com a outra pessoa ou paciente de indivíduo para indivíduo: isto é, ouvimos e falamos diretamente para a outra pessoa como uma pessoa propriamente dita ("eu-tu"). Na psicanálise, por outro lado, o analista, estritamente falando, ouve não só o paciente que fala, mas também o texto de associações do inconsciente do paciente, para o qual o discurso do paciente (associações livres) serve apenas como "canal". De forma semelhante, quando o analista interpreta, ele fala ao inconsciente através do ego consciente, e não apenas ao consciente do paciente *per se*. O uso do divã facilita este diálogo singular (Grotstein, 1995c).

Reconhecidamente, o próprio ato de se deitar em um divã na presença de outra pessoa – um "estranho" profissional – é desconfortável e até potencialmente embaraçoso. A sensação é, para dizer o mínimo, irreal. Pacientes iniciantes frequentemente temem cair no sono, entrar em estados dissociativos e ser abandonados. Sentem-se expostos e nus. O mundo de ilusão começa a emergir imperceptivelmente. Certa vez um paciente, tendo mudado recentemente da cadeira para o divã, disse o seguinte: "Esta é uma situação estranha e até assustadora. Quando estou deitado, a imagem que tenho de você parece mudar. Você se torna assustador, intimidante e grandioso. Quando me levanto para ir embora e posso encará-lo, você parece encolher até o tamanho natural."

Outro aspecto desta posição significativa é digno de nota. O ato de deitar-se facilita o alcance daquele estado cerebral conhecido na eletroencefalografia como ritmo teta, o qual corresponde àquilo que Bion (1959) chamou de *rêverie* – o estado que caracteriza a receptividade de uma mãe cuidando de seu bebê e o estado receptivo do bebê durante o cuidado – ou seja, vigília sonolenta. Ele corresponde a um estado de transe caracterizado por receptividade ideal a impulsos de dentro e do mundo exterior – com defesas mínimas. Neste estado de *rêverie*, a função-alfa da mãe, à qual Bion (1992) havia dado o nome de *alfa onírica* em seu diário pessoal até então não publicado, pode funcionar de maneira ideal. É importante notar que este termo, que pode ser concebido como devaneio ou, mais precisamente, como a continuação do processo onírico na vigília, oferece uma nova dimensão à psicanálise.

Assim, o analista, como a mãe, recebe as associações do paciente em um estado de devaneio e então os processa cognitivamente. O mesmo vale para o paciente que, assim como o bebê, incorpora os resultados da "digestão" feita pela mãe das experiências por ele comunicadas em um estado de *rêverie* (quando as resistências para que este estado seja atingido foram reveladas e removidas). Como consequência, o fenômeno do *insight* analítico possui uma dimensão na qual o paciente vivencia sua verdade interpretada, conforme esta lhe é revelada pelo analista, não apenas conscientemente (cognitivamente), mas também pré-conscientemente e até inconscientemente em termos emocionais. Talvez tenhamos superestimado a importância do ego na psicanálise, principalmente porque este parece ter sido privilegiado às custas do id. O que é relevante aqui, no entanto, é que através da concepção de Bion relativa ao caráter mútuo ideal de alfa onírica, o tratamento analítico não apenas se envolve com o inconsciente, mas pode constituir um discurso mais "inter-inconsciente" e "intra-inconsciente" do que havíamos nos dado conta até aqui – e, se as coisas forem assim, a exigência de que o paciente se deite no divã encontra uma nova justificativa.

Um outro aspecto ainda do uso do divã diz respeito à questão da confiança do paciente no analista e sua contrapartida, a disposição emocional do analista para tolerar o paciente e permitir que ele entre em sua vida onírica, ainda de acordo com a ideia de Bion. Esta relação íntima pode ser entendida como equivalente à vinculação e ao apego (Bowlby, 1958, 1969, 1973, 1980), mas também remete à concepção de catexia [*Besetzung*] de Freud (1905e), que é melhor traduzida como "investimento pessoal" ou "pertença a" ou, ainda, como "importar-se". Descrevi isso em outra ocasião no contexto do "teorema da faixa dupla" como "neurose de transferência-contratransferência", que consiste no retorno das neuroses infantis reprimidas do paciente e do analista como fenômenos tanto separados como inseparáveis, dentro de um paradigma de "gemelidade siamesa" (Grotstein, 1986, 1988, 1993a, 199b). O ato de o paciente se deitar sem olhar para o analista corresponde à liberdade oferecida ao último para pensar seus próprios pensamentos sem a intromissão do olhar potencialmente invasivo de seu paciente, permitindo que cada um desempenhe seus "papéis" respectivamente designados de forma ideal – mas isso envolve a confiança de um no outro.

Alguns pacientes comprometem sua postura analítica ao sentar-se no divã e olhar para o analista. Em certas ocasiões, notei que alguns pacientes procuram itens sobre os quais falar que pareceriam justificar o ato de sentar-se e encarar o analista. Uma das considerações básicas para o uso do divã é o julgamento do terapeuta quanto a se o paciente é capaz de realizar uma regressão adaptativa a serviço do ego ou mergulhar de cabeça em uma regressão cataclísmica, caso em que o uso do divã é geralmente contraindicado. Considerações sobre esta ansiedade relacionada à regressão geralmente espreitam por trás das manobras do paciente para sentar-se no divã – ou na poltrona. O paciente pode sentir que o ato de olhar para o analista é uma medida de proteção que evitaria o perigo de uma regressão mais profunda no tratamento.

É interessante notar a frequência com que pacientes que retornam para consultas breves ou de acompanhamento, mesmo após vários anos de ausência, dirigem-se instantaneamente ao divã como se este fosse seu quarto de criança. Para eles, o divã parece ter se tornado um ritual.

O conceito do divã como ritual possui ainda outra dimensão: a de que este é geralmente considerado uma exigência formal para o procedimento psicanalítico. Frequentemente coloca-se uma grande pressão sobre candidatos em formação para que convençam seus pacientes a utilizar o divã, e vários "truques" são empregados por eles, e também por analistas experientes, para atrair seus pacientes para o divã. Pessoalmente, optei por um procedimento de rotina que parece ter tido sucesso até aqui. Assim que termino a consulta inicial e obtenho o consentimento do paciente para iniciar a análise, coloco as coisas da seguinte forma:

> *Agora que concordamos sobre a indicação para que você entre em análise, eu gostaria de lhe mostrar como ela é conduzida. Um dos procedimentos é o uso do divã. Você tem alguma ideia ou sentimento com relação ao uso do divã? A justificativa para isso começou com Freud e seu desconforto ao ser observado enquanto estava imerso em seus pensamentos sobre o paciente. Além disso, ele acreditava que o paciente se sentiria mais confortável*

> *deitado. Ele não percebeu que ele havia de fato descoberto o hemisfério direito, um hemisfério alternativo que é ligado conforme o outro é desligado quando uma pessoa se deita na presença de outra sem que possa olhá-la nos olhos. Este sistema de processamento de dados é sensível a emoções, fantasias, ilusões e assim por diante e tem menos preocupação com a lógica ou a continuidade que o outro. Acredito que você poderá ver isso por conta própria.*

Uma vez que tenhamos removido o aspecto ritualizado do uso do divã, podemos então fazer outras considerações tais como:

A. O paciente analítico deve estar restrito ao uso do divã ao longo de toda a análise? Ou ele pode e até deve ser encorajado a se sentar de tempos em tempos ou em condições clínicas específicas – e, caso seja assim, quais seriam estas condições?

B. Pacientes em psicoterapia devem ser estimulados a usar o divã? Este é um tema pertinente nos dias de hoje pois muitos terapeutas de orientação ou base psicanalítica usam atualmente divãs para um grupo cada vez maior de pacientes que não se encontram em análise formal – ou talvez mesmo legítima. O assunto é especialmente pertinente, no entanto, no caso daqueles que estão em uma formação legítima e/ou concluíram sua formação em institutos aprovados. Precisamos rever as indicações e contraindicações do uso do divã sob a luz das tendências da prática atual.

C. Tendo-se em mente o que foi dito antes, o uso do divã é justificado ou mesmo indicado em psicoterapia com frequência menor que três vezes por semana? Eu mesmo sugiro frequentemente o uso do divã para vários pacientes de psicoterapia que comparecem menos de quatro sessões por semana. Eles são, conforme o caso, potencialmente analisáveis em minha opinião, mas não podem vir com frequência maior por causa questões relacionadas a dinheiro, distância ou outros fatores externos. Um dos meus casos mais significativos e bem sucedidos foi o de um jovem que tratei no divã uma vez por semana durante três anos e meio. Em resumo, a justificativa para o uso do divã na análise e na psicoterapia demanda reconsideração.

D. Outro aspecto interessante relativo ao uso do divã tem a ver com a natureza dos móveis mais novos. Alguns terapeutas têm colocado duas poltronas rotativas de origem sueca em seus consultórios, permitindo, portanto, que o paciente se deite, sente ou gire no sentido do terapeuta ou para o lado oposto. Seria esta mais uma consideração que merece nossa atenção?

Os exemplos clínicos a seguir apresentam reações individuais ao uso do divã:

Exemplo clínico 1. Este paciente é psicoterapeuta e, consequentemente, iniciou o tratamento com conhecimento e preconcepções sobre o divã, os quais foram abordados em profundidade com o paciente sentado nos estágios iniciais da terapia. Assim que considerei que o paciente estava pronto para o uso do divã, indiquei que ele poderia então mudar-se para ele. ao fazer a mudança, ele logo teve uma sensação de mistério e espanto – uma sensação de que ele era pequeno e eu me tornava gigante, assustador e com uma aura sobrenatural. Os aspectos transferenciais desta idealização defensiva decorrente da infantilização do paciente que foram precipitados por sua mudança da poltrona para o divã foram interpretados e trouxeram alívio.

Exemplo clínico 2. Este paciente era um ator que havia sido adotado quando bebê. A posição horizontal era associada por ele ao fato de sua mãe biológica tê-lo abandonado. Levou algum tempo até que pudéssemos elaborar seu medo. Neste ínterim, ele ficava apavorado com qualquer silêncio de minha parte, sendo este associado ao abandono.

Exemplo clínico 3. Tive dois paciente que sofriam de problemas semelhantes e tiveram reações parecidas ao uso do divã. Ambos apresentavam uma forte tendência esquizoide em sua personalidade. Apresentei os dois ao divã no início da análise, deparando-me com reações semelhantes que envolviam sentimentos de desorientação, abandono, dissociação, fragmentação e solidão. Fiz então com que ambos se sentassem na poltrona e conduzi a análise cara a cara por cerca de dois anos, quando cada um deles pediu espontaneamente para tentar o divã mais uma vez. A espontaneidade dos pedidos foi interessante. Não só eles haviam adquirido força egoica suficiente no período para serem capazes de utilizar o divã, mas também tinham ficado gradualmente insatisfeitos com o que sentiam como sendo a superficialidade do tratamento sentado. Eles pareciam ter descoberto a diferença entre as duas posições e, por fim, desejaram retornar ao divã para "irem mais fundo".

Exemplo clínico 4. LG é uma paciente que também é psicoterapeuta. Ela não é psicanalista e utiliza a posição sentada com seus próprios pacientes. Comecei atendendo-a duas vezes por semana no início do tratamento, também na posição sentada. Conforme seguimos adiante, tornou-se claro que havia questões mais profundas que ela sentia que precisavam ser abordadas e, assim, pediu para utilizar o divã, com a minha concordância. Mais tarde, ela começou uma análise formal comigo e passou a vir quatro vezes na semana. Com o passar do tempo, ela desenvolveu o padrão de começar a sessão analítica sentada no divã, relatando seu resíduo diurno "diário" – como se precisasse "fazer um relatório" sobre si para mim – e então perguntando, "Você quer fazer um pouco de análise?" Por fim, vim a perceber que ela precisava da análise e a queria, mas tinha medo de seu impulso regressivo e recorria a este ritual para "amenizar a queda", por assim dizer. Com o tempo, viemos a saber que a "queda" se referia a um "buraco negro" interior.

Exemplo clínico 5. Atendi poucos pacientes uma vez por semana – sendo a baixa frequência das sessões totalmente devida a razões externas (financeiras e/ou distância) – com os quais utilizei o divã. Nesses casos específicos, acredito que fui capaz de realizar psicanálise muito satisfatoriamente e de obter resultados significativos. Foi notável, para mim, perceber como cada um destes pacientes pôde desenvolver suas neuroses de transferência e transportar as questões inconscientes de uma sessão para a outra.

Telefone e videoconferência: análise e psicoterapia

Tive uma experiência modesta com a condução de psicoterapia e análise por telefone e videoconferência. Observei que a frequência de uma vez por semana pelo telefone não produzia resultados ideais para o paciente, mas minhas experiências com frequências maiores (cinco vezes por semana) tiveram bons resultados. Trata-se de um procedimento que requer mais pesquisas para estabelecer tanto sua validade quanto suas limitações.

Notas

1. É importante recordar que o conceito de barreira de contato de Bion é diferente do conceito de repressão de Freud (1915d).

2. Para uma discussão elegante dessa qualidade e do estilo da técnica de Bion, ver Ogden (2004).

3. O hemisfério direito "fala" analogicamente em termos de impressões sensoriais, especialmente visuais. Seu modo de operação é geralmente o visual, que, por sua vez, dá suporte às funções de ima(gem)-ginação, fantasia e ilusão.

3. Recomendações sobre técnica: Freud, Klein, Bion e Meltzer

As recomendações de Freud (1912e) sobre a técnica psicanalítica são tão válidas hoje como quando ele as formulou pela primeira vez. Ao lê-las, pode-se ver a origem de muitas das ideias de Bion sobre técnica. Recomendo ao leitor que releia este conjunto inestimável de recomendações sobre a técnica no Volume 12 da *Standard Edition* de Freud (pp. 111-171). Extraí aqui uma porção muito breve do começo de sua contribuição:

Recomendações de Freud aos médicos que praticam a psicanálise

> *O primeiro problema que se impõe ao analista que está tratando mais de um paciente por dia irá parecer-lhe o mais difícil. Trata-se da tarefa de guardar na mente todos os inúmeros nomes, datas, memórias detalhadas e*

produtos patológicos que o paciente comunica no curso de meses e anos de tratamento e de não confundi-los com material semelhante produzido por outros pacientes em tratamento simultâneo ou anterio.

A técnica . . . consiste simplesmente em não dirigir o foco para nada em particular e manter a mesma "atenção uniformemente suspensa" (como a chamei) perante tudo o que se ouve. Desta forma, poupamo-nos de uma pressão sobre nossa atenção, a qual não poderia de qualquer forma ser mantida por várias horas ao dia, e evitamos um perigo que é inseparável do exercício da atenção deliberada. Pois uma vez que qualquer pessoa concentra deliberadamente sua atenção até certo ponto, ela começa a fazer uma seleção dentre o material que se lhe apresenta; algum ponto há de fixar-se em sua mente com claridade particular enquanto outros serão correspondentemente negligenciados e, ao fazer esta seleção, caso siga suas expectativas, a pessoa corre o risco de jamais encontrar algo além daquilo que já sabe; e, caso siga suas inclinações, irá certamente falsificar aquilo que pode perceber. Não se deve esquecer que as coisas que se ouve são, em sua maioria, coisas cujo significado só será reconhecido posteriormente.

Ver-se-á que a regra de se dedicar atenção equivalente a tudo é a contrapartida necessária à recomendação feita ao paciente de que este deve comunicar tudo o que lhe ocorrer, sem crítica ou seleção. . . . A regra para o médico pode ser expressa da seguinte forma: "Ele deve remover toda influência consciente de sua capacidade de prestar atenção e entregar-se completamente à sua 'memória inconsciente'". Ou, para colocar as coisas em termos puramente técnicos: "Ele deve apenas ouvir, e não se preocupar com o fato de estar retendo qualquer coisa."

> *Aquilo que se obtém a partir deste procedimento será suficiente para todas as exigências do tratamento. Os elementos do material que já formam um contexto concatenado estarão à disposição consciente do médico; o resto, ainda desconexo e caótico, parecerá a princípio estar submerso, mas virá prontamente à tona assim que o paciente traga algo novo a que o material possa estar relacionado e através do qual ele possa ter continuidade. (Freud, 1912e, pp. 111-112)*[1]

Recomendações de Klein sobre técnica: transferência infantil desde o princípio

Talvez o local mais propício para se conferir as recomendações de Klein sobre técnica sejam os numerosos estudos de caso que ela publicou. Com efeito, o mais interessante destes é sua *Narrativa da Análise de uma Criança* (1961) – particularmente suas notas de rodapé, as quais, para mim, constituem um livro texto em si. Meltzer (1967) esclareceu a técnica de Klein para a análise de crianças e, mais recentemente, Spillius (2007) fez uma busca nos Arquivos de Melanie Klein e conseguiu localizar muitos dos trabalhos não publicados de Klein sobre técnica. A partir da leitura da *Narrativa*, vemos que Klein acreditava que a *transferência infantil tem início logo na primeira sessão* e deve ser interpretada – não apenas a transferência negativa, mas também a *transferência positiva*. Após ponderar sobre a justificativa para sua recomendação de interpretar a transferência positiva assim como a negativa, ocorreu-me a ideia de que ela estava buscando proteger a parte cooperativa mais saudável da personalidade do analisando da parte hostil: a última seria mais claramente diferenciada da positiva. Em outras palavras, a parte negativa da personalidade estaria sendo colocada em "quarentena". O que é mais importante, no entanto, é que o analista kleiniano está sempre tentando localizar o bebê dependente inconsciente e rastrear suas manifestações e ansiedades ao longo da sessão.

Interpretação da ansiedade inconsciente máxima

Klein acreditava que se poderia interpretar a ansiedade inconsciente *máxima* (não necessariamente a mais profunda) juntamente com as defesas contra ela. Ficou claro para mim, a partir da leitura da *Narrativa*, que Klein (1961) estava analisando tanto a ansiedade inconsciente como os impulsos inconscientes, os quais ela frequentemente via como defesas contra a ansiedade. Sua atitude terapêutica era interessante. Enquanto os analistas freudianos clássicos interpretavam primeiro as defesas, eles acreditavam que estas protegiam o indivíduo contra os impulsos. Além disso, eles acreditavam que a tarefa analítica consistia em interpretar as defesas para que o material reprimido pudesse se tornar consciente. De certa forma, era como se o analisando fosse o verdadeiro analista e o analista propriamente dito fosse uma parteira auxiliar responsável por remover as conexões defensivas contra a emergência do inconsciente (Glover, 1931; Fenichel, 1941; Greenson, 1967). Klein, por outro lado, acreditava que as defesas erguiam-se principalmente contra a ansiedade inconsciente associada às relações com objetos parciais internos e externos e objetos totais.

Interpretação das relações com objetos parciais

Klein defendia a necessidade de se analisar a relação da personalidade da criança ou da parte infantil da personalidade do adulto com objetos parciais antes da relação com objetos totais, sendo a principal diferença a de que os últimos já são objetos totais individuais e separados, enquanto os primeiros constituem projeções cindidas da e feitas pela criança. Indo mais diretamente ao ponto, Klein dava ênfase ao modo como a imagem que a criança tem do objeto total (real) é fundamentalmente alterada pela projeção de objetos parciais, incluindo partes do corpo ("urina", "fezes", "saliva") ou da mente (ódio, amor, voracidade, inveja) da própria criança.

A importância suprema da fantasia inconsciente

Mais ainda do que Freud, Klein enfatizava a importância de se interpretar as fantasias inconscientes do analisando, as quais constituem os cenários imaginativos das relações inconscientes que mantém dentro de si e entre si e com os objetos, particularmente na transferência.

A experiência ontológica, fenomenológica e epistemológica de estar nas posições esquizoparanoide e depressiva

Klein utilizou originalmente a concepção autoerótica do desenvolvimento proposta por Freud (1905d) e Abraham (1924). Sua descoberta da depressão infantil, no entanto, alertou-a para outra questão de importância central: as experiências ontológica e fenomenológica – como ritos de passagem – que a criança está destinada a vivenciar, da ansiedade persecutória (narcisismo) para a ansiedade depressiva (relações objetais), na relação com seus objetos cuidadores.

A importância das defesas contra a ansiedade

O analista está sempre buscando compreender como a porção infantil da personalidade se defende contra as ansiedades persecutórias (projetadas) através das defesas esquizoides (cisão, identificação projetiva, negação e idealização) e das ansiedades depressivas (percepção da dependência e de ataques contra os objetos dos quais se depende) através de defesas maníacas (triunfo, desprezo e controle), cedendo finalmente à reparação do objeto danificado sob a influência da gratidão.

A importância da inveja, da voracidade e do amor contra a destrutividade

Em toda análise, a inveja, a voracidade e a destrutividade irão inevitavelmente entrar em cena e competir intensamente com a propensão da criança de amar o objeto. Klein atribui esta dialética à rivalidade entre os instintos de vida e de morte.

A importância organizadora do complexo de Édipo arcaico

Klein trouxe o momento da ocorrência do complexo de Édipo arcaico para o segundo estágio oral (morder), que ocorre simultaneamente à instalação da posição depressiva. Ele constitui o tema mítico organizador que oferece contenção estrutural a todas as fantasias inconscientes que surgem durante as posições esquizo-paranoide e depressiva. Individualmente, sua organização ou pano de fundo é a fantasia da criança sobre o interior do corpo da mãe e o falo paterno e os "bebês não nascidos" que aí habitam.

Recomendações de Bion sobre técnica: uma epítome

De forma muito resumida, Bion oferece cinco sugestões relativas à técnica, conforme descrevi anteriormente (Grotstein, 2007):

A. Utilize sentidos, mito e paixão na condução de uma análise. Sentidos referem-se ao uso de observação atenta por cada um dos sentidos e/ou todos eles. Mito refere-se ao enquadre mítico particular que organiza e compõe o objeto analítico, a *O* da sessão, que, em termos kleinianos, é a ansiedade inconsciente máxima. Bion (1992) sugere que o analista busque e armazene mitos como o equivalente de um sistema científico dedutivo no contexto da psicanálise (p. 238). Os mitos também oferecem suporte às fantasias conscientes e inconscientes. Paixão diz respeito ao estado emocional flutuante do analista em ressonância com as emoções do paciente. Como veremos, *Bion recomenda o uso de duas formas de observação pelo analista: emocional e objetiva.*

B. Abandone memória, desejo, compreensão e o uso de preconcepções. Cada sessão constitui o primeiro dia – de novo – da análise. Não lembre sessões anteriores. Deixe que o paciente se lembre delas espontaneamente. Não tenha o desejo de curar o paciente.

C. Mergulhe em um estado de *rêverie* ("pensamento onírico em vigília)" para que você possa estar otimamente receptivo à sua ressonância emocional inconsciente com as emoções do paciente e ser capaz de abordá-las de maneira ideal. O analista não deve fazer uma interpretação que ele não sinta. O paciente saberá se ele o fizer. Além disso, o analista não deve repetir uma interpretação. Toda interpretação deve ser uma surpresa, tanto para o analista como para o paciente (comunicação pessoal ao longo de anos em minha análise).

D. Utilize livremente a imaginação especulativa e o raciocínio especulativo.

E. O analista deve "sonhar" a sessão analítica – isto é, ele deve "sonhar" as emoções ainda não sonhadas ou sonhadas de forma incompleta pelo paciente (*O* à solta).

A recomendação de Bion para que o analista *evite* (*abandone*) *memória e desejo* (1970, p. 30) tornou-se uma de suas marcas, mas ela foi antecipada por Freud (1912e) em suas conferências sobre técnica. O que ela prevê é a capacidade de *rêverie* do analista, de "tornar-se" o analisando, uma técnica esboçada por Freud, mas explicada em profundidade muito maior por Bion. O que Bion quer dizer com isso é que o analista não deve confundir sua criação imaginativa da imagem do analisando com o analisando real – e ser capaz de ajudar este a fazer o mesmo com relação a ele (pp. 82-83).[2]

A visão noturna como modelo para o sonho em vigília

Conforme lemos os trabalhos de Bion, e particularmente suas recomendações relativas à atitude do analista ao vivenciar seu paciente, temos a impressão de que ele se refere ao uso do equivalente mental da visão noturna. Durante a noite, os bastonetes da retina, e não os cones mais proximais, tornam-se os receptores efetivos de luz, e eles estão localizados fora do centro do olho. Na visão noturna, consequentemente, o sujeito é levado a olhar um pouco para o lado do objeto (estrelas, por exemplo) que observa. Sugiro que este fenômeno constitui um modelo análogo à sugestão de Bion de se lançar um "facho de intensa escuridão".

Sentidos, mito e paixão

Bion acreditava que, durante a análise, o analista deve utilizar os sentidos, o mito e a paixão (Bion, 1963, p. 11). Com "sentidos", ele se referia à percepção ou observação. Com "mito", ele se referia à fantasia inconsciente relevante e seu enquadre mitológico. Com "paixão", Bion se referia à experiência de sofrimento emocional. Esta tríade de instrumentos psicanalíticos é utilizada pelo analista para sondar aquilo que está se manifestando no paciente. Assim, o analista deve observar o paciente sob a luz da fantasia pertinente e do mito, tudo com sua escuta do hemisfério esquerdo, e, então, vivenciar sua própria dor relacionada à sua própria versão interna que corresponde ao sofrimento emocional do paciente com sua atenção do hemisfério direito. Neste momento, o analista interpreta. Assim que o analista tiver feito uma intervenção adequada, o paciente experimentará o resultado do uso, pelo analista, dos sentidos, do mito e da paixão e sentir-se-á seguro o suficiente para vivenciar sua emoção. Se é seguro para o analista detectar e vivenciar sua versão da experiência emocional de *O* do paciente, este ato assegura a capacidade do paciente de vivenciar sua própria *O*. Isso é o que se quer dizer com continente/conteúdo, *rêverie* e com o analista "tornar-se" o paciente e "sonhar" a sessão.

> *[O]* analista deve ter uma visão sobre a teoria psicanalítica da situação edípica. *Sua compreensão desta teoria pode ser considerada uma transformação dela e, neste caso, todas as suas interpretações, verbalizadas ou não, daquilo que ocorre em uma sessão, podem ser vistas como transformações de uma O* bipolar. Um dos polos está na capacidade intuitiva treinada transformada para sobrepor-se àquilo que está acontecendo na análise e o outro está nos fatos da experiência analítica que devem ser transformados para demonstrar o quanto a percepção se aproxima das preconcepções do analista – sendo a preconcepção aqui idêntica a Tab como produto final de Taa em operação nas teorias psicanalíticas do analista. *(Bion, 1965, p. 49, grifo nosso)*

Os leitores que têm conhecimento superficial das recomendações de Bion para que utilize a intuição através da eliminação de "memória e desejo" podem não estar familiarizados com o Bion "de hemisfério esquerdo", o observador psicanalítico por excelência e disciplinador que ainda recomenda que o analista deve ser tão versado no complexo de Édipo (nas versões freudiana *e* kleiniana), assim como nos conceitos kleinianos de cisão e identificação projetiva e movimento da posição esquizoparanoide para a posição depressiva, até o ponto de os aceitar como coisas naturais. Além disso, é importante notar que o pensamento do analista sobre seu conhecimento teórico e a aplicação por ele deste envolvem uma *transformação* (versão personalizada) dessas teorias.

Atenção em *rêverie*: "ouça a si mesmo ouvindo ao outro"

Quando eu estava em análise com Bion, ele frequentemente enfatizava que eu estava correndo o risco de vê-lo como uma autoridade e às suas interpretações como definitivas. Eu deveria, na verdade, ele advertia, "Ouvir você ouvindo o que digo. Sua resposta emocional àquilo que eu falo é a autoridade". Para Bion, a quintessência da técnica consiste no analista prestar "*atenção*" singular (ouvir) a si mesmo durante o ato de escutar passivamente o analisando. Isso é o que ele realmente quer dizer com "*rêverie*".

Há algo mais para ser dito sobre o tema da *rêverie*, no entanto. No estado de *rêverie*, o analista encontra-se deliberadamente vulnerável e exposto para ser conduzido pelo dramaturgo (Grotstein, 1981b, 2000) ou "terceiro sujeito subjugante intersubjetivo" (Ogden, 1994) o qual, como um "ventríloquo" inconsciente, controla remotamente (projetivamente) a mente receptiva do analista. Este fenômeno também é conhecido como "*folie à deux*" (Mason, 1994). Mason recomenda que se faça a distinção entre o *uso* positivo e benéfico da *folie à deux* e seu *mau uso* patológico. No primeiro caso, o analista mantém sua separação e entra em um "estado de como se". No segundo, o analista entra em um estado de fusão com o analisando.

Eaton (2008), escrevendo a partir desta perspectiva bioniana, distingue quatro níveis diferentes de realidade na experiência emocional do analisando: (a) interpessoal, (b) intrapsíquico, (c) intrassubjetivo, e (d) impacto de *O* sobre ambas as personalidades na sessão.

Recomendações de Meltzer sobre a técnica

Meltzer (1967), em suas recomendações para a análise de crianças, propõe os conceitos de (a) "coleta da transferência", (b) "classificação de confusões geográficas" na criança, e (c) "classificação de confusões zonais" na mãe. Aplicando o conceito de "coleta da transferência" a analisandos adultos, acredito que Meltzer recomendaria que, já que a transferência – e hoje diríamos que também a contratransferência – aparece logo desde a primeira sessão, o analista deve interpretar seletiva e exclusivamente na transferência desde o início. Isso tem o efeito de alertar o inconsciente do analisando que ele está sendo ouvido de maneira especial. O inconsciente do analisando irá responder de modo consoante.

O conceito de confusões "zonais" e "geográficas" é exclusivo de Meltzer. "Zona" refere-se aos aspectos relacionais ativos do corpo do bebê, como a boca, os genitais e o ânus-reto, enquanto "geografia" se refere aos aspectos relacionais correspondentes do corpo da mãe (e, mais tarde, do pai), tais como seio, genitais e ânus-reto. Os seios da mãe também podem ser equiparados a sua mente. Os genitais de cada parte da relação podem ser vistos tanto como aptos para a procriação como algo que causa sujeira. Um exemplo de "confusão de zona e geografia" seria o seguinte:

> *Um médico jovem e solteiro tinha problemas de intimidade. Com o tempo, ficamos sabendo que toda vez que ele tinha relações sexuais com uma mulher, ele rapidamente se desviava dela e a criticava para si mesmo. Compreendemos que, para ele, a relação sexual não consistia de fato em fazer "amor", mas tratava-se de evacuar sua urgência emocional (emoções como "urina" e ou "fezes" evacuadas pelo ânus ou pelos genitais) nela como se ela fosse um "seio-privada". (Meltzer, 1967, p. 20)*

Em transferências eróticas, o analisando confunde sua boca com seus genitais e os seios (mente) do analista com o genital *dele*.

A postura do analista

A postura do analista consiste em espera disciplinada, vigilante e bimodal:

A. Manter uma atenção uniformemente flutuante – suspensão de memória, desejo, compreensão e preconcepções – enquanto se aguarda a chegada do "fato selecionado" (Poincaré, 1963), associação singular que confere significado coerente às associações anteriores e seguintes.

B. "Examinar" simultânea ou alternativamente cada associação sucessiva e buscar intuir os vínculos entre elas (que também considero serem "fatos selecionados").

C. Prever o surgimento da presença do "bebê inconsciente", que descrevi mais cedo como a "criança em eterno desenvolvimento do inconsciente", o sujeito agônico que vivencia o "objeto analítico", a ansiedade sintomática presente no momento.

D. Coletar a transferência.

Coleta da transferência - incluindo contratransferência e *rêverie*

Meltzer (1967), em seu livro sobre a técnica da análise de crianças, recomenda que o analista "colete a transferência". Com isso, ele quer dizer que o analista deve ouvir e interpretar exclusivamente as transferências positivas e negativas conforme elas aparecem - desde o início da análise nos derivados associativos do analisando. Dessa forma, o inconsciente do analisando aprende a ajustar sua "linguagem" à nova "linguagem" que deve falar para que seja compreendido pelo analista. Uma combinação entre ambos deve ocorrer logo em seguida, como uma acomodação mútua. A questão é: o analisando apresentaria tanto material transferencial caso este não fosse coletado desta forma? Minha resposta é que todo material psicanalítico constitui transferência e que o inconsciente do paciente se sente mais seguro e melhor compreendido quando abordado de forma tão exclusiva. Também acredito que o analista deve monitorar de perto (através do uso de sua *rêverie*) as contratransferências que lhe ocorrem conforme ele segue adiante.

Notas

1. Agradeço a Ronald Ricker por me lembrar deste trecho das "Recomendações" de Freud.

2. Para uma visão mais abrangente sobre as recomendações técnicas de Bion, ver Grotstein (2007, pp. 82-97).

4. Como ouvir e o que interpretar

Monitorando o texto analítico

Aprendi, com minha própria experiência e a de meus colegas e supervisionandos, que o ato de monitorar o texto do analisando tornou-se mais complicado com o passar dos anos. Freud (1912b, pp. 11-12) sugeria que o analista deveria escutar com atenção uniformemente flutuante o conteúdo manifesto do analisando até que fosse capaz de discernir um padrão que se sentisse capaz de interpretar. Bion (1970, p. 31) propõe o mesmo com sua ideia sobre o abandono de memória, desejo, compreensão e preconcepções. De fato, Bion com frequência sugeria, em concordância com uma carta de Freud para Lou Andreas-Salomé (1966, p. 45), que o analista deveria "lançar um facho de intensa escuridão sobre o interior para que aquilo que se mantivera até então oculto pela iluminação excessiva pudesse brilhar de fato na escuridão" (comunicação pessoal,[1] 1974). Eu aconselho ao psicanalista e/ou psicoterapeuta iniciante que respeite este modo intuitivo de escuta, mas que *não* siga *estritamente* as sugestões de Freud e Bion até estar consolidado em sua formação e experiência. Os conselhos de Freud e de Bion são baseados em sua postura de tomar como certo que o analista/terapeuta já estariam treinados e experientes nos aspectos básicos da teoria analítica. Um profissional do tênis me disse recentemente que, em sua opinião, para atingir a proficiência com meu *backhand*, eu teria que fazer 2.500 movimentos consecutivos do tipo antes de poder "esquecê-lo e considerá-lo normal". O mesmo princípio se aplica à condução da psicanálise e da psicoterapia: Sim, é necessário esquecer a teoria – mas só depois de tê-la aprendido e dominado! Não se pode esquecer uma teoria que ainda não se aprendeu!

Escuta ativa (observação)

Acredito que o analista/psicoterapeuta deve, antes de qualquer coisa, "ler" – isto é, "rastrear" ou "classificar" (como na gramática, quando desconstruímos uma frase para obter seus componentes) – o texto analítico que emerge das comunicações, do discurso e do comportamento do analisando, prestando atenção especial às associações iniciais e ao encadeamento ou sucessão de associações subsequentes. A prática de ler ou rastrear o texto vivo corresponde àquilo que chamo de "monitoramento de hemisfério esquerdo" e envolve o uso da lógica aristotélica clássica ou lógica cartesiana, onde há uma separação entre sujeito e objeto – além de constituir um dos usos da Grade de Bion como instrumento analítico. Pode-se comparar esta técnica, de modo pouco preciso, mas ainda correto, com a criptografia, na qual um código deve ser decifrado. Além disso, o analista guiado pelo hemisfério esquerdo deve ater-se às recomendações de Gray (1982, 1994) e Busch (1995a, 1995b, 1997) e acompanhar de perto as sutis mudanças afetivas que ocorrem conforme o analisando associa livremente. Tal monitoramento pode ocorrer em pelo menos dois níveis. O nível no qual Gray e Busch parecem trabalhar, para mim, é o da fronteira entre os Sistemas *Pcs/Cs*, ao passo que o analista kleiniano/bioniano atua mais na fronteira entre os Sistemas *Ics/Cs* e discerne afetos mais ocultos através da revelação das fantasias inconscientes em vigência.

Escuta passiva – rêverie *e intuição*

Concomitantemente com a escuta de "hemisfério direito", o analista/psicoterapeuta deve também fazer o possível para entrar em um estado de *rêverie* meditativa – um estado de sonhar acordado – ou seja, permitir-se entrar em um feitiço hipnótico de modo a ficar totalmente imerso em *sua própria experiência* da presença total do analisando conforme as associações (do analisando) vão fluindo. Bion (1962b, p. 15) ora chama este último processo de "sonhar a sessão" e ora de "tornar-se o analisando". Ambos pertencem ao conceito mais amplo de *contenção* do *conteúdo* (Bion, 1962b, p. 91). O conceito de "tornar-se" o analisando – uma visão que acredito que Bion tomou emprestada do *Teeteto* de Platão (Jowett, 1892, vol. 2, p. 155) – exige algum esclarecimento.

Sou da opinião de que muitos dos termos de Bion sofrem de condensação e do fato de serem propostos de forma verdadeiramente taquigráfica. Quando ele diz, por exemplo, que a mãe deve "tornar-se" seu filho ou que o analista deve "tornar-se" seu analisando, acredito que ele queira de fato dizer que a mãe deve permitir que suas emoções inconscientes e experiências objetais pertinentes, relevantes e simetricamente (dependentemente) correspondentes que constituem sua própria *O* (inerente a ela) entrem em ressonância com a *O* que ela sente estar presente em seu bebê – após ter-se contraidentificado parcial e introjetivamente com o sofrimento da criança. Quando *a própria O* é assim evocada de modo seletivo, a *O* original da mãe é simétrica e ecoa a de seu filho (Grotstein, 2004a). Schore (2003a, 2003b) refere-se a este processo como comunicação "de hemisfério direito para hemisfério esquerdo" (p. 76).

Uma relação semelhante ocorre entre analisando e analista. Em outras palavras, penso que Bion acreditava que nem as identificações projetivas da criança e nem as do paciente ultrapassam as fronteiras reais do sujeito que projeta, e tampouco adentram o objeto real. "Algo teria de ser acrescentado" ao processo projetivo para torná-lo interpessoal: gestos, evocação, provocação ou "*priming*". Chamo este fenômeno projetivo interpessoal mais abrangente de "*transidentificação projetiva*". Enquanto isso, o que o analista de fato experimenta no ato de "tornar-se" é "tornar-se cada vez mais ele mesmo" – o analista *finito* torna-se imbuído de seu *self infinito* (*O*), o que constitui o ato máximo de empatia.

A escuta de hemisfério direito possui dois componentes que se sobrepõem. Um deles refere-se à ênfase de Bion no uso, pelo analista, de sua *rêverie* para determinar o "fato selecionado" – isto é, para estar emocional e intuitivamente sensível e pronto para detectar a revelação misteriosa, a chave para aquilo que o inconsciente do analisando está comunicando. O outro componente – que foi destacado por Betty Joseph (1989) e seus seguidores – consiste na captação da situação de transferência ↔ contratransferência – e, eu acrescentaria, ↔ *rêverie* – em operação no "aqui e agora" em um esforço contínuo para detectar: (a) quais papéis o analisando está atribuindo inconscientemente ao analista para que este represente para ele; (b) qual papel ou papéis o analista está representando por conta própria e/ou reativamente para o analisando; e (c) o envolvimento intersubjetivo inconsciente como uma unidade em si.

Tomar notas

O ato de tomar notas é problemático. Bion recomenda aos analistas que não tomem notas, uma vez que o próprio ato de fazê-lo implica o uso da memória, que Bion rejeita. A única justificativa para se tomar notas é para propósitos de supervisão ou pesquisa, como no caso de publicações ou apresentações de artigos clínicos – ou mesmo para que seja possível lançar um "segundo olhar" posterior sobre aquilo que aconteceu e que foi perdido. Os analistas e psicoterapeutas, no entanto, são hoje obrigados por lei a manter notas para proteger-se contra acusações de negligência profissional e/ou por regras dos planos de saúde. É uma questão que permanece em aberto. Meu ponto de vista pessoal é que não se deve forçar ninguém a tomar notas, mas que o profissional pode fazê-lo voluntariamente caso sinta necessidade ou desejo de fazê-lo, estritamente para propósitos pessoais.

"'Sonhando' ('tornando-se') a sessão analítica"

Em outras palavras, o analista (assim como a mãe) deve permitir-se entrar em um estado de sonho em vigília para que, em seu devaneio, possa mergulhar de tal forma na atmosfera da sessão analítica – incluindo a essência, o ser e os afetos do analisando – que ele seja capaz, em seu vazio meditativo protegido (local insaturado de "não pensamento"), de ser tomado por sua própria reconstrução pessoal da experiência do analisando. O leitor notará que eu enfatizo a reconstrução, dentro do *self*, de uma experiência com o outro em vez da introjeção, exceto pelo estágio inicial: a contraidentificação introjetiva. E até suspeito – com base em Llinás (2001) e Damasio (1999, 2003) – que passei a acreditar que a introjeção – e, por que não dizer, a projeção também – é uma ilusão! O que Llinás e Damasio acreditam que realmente acontece é que o sujeito reconstrói artisticamente e reorganiza a aparência do objeto-

-estímulo dentro de si próprio. Eu acrescentaria que nós, então, alteramos a imagem reconstruída ou reorganizada secundariamente através de nossos afetos, sendo este último processo equivalente àquilo que veio a ser conhecido como identificação projetiva. Por trás deste argumento está a consideração de que a psicanálise se divide em teoria e prática clínica: desta forma, precisamos considerar fenômenos tais como introjeção, projeção e vários outros mecanismos e fenômenos como sendo divisíveis entre considerações vivenciais e metapsicológicas. Minha conclusão é que o paciente (e o analista) acredita vivencialmente que introjetou ou projetou um determinado objeto; mas, em termos metapsicológicos, ele ou reconstruiu a imagem do objeto dentro de si (introjeção), ou deslocou catexias emocionais de sua autorrepresentação para sua representação do objeto (projeção) (Jacobson, 1964).

O conceito de Bion de "sonhar" a sessão analítica pode ser associado ao seu outro conceito que propõe que o analista "se torne o analisando", não através da identificação ou fusão, mas *simulando* o estado emocional do analisando de modo sensível e íntimo. Em outras palavras, "tornar-se" não é o mesmo que "*at-one-ment*", fusão, ou identificação! É preciso estar separado do objeto com o qual se estabelece a empatia (tornando-se ele) para que a mente separada do analista possa funcionar.

Ogden (2001) e Ferro (1999, 2002a, 2002b, 2005), mais do que a maioria dos outros autores, adotaram as ideias de Bion (1962a, 1962b, 1965, 1970) sobre continente/conteúdo e *rêverie* e seu conceito radical de "sonhar" de maneira mais profunda em suas próprias recomendações sobre técnica. Ao lermos o material clínico elegante e eloquente de Ogden, vemo-nos adentrando seu estado onírico onde ele "sonha" seus pacientes. Ele também nos permite compreender o modo através do qual pode ter chegado a alguns de seus fragmentos oníricos. Ferro (2002a, 2002b) também parece entrar em um estado de sonho em vigília e cria espontaneamente narrativas para seus analisandos. Utilizando um exemplo clínico, ele propõe o seguinte:

> *Modelos de vértice rígido e oscilante*
>
> *"Minha mãe não leva o cachorro para passear porque ela tem trabalho demais para fazer".*
> *"Minha mãe" pode ser entendido como uma referência à mãe externa real, o "cachorro" como um cachorro externo real e o "trabalho" como a "ocupação da mãe".*
> *Em outro nível, estes elementos podem ser considerados em termos transferenciais como partes do paciente, como imagens internas projetadas.*
> *Mas há ainda um terceiro vértice possível, no qual a comunicação é vista como uma história, contada do ponto de vista do paciente, sobre o funcionamento do analista e do paciente no consultório. A ideia, aqui, é de uma função analítica profundamente incapaz de lidar com os aspectos mais primitivos da. . . relação, já que muito dela é ainda pré-verbal – a saber, as emoções que ainda precisam ser trabalhadas pela dupla.*
> *Eu gostaria, ainda, de apresentar um quarto modelo distinto, caracterizado pela instabilidade dos vértices de escuta e, portanto, incluindo todas as histórias possíveis que se tornam narráveis com base na fala do paciente e cuja liberdade de combinações narrativas é certamente exponencial. . . . A decodificação de mensagens não é mais possível, mas apenas a construção de uma história – a qual terá a característica de ser necessária para aquelas duas mentes.* (Ferro, 2002a, pp. 33-34)

Esta passagem nos remete a uma aplicação elegante da teoria do sonhar de Bion na qual o analista, com a participação do paciente, se torna um contador de histórias. Também nos lembramos do jogo do rabisco de Winnicott (1953, p. 108; 1968), que ele jogava com seus pacientes infantis. Ferro e Ogden, cada um à sua maneira, parecem estar sonhando pelo paciente. Ferro rejeita prontamente o que ele acredita serem aspectos padronizados das interpretações kleinianas e se aprofunda nos conceitos de dose e adequação para cada paciente individual naquele momento específico. Tanto Ogden como Ferro demonstram versatilidade em sua abordagem do "sonhar".

Admiro profundamente as abordagens de ambos e acredito que o próprio Bion – embora Klein possivelmente não – teria gostado de suas visões. Ao mesmo tempo que concordo com eles e suas abordagens ao ponto de recomendá-las com veemência, eu também gostaria de acrescentar um outro ponto de vista sobre a teoria do sonho de Bion – um ponto de vista que seria mais consoante com o fato de Bion ser um *kleiniano*. Em meu modo de pensar, toda interpretação sobre uma fantasia inconsciente é uma afirmação e uma confirmação da própria existência daquela fantasia e, assim, constitui um sonho. Em outras palavras, quando o analista ouve as associações livres do analisando e as transforma, em sua mente, em uma narrativa fantasmática que ele crê que as associações do analisando autenticamente indicam, ele está sonhando o texto do analisando – ou, mais adequadamente, *está completando o texto sonhado de maneira incompleta e, portanto, sintomática* – e, com isso, sancionando a rede fantasmática que suporta e dá apoio ao Sistema *Cs*. A interpretação de fantasias ou sonhos *é* sonhar e também estimula a criação de histórias. Bion falava com frequência da necessidade de o analista coletar fantasias e mitos: ele sentia que estes elementos eram muito úteis como continentes mediadores e transformadores.

O que estou dizendo, em essência, é que o ato de ser "kleiniano" - ou "pós-kleiniano" - não diminui a veemência da recomendação de Bion para que o analista seja espontâneo e vazio, em qualquer dado momento analítico, de preconcepções teóricas. O próprio Bion acreditava que o analista deve estar equipado, por assim dizer, com conceitos como o complexo de Édipo (nas versões kleiniana *e* freudiana), a relação entre as posições esquizoparanoide e depressiva e os mecanismos de cisão e identificação projetiva (Bion, 1962b, p. 76). O que Ferro está abordando, seguindo os passos de Bion, é, na verdade, a espontaneidade e a capacidade de se surpreender. Muito frequentemente, analistas de todas as escolas, inclusive a kleiniana, podem ter uma predisposição para oferecer interpretações estagnadas e previsíveis sobre, por exemplo, o fim de semana ou o intervalo de feriados/férias, relacionando onipotência, destrutividade e assim por diante. A interpretação deve, se possível, surgir a partir de fontes surpreendentes e imprevisíveis e constituir uma surpresa tanto para o analisando como para o analista. *As interpretações padronizadas, previsíveis e triviais do analista geralmente indicam inconscientemente ao analisando que o analista está saturado de - e agora vulnerável a -* O.

Tendo sido analisado por Bion, estou familiarizado com o modo que ele utilizava para fazer suas intervenções comigo, mas não tenho pistas sobre seu estado de *rêverie* ou sobre quando ele entrava ou saía deste estado. Ofereço alguns exemplos de meus próprios estados de *rêverie* com meus analisandos conforme sigo prossigo.

A natureza das intervenções analíticas

Os tipos de intervenções analíticas compreendem interpretação, comentário, pergunta, busca, exploração ou abertura, esclarecimento e confrontação. O ideal na técnica analítica é restringir as intervenções à interpretação. Não obstante, cada análise em particular pode levantar vários problemas que podem fazer com que o analista se sinta compelido a utilizar as demais técnicas – e ainda outras além dessas. Um dos problemas em se fazer uso de comentários é que, uma vez que a situação transferencial (sobretudo do tipo superegoico) pode estar predominando, o analisando estará em perigo constante de interpretar erroneamente os comentários inocentes e presumivelmente neutros do analista como ordens definitivas e autoritárias vindas de si mesmo. As perguntas, exceto no caso de levantamento de informações que o analista acredita serem importantes para ele, implicam o risco de se interromper o transe analítico do analisando e de intimidá-lo. "Porque será que você sempre escolhe aproximar-se deste tipo de pessoa?", por exemplo, é uma pergunta que coloca o analisando na defensiva. O problema da confrontação é parecido, mas ela é frequentemente necessária. A exploração e os esclarecimentos são também frequentemente úteis.

As interpretações feitas pelo analista geralmente surgem após convites inconscientes do paciente. Eu gostaria de repetir, aqui, aquilo que já disse antes com respeito à diferença entre a técnica kleiniana clássica e a técnica (pós-)kleiniana contemporânea. Do modo como vejo, a diferença clara parece estar na interpretação do material com base na perspectiva dos resíduos diurnos e da história passada ou do ponto de vista das interações inconscientes entre paciente e analista no momento presente. Minha opinião é que a primeira opção (resíduos diurnos) consiste senão em um deslocamento da segunda, que é profundamente íntima.

A atividade do analista/terapeuta: "vinculação/apego" → desmame

Conforme a análise progride, o psicanalista ou psicoterapeuta ver-se-á desempenhando dois papéis principais: o de prover (a) um "*ambiente facilitador*" (Winnicott, 1960b) e um (b) "*continente*" (Bion, 1962a, 1962b) para as emoções que não podem ser contidas pelo analisando. Embora estes papéis se sobreponham, existem diferenças importantes entre eles. O objeto facilitador pode ser concebido como um "objeto de fundo" ou uma "presença" (Grotstein, 1981a, 2000) – o tipo de coisa que acontece em perspectivas de figura e fundo. O propósito exclusivo do objeto facilitador[2] é promover e facilitar o desenvolvimento e a maturação do *self* da criança (analisando). O que caracteriza tais objetos é sua função para a criança ou para o analisando, sem que a mãe ou o analista sejam indivíduos importantes em si mesmos. Eles são objetos (parciais) *facilitadores* cuja tarefa é promover o desenvolvimento da autonomia da criança ou do analisando, de acordo com Winnicott. Podemos nos referir a esta facilitação como parte do *processo de vinculação e apego* da mãe ou do analista com a criança ou o analisando, seja antes ou simultaneamente à transformação de tais objetos em continentes – isto é, "desmame" ou "separação". A técnica de Ferro (2002a, 2006) para desenvolver a vinculação técnica durante uma sessão consiste em "contar histórias": com pacientes vulneráveis, em vez de interpretar prontamente os temas transferenciais, ele permite que estes permaneçam por algum tempo em temas de conteúdo manifesto enquanto se junta a eles na elaboração do tema sob a forma de uma história.

Minha sugestão pessoal é que, conforme o analista ouve o paciente, ele respeite suas narrativas conscientes – conhecidas ou desconhecidas – e tente se colocar no lugar do paciente, por assim dizer. Este lugar, afinal, é onde o paciente se situa "conscientemente". Então, no momento clínico apropriado, o analista pode dizer: "*O que você está dizendo pode ser verdade e é importante, no entanto, ao mesmo tempo e em outro nível, acredito*".

O analista kleiniano ↔ ("pós"-)kleiniano contemporâneo ↔ bioniano pode *inicialmente* juntar-se ao paciente na discussão de aspectos dinâmicos e emocionais da experiência do último com objetos externos ("totais"), mas, enquanto estiver fazendo isso, ele deve ter em mente que os objetos mencionados são apenas deslocamentos – identificações projetivas – do mundo interno do paciente. Em última análise, tais objetos não são senão "atores" escolhidos pelo "diretor de elenco" do inconsciente para representar determinadas necessidades ou conflitos que precisam ser analisados. Lidar com estes objetos como sendo *reais* pode constituir parte da fase inicial da sessão, onde o analista pode sentir a necessidade de conduzir uma *psicoterapia necessária* antes de realizar uma análise formal daqueles objetos.

Na análise kleiniana/bioniana, o analista é hoje geralmente considerado um objeto-continente: um objeto cuja atividade ocorre metaforicamente diante do analisando, que é o objeto óbvio de necessidade e desejo de fato, e cujo propósito é intermediar o desenvolvimento emocional do paciente em função do modo como ele usa o objeto – ou faz mau uso dele. Pode-se de fato condensar praticamente toda a teoria kleiniana na seguinte máxima: "*O indivíduo se torna aquilo que ele acredita que fez aos seus objetos*". A partir desta perspectiva, as funções de apreço e gratidão em relação aos próprios objetos, em contraste com os ataques vorazes, invejosos e odiosos contra os mesmos, tornam-se fatidicamente definidoras.

"Abandonar memória e desejo"

O que esta recomendação de Bion exige do analista? Acredito que ela exige que este se transforme em um "exorcista" virtual para o analisando ao "tornar-se" seu sintoma (elemento beta) – absorvendo-o e identificando-se parcialmente com ele como se fosse dele próprio – na verdade, entrando em ressonância com o sintoma a partir de dentro. Na assim chamada "identificação projetiva intersubjetiva" ou "interpessoal", à qual dou o nome de "*trans*identificação projetiva", o sujeito jamais projeta sobre o objeto, mas apenas sobre sua *imagem* do objeto.

Quando o objeto é de fato afetado, isso ocorre porque o sujeito também evocou, provocou ou "preparou" sutilmente o objeto para experimentar aquilo que já estava latente e adormecido no interior deste. Assim, o analista é convidado a se tornar um participante ativo – mais um ator na peça analítica passional, por assim dizer – e tomar parte no sofrimento do analisando. Seguindo a trilha de Bion, Ogden (1994) concebeu uma variação sobre este tema na qual ele primeiro elaborou o conceito de um "terceiro sujeito da análise" – a relação analítica em si – e, depois, de um "terceiro sujeito subjugante da análise", um amálgama projetado das subjetividades do analista e do analisando que passa a ser estranho aos dois e os controla inconscientemente. Considero este conceito um instrumento analítico muito útil e valioso.

Em minha prática pessoal, aproximo-me bastante das ideias de Ogden, mas com algumas diferenças, já que proponho o conceito de um "dramaturgo" (o produtor e diretor da peça psíquica), uma presença psíquica numinosa situada exclusivamente no analisando que dirige as ações fantasmáticas da peça passional analítica (Grotstein, 2000). Normalmente, o dramaturgo do analisando assegura a hegemonia e dirige a peça. No caso de uma neurose de contratransferência, pode-se observar que o dramaturgo do próprio analista – o "sonhador que sonha o sonho", o "sonhador que compreende o sonho" e o "sonhador que torna o sonho compreensível" (Grotstein, 1981b, 2000) – encontra-se em atividade.

Processamento de "hemisfério direito" (rêverie)*, processamento de "hemisfério esquerdo" (rastreamento) e síntese (reconciliação) de "hemisférios combinados" (estereoscópica)*

Monitoramento do texto *versus* monitoramento de processo na sessão analítica

A justificativa metodológica para se fazer uma distinção entre abordagem de "hemisfério esquerdo" e "hemisfério direito" (termos meus) é a seguinte: a primeira técnica envolve a "desconstrução" (como na gramática) ou rastreamento do *texto* da sessão analítica - isto é, da sequência de associações e das relações que estas mantém umas com as outras. A segunda técnica pressupõe a compreensão intuitiva, pelo analista, do *processo* de transferência ↔ contratransferência ↔ *rêverie* da sessão. A chegada do "fato selecionado" (indicação de coerência nas associações do analisando) à *rêverie* do analista sinaliza a união das duas abordagens sob a forma de uma interpretação mais "estereoscópica".

Rastreamento inter-hemisférico

Fiz referência a duas formas importantes de processamento de dados analíticos: na primeira, o analista escuta seu analisando com atenção uniformemente flutuante enquanto está imerso em um estado de *rêverie* - com paciência absoluta até que as associações aparentemente aleatórias ou desconexas atinjam uma configuração reconhecível e constituam o que Bion (1962b), apoiado em Poincaré (1963), chamou de "fato selecionado" (pp. 67, 72) - isto é, um *padrão* reconhecível e com significado. A isso podemos dar o nome de "processamento de hemisfério direito". A outra forma é o modo tradicional baseado no hemisfério esquerdo, cartesiano, de se "mentalizar os pensamentos" - isto é, focar-se neles. No primeiro modo, o analista entra em um estado preparatório de *rêverie* que antecipa aquilo que irá emergir de dentro dele e que combina-se com o que o analisando está vivenciando. Como mencionei antes, o analista deve escutar sem memória (das sessões anteriores)[3] ou desejo (de fazer progresso com o paciente ou curá-lo). Em outras palavras, o analista deve adentrar um estado de *rêverie* meditativa e observar a si mesmo enquanto ouve a si próprio no ato de ouvir o analisando (Bion, comunicação pessoal, 1974). O que isso significa é que o inconsciente, assim como o hemisfério cerebral direito com o qual está associado, funciona de modo não linear – ou seja, caótica e sincronicamente (com todas as associações ocorrendo a um só tempo, como nos sonhos) – e é dependente do campo. As associações do paciente são manifestadas de modo linear, mas seus significados ainda são codificados de modo sincrônico até que sejam traduzidos pelas interpretações para formar narrativas lineares. No modo de escuta de hemisfério direito, o analista ouve as associações produzidas sincronicamente, mas, após vivenciar o fato selecionado, assume uma forma linear de processamento ou tradução daquilo que ele vivenciou.

Monitoramento de hemisfério esquerdo: atenção ao texto

Na modalidade de hemisfério esquerdo, por outro lado, o analista processa linearmente cada associação conforme ela aparece em sequência, dando grande atenção aos vínculos entre associações sucessivas. Pode-se entender este processo como semelhante à análise de frases na gramática. A melodia de significado ocorre no espaço (vínculos) entre as notas da melodia, de acordo com Poincaré. Minha recomendação é mais específica: durante todo o tempo em que o analista estiver processando as associações de seu analisando da perspectiva do hemisfério direito, ele deve também manter um diálogo silencioso constante consigo mesmo no qual faz o melhor possível para processar cada associação e seus vínculos precedentes e subsequentes entregando-se livremente a "conjecturas imaginativas" (Bion, 1980, p. 24) sobre estes. No início, estas associações silenciosas do analista podem parecer absurdas, mas, conforme o analisando continua a associar, os "pensamentos selvagens" (Bion, 1997; López-Corvo, 2006) do analista tornam-se cada vez mais moldados e determinados pelas associações do analisando e uma harmonia ou ressonância começa a se desenvolver entre os dois. Na verdade, o que está sendo criado é uma "árvore especulativa de inferências". Por fim, o analista irá experimentar um senso de convicção sobre a verdade daquilo que ele está ouvindo que entra em ressonância com aquilo que ele está sentindo, e uma interpretação poderá então ser dada.

As incumbências dos diferentes modos de escuta são as seguintes: na abordagem de hemisfério esquerdo (rastreamento da sucessão das associações), o analista busca compreender como cada associação carrega o tema da anterior e segue adiante como uma transformação na associação seguinte, *ad infinitum*. Quando o analista fica intrigado por qualquer nova tendência associativa, ele deve antes revisar todas as associações anteriores para encontrar a linha de continuidade temática. Na abordagem de hemisfério direito (estado de *rêverie*), o analista espera ser "impregnado" pelos elementos do tema inconsciente do analisando (o "objeto analítico"). Os resultados desta espera podem tanto ser (a) temas que o paciente esteja transmitindo inconscientemente ao inconsciente do analista (Schore, 2003a, pp. 58-63) e/ou (b) pressão inconsciente ou mesmo consciente exercida pelo analisando sobre o analista para que este satisfaça seus desejos de atuação (Hargreaves & Varchevker, 2004). Ogden (1994) designa o "terceiro sujeito subjugante da análise" como o instigador desta função, aquele que ocupa o terceiro espaço subjetivo (espaço potencial) do par analítico e é comum tanto ao analisando como ao analista. Ogden chama esta subjetividade de "subjugante" pois ela aparentemente domina, dirige e controla as subjetividades do analisando e do analista.

Minha ideia pessoal aproxima-se da de Ogden. Acredito que esta função "subjugante" pertença ao "diretor da peça analítica passional" – aquele que está localizado dentro do inconsciente do analisando. Este "diretor, produtor e/ou roteirista" é equivalente ao conceito de "dramaturgo" (em grego: "arquiteto do drama") e está incorporado nos conceitos de "sujeito inefável do inconsciente" e/ou do "sonhador que sonha o sonho" (Grotstein, 1981b, 2000). Além disso, se considerarmos o conceito de Bion (1962a, 1962b) de "continente/conteúdo" como estando situado tanto dentro da criança (analisando) como da mãe (analista), podemos dizer que o continente/conteúdo age tanto como emissor quanto como receptor e funciona como uma alternativa adequada para o assim chamado papel subjugante. Eu, pessoalmente, prefiro o conceito do "dramaturgo", pois ele se adequa à ideia de que o processo psicanalítico é essencialmente uma peça passional e de que todos os objetos internos e externos que participam do desenrolar da peça são atores de repertório cujas ações são concebidas de forma tal que revelam a ordem oculta do tema inconsciente de um dado momento para esclarecimento. "A peça é a coisa na qual eu capturo a consciência do rei" (*Hamlet*).

Pode-se vislumbrar este processo como se o terceiro subjugante ou dramaturgo fosse uma presença ou inteligência (homúnculo ou demônio) virtual presente ou no analisando (dramaturgo) ou no terceiro sujeito da análise, o qual engloba ambos os participantes em uma subjetividade virtual única. Esta presença ou demônio virtual (no sentido de inteligência numinosa e inefável, uma categoria primária de Kant) dirige a peça passional analítica ao atuar como se fosse um ventríloquo e/ou mestre de marionetes que manipula e projeta sua temática em cada participante e dirige-os para que encenem o tema oculto dentro do analisando – o tema mais premente e com maior necessidade de ser compreendido. Isso não é diferente de um jogo de adivinhação em que o analisando utiliza a linguagem dos gestos (conteúdo manifesto) e convida o analista primeiro a tomar parte na representação *e*, depois, a compreender aquilo que está sendo comunicado através dos gestos.

As ideias que acabo de expressar fazem parte de minha crença, já mencionada anteriormente, de que a sessão psicanalítica constitui uma *peça teatral passional*, assim como um gerador (transmissor) de informações emocionais que devem ser representadas através de temas narrativos (Ferro, 2006) para que possam ser apreendidas e compreendidas.

Tendo afirmado isso, fica claro que estou recomendando um paradoxo: que o analista deve "ler" as associações do analisando como se fossem um texto através de seu modo de compreensão de hemisfério esquerdo, ao mesmo tempo que escuta as associações com seu modo de compreensão de hemisfério direito – acompanhando atentamente as mudanças afetivas a cada momento – e, então, sintetizar tudo isso! Recomendo, ainda, que o analista, em sua formação, seja tão treinado e disciplinado a "ler" o texto que possa, por fim, fazer isso de maneira natural e, consequentemente, não se sinta subjugado pela necessidade de realizar ambas as tarefas. Assim como o jogador de tênis que precisa bater 2.500 bolas consecutivas utilizando seu *backhand* antes que possa considerar o lance como natural e não tenha mais de pensar nele, o terapeuta, também, precisa praticar a "leitura do texto". Minha experiência, tanto pessoal como como terapeuta, é de que aderir às recomendações de Freud e Bion prematuramente, sob o risco de não se atribuir valor adequado à "leitura", coloca o terapeuta ou analista em risco de fazer interpretações selvagens e falsamente "intuitivas". Britton e Steiner (1994) discutem este fenômeno em seu artigo "Intuição ou Ideias Super-Valorizadas".

Em apoio à minha recomendação "binocular" ou de duas vias, permitam-me citar Bion (1992):

> *Freud descreveu a importância de um estado que ele chamou de neutralidade benevolente, um tipo de atenção livremente flutuante. Poincaré*[4] *parecia ansiar por*

uma absorção em processos mentais lógicos que, se não são matemáticos em si, ao menos têm como resultado final formulações matemáticas.[5]

Por conveniência, proponho chamar este estado, que não é nem posição esquizoparanoide e nem ainda a posição depressiva, mas que mistura algo de ambas, de Posições. Eu gostaria de sugerir, ainda, que o processo de descoberta ou seleção do fato harmonizador, ou, como prefiro, de seu equivalente ideacional, não pode ser iniciado ou mantido sem a mobilização do processo mental de sonhar.

Não se deve supor que estou propondo isso em contraste com ou como alternativa àquilo que considero ser a absorção lógica ou matemática que Poincaré tinha em mente; nem estou sugerindo que o analista deva ir dormir. Mas acredito que o analista pode ter de cultivar uma capacidade de sonhar enquanto está acordado,[6] *e que esta capacidade deve ser de alguma forma harmonizada com aquilo que geralmente concebemos como capacidade para o pensamento lógico do tipo matemático. (p. 215)*

O conteúdo manifesto, como o chamaríamos caso estivéssemos discutindo os sonhos em termos freudianos, é uma afirmação de que. . . os elementos alfa estão constantemente reunidos; sendo assim, ele é equivalente em todos os aspectos ao fato selecionado, que tem a função de mostrar a conjunção constante de elementos característica da posição esquizoparanoide e o modo como alguns destes elementos estão relacionados entre si. Resta-nos considerar. . . como o conteúdo manifesto de um sonho (uma coleção narrada de imagens visuais) e uma

> *formulação matemática como o cálculo algébrico podem vir a desempenhar uma função aparentemente idêntica quando são, sob todos os aspectos, tão diferentes um do outro. (p. 233)*

Considero que o trecho anterior sugere que Bion, o sonhador psicanalítico *e* o matemático psicanalítico, recomenda ambas as técnicas. Bion era muito disciplinado como analista. Se ele entrava em devaneios durante minha análise, eu jamais estava ciente disso. Eu *estava* ciente, no entanto, de seu monitoramento cuidadoso de minhas associações livres.

O monitoramento silencioso do texto pelo analista: permitindo o desenvolvimento de uma "árvore de inferências"

Freud (1912b, pp. 111-112) sugere que o analista ouça com atenção uniformemente flutuante e Bion sugere que memória e desejo sejam deixados de lado. O que eles querem dizer com isso é que o analista não deve ter preconcepções teóricas e deve ouvir e observar com a mente aberta. Ambos assumem, como mencionei anteriormente, que o analista já está bem formado e bem analisado. Eu gostaria de enfatizar esta pré-concepção. O analista deve ser tão autodisciplinado quanto bem formado e bem analisado para que possa lidar mentalmente com sua formação de maneira tão natural que seja capaz de suspendê-la enquanto processa o material do analisando. Se considerarmos a recomendação de Bion, por exemplo, a pessoa não pode abandonar memória e desejo se não tiver aprendido o que ele deve esquecer ou abrir mão de desejar.

Minha própria recomendação envolve um paradoxo. Ao mesmo tempo que aconselho que se sigam as recomendações de

Freud e Bion de se ouvir meditativamente e em um estado de *rêverie*, também aconselho que se faça exatamente o oposto: não em termos de memória, desejo ou preconcepções, mas permitindo-se ter "pensamentos selvagens" ou "conjecturas imaginativas" que, no devido tempo e com paciência, serão transformados em "conjecturas racionais" (Bion, 1980, pp. 23-24). Em outras palavras, recomendo um processamento/escuta de duas vias, binocular, que combina a abordagem meditativa de hemisfério direito com a abordagem de hemisfério esquerdo: *rêverie* por parte do analista – isto é, entrar em um estado de sonho em vigília (estado meditativo) de modo a permitir que o impacto do paciente sobre ele evoque seu próprio estado mental (do analista) equivalente para que se atinja um estado de "*rêverie* conectada" – com o foco do analista amplamente aberto; ao mesmo tempo que ele foca específica e atenciosamente cada associação sucessiva, tendo em mente o contexto adaptativo da sessão (as condições às quais o inconsciente do analisando está reagindo no texto: resíduos diurnos, estado do enquadre analítico) e atribuindo imaginativamente significados temporários a elas. Ao fazer isso, o analista constrói uma "árvore de inferências" contínuas.

Conforme o analisando continua a associar, suas associações irão dar forma à árvore do analista. As associações iniciais geralmente constituem o prelúdio para a sinfonia analítica. Uma linha de conexão causal inconsciente atravessa, conforme acredito, a sessão toda como se fosse um fio de Ariadne. O analista deve levar em conta: (a) a *escala sintagmática* (escala narrativa horizontal metonímica que determina sequências ao longo do tempo) e (b) a *escala paradigmática* (escala vertical metafórica do momento referente a todas as associações sincrônicas possíveis) enquanto dá espaço para a entrada de informações provenientes do modo de hemisfério direito, permitindo então que elas se combinem. É como decifrar um código. O analista não tem que se preocupar com a possibilidade de se tornar um "analista selvagem". Ele ainda não está falando com o analisando. Conforme o analista joga com os significados possíveis das associações enquanto estas se proliferam, ele as processa logicamente tanto no nível pré-consciente como no nível consciente.

Eventualmente, o momento que pode ser considerado como a chegada do "fato selecionado" irá surgir espontaneamente, quando os resultados das duas abordagens parecem convergir e o analista se sente, então, possibilitado por seu uso do "senso comum" (Bion, 1962b, p. 50) – o consenso de diferentes vértices de observação – a oferecer uma interpretação. Este processo é semelhante à *Grade* de Bion (1977), o conceito coordenado a partir de polos que abrange a progressão e evolução de pensamentos no eixo vertical e da epigênese do próprio pensar (a mente que pensa os pensamentos) no eixo horizontal. Bion afirmava que ela não deveria ser utilizada pelo analista durante a sessão, mas apenas posteriormente; no entanto, acredito que isso é o que os analistas fazem constantemente durante a sessão sem que se deem conta disso. A Grade, em minha opinião, constitui um modelo do pensamento aristotélico normal, ou aquilo que Matte Blanco (1988) chama de "pensamento bivalente", em oposição à "bi-lógica" que caracteriza o pensamento inconsciente. Os "pensamentos selvagens" do analista constituem o que Bion (1962b, p. 67) chama de "hipóteses definitórias": isto é, elementos desconhecidos do inconsciente; um elemento beta é alfa-betizado (mentalizado através da função-alfa) em um elemento alfa na mente do analista ao ser batizado com um nome (tornar-se uma conjunção constante).

O que interpretar

Geralmente o analista (ou psicoterapeuta) permanece em silêncio durante boa parte do tempo, sendo este silêncio parte de sua técnica: ele cria um vácuo de discurso que o analisando se sente compelido a preencher. O analista pode intervir quando detecta inconsistências na narrativa, aumentos de expressividade emocional ou pontos cegos. O foco dos analistas kleinianos tem sido tradicionalmente, desde a própria Klein, colocado sobre a *máxima* (e não a mais profunda) *ansiedade inconsciente*; isto é, a ansiedade inconsciente que emerge, em minha opinião, na fronteira entre os Sistemas *Ics*/*Pcs* e que é inferida ou intuída pelo analista kleiniano a partir das fantasias inconscientes. O analista clássico, por outro lado, aguardaria o resultado das erupções na fronteira entre os Sistemas *Pcs*/*Cs*. Bion (1965) reconstrói a "máxima ansiedade inconsciente" de Klein como o "objeto analítico, *O*", (p. 17) e afirma que ela pode ser apreendida através de "sentidos, mito e paixão" (1963, p. 103).

Portanto, a ansiedade – e as defesas contra ela – constitui o objeto de interpretação. Klein (1961), em *Narrativa da análise de uma criança*, afirma:

> *Na primeira dessas duas sessões, meu objetivo claro foi analisar a ansiedade consciente e inconsciente. . . . Isso sugere que minha primeira meta na análise de uma criança. . .* é analisar as ansiedades *que encontram-se ativadas. No entanto, isso exige esclarecimento. Pois é impossível analisar ansiedades sem reconhecer as defesas que operam contra elas e que, por sua vez, devem ser analisadas também. (pp. 26-27, grifo nosso)*
>
> *O fato de que, ao tornar material inconsciente consciente através da interpretação, a ansiedade sofre alguma redução. . . é consoante com um princípio bem estabelecido da técnica. Não obstante, frequentemente ouço dúvidas sobre se é aconselhável interpretar e tornar manifestas para crianças (e, porque não dizer, para adultos também) ansiedades de natureza tão profunda e dolorosa. . . .*

> *Na verdade, é surpreendente que interpretações muito dolorosas... possam ter o efeito de reavivar a esperança e fazer com que o paciente se sinta mais vivo. Minha explicação para isso seria que o fato de* trazer uma ansiedade muito profunda mais próxima da consciência produz alívio por si só. *(pp. 99-100, grifo nosso)*

A preferência de Klein pela interpretação da ansiedade

No entanto, ao ler a *Narrativa* de Klein, pode-se notar com frequência que, embora Klein afirmasse que as defesas devem ser analisadas junto com as ansiedades, ela parece dar destaque à análise das últimas. Também surpreende que, para Klein, os impulsos podem, em si mesmos, constituir defesas contra as ansiedades (exceto o instinto de morte), ao passo que, no pensamento clássico, as defesas geralmente são erigidas contra as pulsões. Bion (1963) fundiu pulsões e emoções e as últimas tornaram-se, então, o conteúdo do material reprimido.

Os (pós-)kleinianos contemporâneos, no entanto, parecem focar-se nos aspectos inconscientes da situação de transferência ↔ contratransferência (e, eu acrescentaria, *rêverie*) no "aqui e agora" do contexto da "situação analítica total".

L, H e K versus *O*

Psicanalistas de todas as escolas tradicionalmente colocaram o foco no *texto* das associações do analisando. O surgimento do interesse pela influência positiva e negativa da contratransferência acabou por mudar este foco para o *processo* psicanalítico – a interação intersubjetiva imediata entre analisando e analista. O texto psicanalítico corresponde (Bion, 1962b, p. 62) aos vínculos *L*, *H* e *K* com os objetos. Tais vínculos são emocionais e, como tais, sensoriais, e são, portanto, limitados como "fatos" sensoriais (saturados). Pode-se observar o início desta mudança nas contribuições de Bion sobre continente ↔ conteúdo (Bion, 1962b) e transformações em *O* (Bion, 1965, 1970). Sua ênfase no processo analítico presente foi então adotada por Betty Joseph (1989) e pela escola pós-kleiniana de Londres em geral (Hargreaves & Varchevker, 2004).

Para resumir: é preferível, acredito, seguindo o pensamento de Klein (1961), interpretar inicialmente a ansiedade (máxima inconsciente) e as defesas que ela mobiliza para aplacá-la. Estas defesas podem ser tanto impulsos como defesas propriamente ditas. Às vezes – especialmente com analisandos que sofrem de vícios, perversões ou narcisismo grave – pode ser necessário confrontar antes as defesas.

Sugestões sobre como interpretar

As recomendações a seguir representam uma condensação de minhas análises com Bion e Mason, minhas supervisões e minha própria experiência como analista, além da leitura de vários livros e artigos.

Em primeiro lugar, seguindo Freud e Fenichel, eu diria que, de modo geral, a única coisa que um analista deve expressar é sua opinião sobre aquilo que o analisando pode estar vivenciando pré-conscientemente e conscientemente – ou seja, o que ele está pensando ou sentindo. Suas opiniões pessoais não pertencem à análise.

Minhas recomendações sobre como interpretar são as seguintes:

A. As regras do enquadre devem ser informadas logo no início da análise; o analista, que é o guardião do *setting* analítico, deve proteger o enquadre de infrações por parte de qualquer um dos participantes – em outras palavras, analista e analisando compartilham a responsabilidade pelo "*pacto analítico*".

B. É aconselhável que o analista se prepare para dedicar-se integralmente à tarefa, utilizando tanto técnicas de "hemisfério esquerdo" como de "hemisfério direito" para apreender as associações do analisando: sua atenção deve ter tanto um foco aberto *como* um foco fechado, seja simultaneamente ou alternadamente.

C. Uma interpretação deve constituir um *procedimento formal* que possui uma *estrutura* e, à luz desta ideia, uma interpretação consiste de:

1. busca pela localização da presença inconsciente da "*criança em eterno desenvolvimento do inconsciente*", o "bebê subjetivo virtual" do inconsciente que vivencia a dor emocional e que pode ter-se perdido dentro do objeto em seu interior para evitar tal dor (este conceito do "bebê" inclui as possibilidades das memórias implícitas da infância real, assim como aquelas do estado infantil de mente atual presente no desenvolvimento maduro, e pode ainda incluir um estado de mente infantil desprovido de memória – um "bebê renascido", por assim dizer – que paradoxalmente parece vir ao mundo "pela primeira vez de novo" a cada sessão analítica);

2. reconstrução da *fantasia inconsciente* que está operando sintomaticamente em dado momento clínico: isto é, a estimativa do analista sobre a natureza da *ansiedade* inconsciente máxima (principal), *O*, ou sensação de risco presente;

3. abordagem da natureza das *defesas* e/ou *impulsos* – que geralmente constituem defesas contra a ansiedade em si mesmos – que deve incluir *motivos inconscientes*;[7]

4. abordagem do *sacrifício* ou *custo* para o ego por ter tido de recorrer a tais defesas antes de qualquer outra alternativa.

D. Enquanto observa todas as recomendações anteriores, o analista deve dar-se conta simultaneamente de que ele se tornou um participante da peça passional analítica para a qual o analisando inconscientemente recrutou-o para interpretar qualquer um dentre vários temas que ele, também inconscientemente, atribui ao analista; ou para se tornar o tipo de pessoa que cederia aos desejos analíticos e contra-analíticos do paciente, frequentemente de maneira velada, para criar um impasse ou equilíbrio analítico. O analista pode detectar esta manobra através de sua *rêverie* e retirar-se da peça para interpretá-la.

Ferro (2009) enfatiza a importância clínica e teórica do "campo analítico" (Baranger & Baranger, 1961-62), um conceito que não apenas expressa a unidade da transferênciacontratransferência (deixei o hífen de fora deliberadamente), mas o transcende como uma entidade autônoma em si. Entendo que Ferro esteja afirmando o seguinte com isso: O campo analítico é uma entidade inconsciente independente, uma entidade que parece ter vida própria. Conforme o analista e o analisando interagem, seu diálogo é registrado dentro do campo analítico e estimula sua atividade independente, que consiste na geração de narrativas oníricas informativas e curativas (fantasias inconscientes?). Em termos mais objetivos, a maneira ideal de o analista abordar o campo analítico é através de interpretações insaturadas (incompletas), navegando entre a Cila das interpretações excessivas e profundas demais e a Caríbdis da interpretação insuficiente. O objetivo fundamental do analista é "sintonizar" o campo analítico para que este possa dar origem ao texto analítico – isto é, narrativas inconscientes e associações livres adicionais. O campo constitui o verdadeiro "terceiro analítico" (Ogden, 1994).

E. Além da interpretação, também recomendo o uso do "*rebobinamento*" da mente ao início da sessão e a recapitulação silenciosa da sequência abreviada de associações, apenas para si mesmo – ou, quando indicado, em voz alta para que o analisando também ouça, como se ele estivesse sendo "convidado à consulta" para colaborar com relação ao possível significado da sessão (quando isso é feito, ambos os participantes podem ser estimulados a pensar sobre como as associações estão vinculadas e a ter novas ideias. É, também, uma forma de contornar as defesas).

F. Embora eu acredite que o analista deve buscar interpretar primeiro a ansiedade inconsciente máxima do analisando, há ocasiões frequentes em que ele pode se deparar com exceções justificáveis a esta regra. Quando o aspecto infantil do analisando foi virtualmente "sequestrado" por uma organização patológica (refúgio psíquico) ou por uma defesa maníaca, é importante confrontar primeiro as defesas para assegurar o acesso do analisando à posição depressiva, onde este pode encontrar remédio (Albert Mason, comunicação pessoal):

Um analisando solteiro de 27 anos vinha lutando há bastante tempo contra o reconhecimento de suas necessidades de dependência ao minimizar a importância da análise e do analista (eu). Ele também tratava o relacionamento com sua namorada de forma semelhante. O analisando relatou um incidente onde, em um momento em que ela estava irritada com ele, ele havia dirigido o carro com ela ao lado a uma velocidade perigosa que a tinha assustado.

Confrontei sua displicência da seguinte forma: "Acredito que você não só estava tentando assustar e dominar A (sua namorada) de forma sádica, mas que também estava demonstrando desafiadoramente seu desprezo por mim e controle sobre mim ao descrever o incidente no qual você usou A como uma refém para me mostrar quão impotente eu sou com respeito a você. Mas eu também acredito, ao mesmo tempo, que você tem medo de que eu não seja capaz de lidar com esse demônio que há em você e que tem controle sobre você."

Após alguns momentos em silêncio, o analisando disse: "Eu ou não consigo suportar a mim mesmo, ou não consigo suportar você e A. Tenho medo de me entregar. Mas ouço você dizendo que eu já me entreguei para meu próprio demônio."

As "regras de envolvimento": quando o analista deve intervir?

É importante falar algo sobre o tema de quem deve "ser a vez" e quando: em outras palavras, "Como o analista e o analisando devem proceder?" O analista apresenta a regra fundamental de acordo com a qual o analisando deve dizer tudo que lhe vier à mente através da associação livre. O analisando *fala* e o analista *escuta*. Mas *quando* o analista deve intervir? Os analistas freudianos ortodoxos geralmente ouvem em silêncio durante a maior parte da sessão e interpretam próximo do final (Greenson, referindo-se à sua análise com Fenichel, comunicação pessoal). A regra que eles seguiam era a de apenas interpretar a *transferência negativa que estava sendo utilizada como resistência* e não interpretar a transferência positiva (Fenichel, 1941). Winnicott (1969) acreditava que o analista podia coconstruir a análise junto com o analisando (como no "Jogo do Rabisco", Winnicott, 1953, 1968) ou, alternativamente, atuar como um objeto "facilitador" silencioso e de apoio que permitiria ao analisando explorar sua própria criatividade com a mínima interferência necessária por parte do analista.

Bion (1997) parece oferecer recomendações semelhantes ao analista no que se refere a permitir que o analisando seja capaz de contemplar seus próprios "pensamentos selvagens". Klein e seus seguidores, por outro lado, conduzem a análise de acordo com o modelo de uma conversa constante entre a parte infantil da personalidade do analisando e o analista. Os kleinianos interpretam mais cedo na sessão e com maior frequência do que outros analistas, muito por conta do fato de que eles valorizam associações que constituem derivados ou deslocamentos de fantasias inconscientes. Os analistas clássicos, por outro lado, parecem escolher que o analisando seja o "analista" e permitir que ele interprete seu próprio inconsciente conforme ele se torna consciente a partir da facilitação que o analista real opera por meio da remoção das resistências contra a expressão e livre fluxo das associações do analisando. Na verdade, todos os procedimentos anteriores são válidos, mas não durante o tempo todo.

"A dosagem da dor": questões sobre dose e momento

Houve uma grande diferença entre minha formação inicial em análise clássica-ortodoxa e minha introdução à técnica kleiniana/bioniana. Em minha primeira formação, aprendi a ter um respeito quase fóbico pelo inconsciente e relutava em intervir interpretativamente até que eu estivesse realmente certo quanto à precisão da interpretação. O pensamento operativo dos analistas clássicos era que, na verdade, o inconsciente do analisando era o analista autêntico de fato, aquele que sabia a verdade e tinha sempre a urgência de se revelar, ao passo que o analista em si era algo como uma parteira cuja tarefa era a de remover as resistências e defesas do analisando para que seu inconsciente pudesse falar por si mesmo. Portanto, sinto que fui treinado para aceitar que, na análise clássica, o processo consistia em um *solilóquio monitorado*: eu não deveria intervir precipitadamente e minha tarefa principal era a de estimular o analisando a alcançar o significado adequado de suas associações depois que eu, analista, tivesse removido as resistências.

Na análise kleiniana, por outro lado, fui treinado a imaginar que um diálogo inconsciente ocorria entre um bebê e sua mãe interna projetada no analista, que o inconsciente era informativo, mas cego – que precisava dos olhos do analista como um par auxiliar de "olhos" para tornar as coisas claras –, que o inconsciente era resiliente e valorizava as tentativas do analista de alcançá-lo, que ele trabalhava exaustivamente para produzir derivados que eu, como analista, deveria tentar encontrar tão logo quanto possível por meio de interpretações exploratórias que funcionariam como sondagens. Assim, um eventual estranho que ouvisse uma análise kleiniana iria ouvir mais "bate papo" do que em uma análise clássica. Além disso, os analistas kleinianos são mais gratos por aquilo que o inconsciente tem a oferecer sob a forma de derivados e, assim, intervêm mais cedo com mais interpretações.

A questão da dosagem (ver Grotstein, 2000) segue uma linha semelhante. De modo geral – e há exceções a esta regra – quando o inconsciente apresenta um número suficiente de derivados, justifica-se que o analista faça uma interpretação – *e, caso seja possível, ela deve ser uma interpretação razoavelmente completa!* A este respeito, Ferro (2005) diz o seguinte:

> *Estou interessado. . . sobretudo na qualidade que a mente do outro deve possuir: a capacidade de receber, de deixar em suspenso, de metabolizar, de devolver o produto elaborado para o sujeito e, particularmente, de "transmitir o método". Isso pode ser conseguido através da devolução do produto em* forma insaturada *e da permissão para que a mente do sujeito aprenda seu ofício na oficina de outro. (p. 16, grifo nosso)*

A sugestão de Ferro de se oferecer uma interpretação em "forma insaturada" parece ser sua maneira de aplicar a "dose de sofrimento" ao paciente na proporção em que este é capaz de ouvir e trabalhar com ela. Geralmente não se oferece a interpretação completa. Um espaço permanece aberto (insaturado) para que o paciente trabalhe com a interpretação. Outra maneira de se colocar isso é que Ferro está sempre atento à sua estimativa da capacidade da função-alfa do paciente. Se entendo Ferro corretamente, tenho grande admiração pela delicadeza de sua técnica. No curso da escrita da presente obra, no entanto, fiz a recomendação enfática de que o analista deve, tanto quanto for capaz, oferecer uma interpretação *completa* – uma interpretação que inicie com a ansiedade inconsciente máxima e vá adiante para lidar com as defesas (incluindo os impulsos) contra a experiência desta ansiedade, seguindo, se possível, com o "custo" da utilização dessas defesas. A interpretação também deve incluir o motivo para se defender da ansiedade daquela forma em particular. Uma interpretação que começa com a afirmação do analista sobre a ansiedade é muito mais crível, empática e cuidadosa do que uma que começa com a interpretação da defesa – e não compromete a integridade dela.

De maneira geral, também acredito no oferecimento de interpretações completas porque (a) elas respeitam o paciente e sua mente, a qual está gerando a associação livre que posso interpretar; (b) ao ser capaz de dar uma interpretação completa – ou quase completa – estou criando uma atmosfera continente de confiança de que a *experiência* de *O* pelo analisando é compreensível, devolvendo, assim, um senso de coerência e serenidade à sua mente; e (c) porque, ao ser capaz de interpretar *O* – isto é, de operar uma transformação de *O* impessoal em *O* pessoal (TO → K) – eu sirvo como um modelo para o analisando de que a experiência de *O* não tem de ser avassaladora. Acredito, em outras palavras, que o analista deve demonstrar a coragem de oferecer uma interpretação quando as evidências clínicas são convincentes e *sem concessões* ou *diluição* – ou *atrasos desnecessários*. Por outro lado, o analista pode decidir justificadamente reservar a interpretação quando sente que seu analisando necessita ou deseja "brincar sozinho" com seu pensamento associativo e reclamar a posse de sua criatividade imaginativa (Winnicott, 1958). Enfim, a interpretação completa oferece contenção ideal.

A análise como drama (peça passional)

Se considerarmos que o evento psicanalítico corresponde a uma peça passional (como eu considero), atingimos uma perspectiva curiosamente diferente do processo analítico. Acredito que, quando pensamos sobre o que gera a energia e o ímpeto da análise, pensamos tradicionalmente em termos das pulsões instintuais como motivadoras primárias. Com o tempo, passei a pensar na origem da motivação analítica como derivada, em vez disso, da ansiedade gerada pela experiência do impulso ou pulsão para a verdade (Grotstein, 2004b) e da *organização estética* da mente (Bion, 1965, p. 38). Acredito, em outras palavras, que exista uma organização do impulso para a verdade que está associada às capacidades estéticas do indivíduo e que inclui a *curiosidade* (o "sétimo servo"), que, por sua vez, busca esclarecer a verdade sobre o sofrimento do indivíduo. Não consigo deixar de pensar, aqui, na relevância da busca incansável de Édipo pela verdade por trás da corrupção de Tebas. O impulso para a verdade, em minha opinião, promove uma peça passional (de sofrimento) improvisada na qual o analisando (através da transferência) e o analista (através da *rêverie* e da contratransferência) são designados para papéis que devem ser interpretados ("A peça é o artifício/com o qual capturo a consciência do rei": Grotstein, 2009b) (Grotstein, 1981b, 2000, 2008a, 2008b; Ogden, 1994, p. 105). McDougall (1985) afirma: "Quer desejemos, quer não, nossos personagens interiores estão constantemente buscando um palco onde possam encenar nossas tragédias e comédias" (p. 4).[8]

Com esta ideia em mente, podemos agora sugerir que o analisando está sempre motivado para ser analisado e que, mesmo quando parece resistente, ele está demonstrando dramaticamente *sua resistência sob a forma de um* objeto analítico – *na esperança de que seu analista compreenda a seriedade dos mistérios de suas atuações e possa decifrá-los em termos significativos.*

Considerações topográficas sobre consciente – inconsciente no processo analítico

Nesta seção, faço um resumo das ideias de Bion (1965, 1970, 1992) e das minhas próprias sobre a relevância das considerações de Freud (1915e) a respeito da topografia mental e da situação psicanalítica. Bion acreditava que o objeto analítico de toda sessão é *O*, o sintoma, o desconhecido. A origem de *O* é dupla: (a) um aspecto é representado pelos estímulos sensoriais da experiência emocional – ou seja, estímulos (elementos beta) provenientes da realidade externa, da consciência, os quais são então processados pela função-alfa e pela barreira de contato seletivamente permeável entre os Sistemas *Cs* e *Ics* para finalmente se alojarem no Sistema *Ics*. Outra fonte refere-se aos estímulos emocionais (incluídas as pulsões) que emergem do próprio Sistema *Ics*; (b) a estimulação sensorial combinada de (a) provoca o surgimento de pré-concepções inerentes (Formas Ideais de Platão, númenos de Kant) que possam encarnar os estímulos para que eles possam ser *realizados* sob a forma de experiência pessoal.

Tenho a impressão de que Bion utiliza o conceito de inconsciente de três maneiras distintas: (a) *inconsciente não reprimido* (coletivo), fonte das Formas Ideais de Platão e/ou númenos de Kant; (b) *inconsciente dinâmico* ou *reprimido*, que é o domínio das memórias e fantasias inconscientes; e (c) pré-consciente, ou *Sistema Pcs*, que é sede da *rêverie* (pensamento inconsciente em vigília). Estes três subsistemas do inconsciente são tanto *o*postos (mas não necessariamente em conflito com) como *a*postos ao Sistema *Cs*. Bion (1962b) acreditava que experiências sensoriais do mundo externo, ou seja, do Sistema *Cs*, cruzam a barreira de contato seletivamente permeável e vão parar no inconsciente dinâmico ou reprimido após passarem pelo Sistema *Pcs*. Estímulos (emoções e pulsões) do mundo interno podem ter origem tanto no inconsciente não reprimido *como* no inconsciente reprimido. Em ambos os casos, eles cruzam a barreira de contato (Sistema *Pcs*) para serem processados pela função-alfa e são, em seguida, realocados no inconsciente dinâmico ou reprimido. As pré-concepções inatas originam-se no inconsciente não reprimido, cruzam a barreira de contato e acabam no inconsciente reprimido. Por fim, parece-me que o que Bion (1962b, p. 17) quer dizer com barreira de contato corresponde exatamente ao que Freud chamou de Sistema *Pcs*. Para mim, o Sistema *Pcs* constitui o "motor de busca" e o "centro de controle e comando" de toda atividade mental inconsciente e consciente. É onde se localizam a função-alfa e o sonho.

Na sessão analítica, analisando e analista interagem através de um "cabo coaxial" invisível e metafórico no qual o texto do diálogo sempre constitui um *double entendre* – isto é, um texto consciente e um texto pré-consciente: sempre que um fala com o outro, cada um está falando com o Sistema *Pcs* do outro, o qual tem conexões com o inconsciente reprimido e recebe emanações do inconsciente não reprimido. Lembro-me de uma ocasião em que um analisando pareceu intrigado com minha interpretação e eu me vi dizendo, "Você pensou que eu estava falando com você, quando na verdade eu estava tentando me comunicar com seu inconsciente." Isso pareceu ter um efeito salutar. Em outras palavras, para que uma interpretação se torne efetiva, deve ser possível que o Sistema *Pcs* do analisando a "engula" para que seja capaz de processá-la e de comunicar sua verdade vivenciada aos outros subsistemas – e, então, seletivamente de volta para o Sistema *Cs*.

A significância do "fato selecionado"

Desde o princípio, Bion (1962b, 1963, 1965, 1992) fazia referências ao "fato selecionado", conceito que tomou emprestado do matemático Poincaré (1963):

> *Utilizei o termo "fato selecionado" para descrever aquilo que o psicanalista deve experimentar durante o processo de síntese. O nome de um elemento é utilizado para particularizar o fato selecionado, ou seja, o nome daquele elemento da percepção que parece vincular elementos*

> *que até então não eram vistos como relacionados entre si. Pode-se ver, então, que as representações dos fatos selecionados possuem uma coerência semelhante caso seja possível encontrar a representação apropriada para vários fatos selecionados. Os fatos selecionados, junto com o fato selecionado que parece dar coerência a um certo número de fatos selecionados, surgem de um objeto psicanalítico ou de uma série de tais objetos, mas não podem ser explicados de acordo com os princípios que regem um sistema dedutivo científico. Antes que se possa criar tal sistema, os fatos selecionados devem ser elaborados através de processos racionais conscientes. (Bion, 1962b, p. 87)*
>
> *Ao falar de fato selecionado, refiro-me àquele através do qual se conferem coerência e significado a fatos já conhecidos, mas cuja relação não havia até então sido notada. (1963, p. 83)*
>
> *Antes que se possa criar tal sistema [um sistema científico dedutivo], os fatos selecionados devem ser elaborados através de processos racionais conscientes. Só então pode-se formular uma representação que irá reunir os elementos de fatos selecionados coerentes em um sistema científico dedutivo. (1962b, p. 86)*

Em outras palavras, as associações livres do paciente, assim como seu comportamento, possuem significado inconsciente, mas são apresentadas de forma disfarçada. O analista pode ter que esperar bastante tempo antes de ser capaz de enxergar o significado que está por trás das associações e do comportamento. O que ele está aguardando é sua percepção fundamental do fato selecionado da sessão, o qual, de acordo com Bion, representa a chegada de uma única associação que retrospectivamente dá coerência, significado, unidade e perspectiva a todas as associações e comportamentos anteriores e também posteriores:

> *O fato selecionado é uma descoberta feita pelo paciente ou indivíduo e representa a ferramenta através da qual ele assegura a progressão constante, a própria essência do aprendizado e, portanto, do crescimento. Isso é representado pela sequência: posição esquizoparanoide, fato selecionado (coerência precipitante dos elementos da posição esquizoparanoide) e alcance da posição depressiva, a qual então revela instantaneamente áreas ainda mais vastas de elementos até então desvinculados pertencentes aos domínios da posição esquizoparanoide e que permaneciam até então ocultos e insuspeitos – uma revelação que contribui para a depressão característica da posição depressiva. O fato selecionado, logo, é um elemento essencial em um processo de descoberta. (Bion, 1992, p. 252)*
>
> *A interpretação consiste, portanto, em uma palavra ou frase que deve ser um elemento, intercambiável com uma imagem visual e capaz de desempenhar as funções do fato selecionado. A isso deve-se acrescentar que ela possui – quando falamos de qualquer tentativa de produzir, em psicanálise, o equivalente da redução de uma hipótese de alto nível a uma formulação em termos de dados empiricamente verificáveis – as qualidades resistentes de um sistema dedutivo científico cujos componentes mais inferiores em hierarquia são hipóteses estatísticas. (1992, p. 253)*

Aqui, Bion revela uma importante hipótese clínica: o fato selecionado separa EP de D (posição esquizoparanoide e posição depressiva). A entrada do paciente na posição depressiva é vetada pela barreira de seu conhecimento inconsciente da presença do fato selecionado. Por outro lado, quando o analista, que encontra-se em D, mas também vivencia a experiência de estar em EP, é finalmente capaz de ver o fato selecionado, ele próprio (analista) passa por uma evolução de EP para D e torna-se então capaz de vivenciar a Verdade emocional inerente ao fato selecionado e de finalmente revelá-la ao paciente. Do modo como compreendo, o fato selecionado representa o tema emocional oculto, mas saliente ou principal, da sessão. Os pensamentos de Bion sobre o fato selecionado têm relação com seu conceito de transformação em O, intuição empática, que ocorre quando o analista escuta através da abordagem de hemisfério direito.

Britton e Steiner (1994) e Feldman (2007a) estudaram o conceito de Bion de fato selecionado e recomendam enfaticamente que analistas e terapeutas sejam cuidadosos na distinção entre fato selecionado e "ideia supervalorizada". A segunda pode ser atingida em vez do primeiro por conta de impaciência ou investimento narcísico do analista. Acredito que outra explicação possível seria a capacidade do paciente de manobrar inconscientemente o inconsciente do analista para que selecione uma associação falsa e a supervalorize, atrapalhando sua atenção. Eu acrescentaria ainda mais uma advertência às de Britton, Steiner e Feldman: a do fato subvalorizado, ou seja, a possibilidade de que o analista, por qualquer razão que seja, deixe de perceber um fato selecionado apresentado de forma suficientemente clara a ele. Um outro aspecto do "fato supervalorizado" é que ele pode, na verdade, ser super – ou mesmo subvalorizado por causa de grave impaciência por parte do analista.

Bion (1992), no entanto, parece ter antecipado as advertências de Britton, Steiner e Feldman:

> *Significa, portanto, que no caos de fatos incoerentes desconexos eu vejo "o ponto" – o fato selecionado. Caso eu tenha discernimento, rejeito-o e retomo o caos. Seleciono então outro fato, ou ainda o mesmo. Rejeito-o e reassumo a posição esquizoparanoide. E isso não pode também dar origem a situações nas quais o paciente parece rejeitar invejosamente uma interpretação que aceitou no dia anterior? (Melanie Klein, Inveja e Gratidão, p. 69). Isso é o mesmo que dizer que, assim como a inveja, este pode ser um exemplo de fracasso em retornar à posição esquizoparanoide e um desejo de fazer com que o analista faça isso; ele precisa sentir que toda a massa de objetos desconexos mais uma vez perdeu sua coerência e coesão. (p. 186)*

Bion afirma que "o observador deve estar separado dos elementos que constituem o fato selecionado", mas também que o observador deve "minimizar suas tensões interiores" – certamente um equivalente do "abandono de memória e desejo". Ao mesmo tempo que ele parece sugerir que o fato selecionado é independente do observador, em outros pontos ele me parece querer dizer, embora sem fazê-lo de fato, que um pré-registro – isto é, uma pré-concepção inata ou adquirida, ou uma antecipação inconsciente do fato selecionado em potencial – deve já encontrar-se adormecida dentro do inconsciente do próprio analista, como dois (ou mais) pedaços espalhados de conhecimento que finalmente se reúnem para formar o *símbolo* (como no "Andrógino" de Platão). Em outras palavras, a pré-concepção do fato selecionado existe dentro do analista tanto como resultado da associação saliente do analisando *quanto* como uma pré-concepção inata e/ou adquirida (formação, experiências de vida) e está pronta para encarnar sua realização a partir de seu equivalente antecipado nas associações do paciente: para formar um símbolo – isto é, uma concepção.

O objetivo da recomendação de Bion para que o analista "abandone memória e desejo" é o de ajudá-lo a esvaziar sua mente de todos os obstáculos mentais, do conhecimento, da teoria e, também, de *L*, *H* e *K*, para que ela possa tornar-se "virginalmente" vazia e idealmente receptiva aos "pensamentos selvagens" pertencentes a seu próprio repertório interno de experiências ou pré-concepções inatas que podem entrar em ressonância com aquilo que o analista vivencia com o paciente de modo a evocar uma correspondência entre experiências – como Stanislavski (1936) sugere com relação ao treinamento do método para o ator. Um ou mais desses pensamentos selvagens contém a versão inconsciente do fato selecionado pertencente ao analista.

A relação entre EP ↔ D e o fato selecionado

Bion nos diz que o fato selecionado situa-se entre EP e D. Em outras palavras, uma vez que o fato selecionado tenha sido selecionado e conhecido pelo analista, este vivencia uma evolução de EP para D. Isso significa que agora é seguro estar em D, pois sente-se que o impedimento desconhecido que evocava ansiedade suficiente para assegurar a permanência em EP (cisão, identificação projetiva, idealização e negação mágica onipotente) encontra-se agora contido pela recém descoberta coerência que a revelação do fato selecionado proporciona. O analista, através de sua *rêverie* e do uso da função-alfa, é agora capaz de oferecer sua interpretação transformadora ao analisando para capacitá-lo a também fazer o trânsito de EP para D.

Uma abordagem alternativa para a compreensão do fato selecionado

Gostaria de apresentar minha própria concepção alternativa sobre o fato selecionado. Na visão de Bion, seguindo a de Poincaré, o fato selecionado parece compreender *um único elemento*, o qual se diferencia dos demais e funciona como uma verdadeira "Pedra de Roseta" para dar significado e coerência à aparente aleatoriedade das associações que emergiram até então. Eu pessoalmente vejo o precursor e a condição do fato selecionado da seguinte maneira: unidade, coerência e significado estão inseridos em cada uma das associações (vistas coletivamente), mas nós, como analistas, podemos ter que esperar talvez por uma associação mais nitidamente significativa para sermos capazes de ver o quadro total retrospectivamente – um ato que Freud chamou de "*Aha Erlebnis*". Em outras palavras, coerência e organização estão presentes desde o início nas associações livres e no comportamento do paciente. Baseio minhas ideias a este respeito na teoria da complexidade e do caos, sendo que a última nos oferece o conceito de "atrator estranho", que organiza o caos (Sparrow, 1986, p. 122). Em outros termos, o caos conhece sua própria coerência desde o princípio, mas os mortais – isto é, os observadores externos – devem aguardar até que possam discernir seu *padrão*. Se admitimos que o caos conhece sua coerência desde o princípio, então talvez possamos evocar a teoria de Bion (1965, 1970) de transformações em *O* e os conceitos de "visão binocular" (1962b) e "perspectivas reversíveis" (1962b, p. 2) para sugerir que, embora jamais possamos conhecer *O*, a própria *O* conhece sua coerência inerente. Assim, a partir desta perspectiva, o fato selecionado constitui o aspecto mais *saliente* do panorama associativo, mas é sempre contínuo e está sempre presente em cada um de seus derivados (elemento beta ou elemento alfa).

Em outras palavras, o fato selecionado, em minha visão alternativa (adicional, não substituta), é sempre inerente e está sempre inserido na *relação* entre cada um dos elementos das associações livres do analisando. A primeira associação é a "progenitora" que "dá à luz" a segunda, a primeira e a segunda associações dão à luz a terceira e assim por diante. Na situação clínica, cada associação constitui seu próprio cosmos ou universo solipsístico. O analista deve combinar o segundo universo de associações com o primeiro para ver onde a chave de um pode servir na fechadura do outro – ou seja, onde eles podem conectar-se de forma confiável – e realizar o mesmo procedimento com o resultado desta operação e a terceira associação, e assim por diante. Demonstro esta manifestação alternativa do "fato selecionado sequencial" no material clínico que será apresentado. Por enquanto, um breve exemplo de caso demonstra a versão de Bion:

> *Um advogado solteiro de 42 anos que estava em análise comigo há vários anos entrou no consultório certo dia parecendo taciturno e deprimido, o que era incomum quando eu o atendia. Ele falou sobre dificuldades que estava tendo com seus sócios, desentendimentos com sua namorada e conflitos com alguns de seus clientes. Enquanto o escutava, eu permanecia sempre atento a alusões transferenciais, mas não conseguia encontrar qualquer uma exceto aquela referente ao intervalo do final de semana anterior. Durante minha* rêverie, *comecei a sentir compaixão pelo analisando e também a vivenciá-lo como um garotinho que queria que eu o segurasse no colo para trazer-lhe alívio de sua luta contra os "valentões". Por fim, ele relatou de passagem que seu pai estava vindo à cidade para uma visita. Embora relatasse que nunca se sentiu muito próximo de sua mãe, ele contava quase que exclusivamente com seu pai. A menção à visita do pai tornou-se o fato selecionado.*

Parece-me haver três aspectos diferentes que participam na apreensão do fato selecionado pelo analista:

A. Uma busca claramente delimitada, consciente, deliberada, ativa e o que chamo de linear "de hemisfério esquerdo" pelo fato selecionado: quando ele parece ter chegado, ele é selecionado como o fato relevante. Tal "fato", escolhido cuidadosamente, está sujeito a um ceticismo adequado (Coluna 2 da Grade de Bion [1977]). Fatos selecionados que são escolhidos conscientemente são imediatamente submetidos a uma avaliação para excluir a possibilidade de que sejam fatos supervalorizados (ver anteriormente), mas deve-se levar em conta também a possibilidade de que sejam fatos subvalorizados.

B. Uma disponibilidade pré-consciente, passiva e natural por parte do fato para ser "selecionado" – isto é, para atrair atenção não linear para que seja selecionado, a despeito da revelação ou aparecimento de sua metade simbólica correspondente que repousa dentro do analista. Esta forma de apreensão corresponde ao modo de escuta de hemisfério cerebral direito. Portanto, *este aspecto do fato selecionado seleciona a atenção do analista por si só*. "Pensamentos selvagens" jamais podem ser supervalorizados de início, segundo Bion. Cada um pode ser uma pedra preciosa em si mesmo. Podemos dar a este fenômeno o nome de "fato selecio*nante*".

C. A coleta feita a partir de ambas as fontes, agora tornadas públicas (reveladas), é então submetida ao escrutínio mental (processo secundário, função-alfa) por senso comum e correlação e processada de acordo com a Grade, que representa o que Freud chamou de processo secundário e Bion de função-alfa, passando por Notação, Atenção, Investigação e, por fim, Interpretação.

Como consequência do que foi descrito, o analista pode ver-se impedido, a qualquer momento e com qualquer paciente, de detectar o fato selecionado, uma vez que aquilo que emana do paciente pode não ser exatamente uma sinfonia orquestrada de mensagens sincrônicas ou fugas harmoniosas, mas uma cacofonia perturbadora de sons que anulam uns aos outros e atrapalham, assim, a transmissão de significados ou o surgimento de perspectivas reversíveis que imitam, mas conseguem se desviar, da comunicação autêntica. O "terceiro sujeito subjugante" de Ogden (1994, p. 101) é um conceito que reúne as subjetividades do analisando e do analista e projeta sua influência inconsciente sobre ambos. Minha versão pessoal disso é o "dramaturgo" – o instigador inconsciente da peça analítica passional e seus temas (Grotstein, 2000). Ele está localizado fundamentalmente no inconsciente do analisando, mas ocasionalmente evoca sua contraparte no analista, quando então ambos se combinam e se comportam como um terceiro sujeito subjugante, como sugere Ogden. Clinicamente, isso significa que, na experiência de transferência ↔ contratransferência, uma subpersonalidade defensiva ou resistente de dentro do analisando pode inconscientemente enfeitiçar, manipular ou desviar o analista para que este escolha uma associação "isca" e a supervalorize como se ela fosse o fato selecionado autêntico.

O "fato selecionado negativo" e o vértice estético

Em minha experiência como supervisor, desenvolvi a visão de que a capacidade de detectar o fato selecionado é maior quando o supervisionando é uma pessoa artística, musical ou poética. Notei, também, que artistas, músicos e outros de disciplinas similares parecem possuir uma habilidade especial de utilizar e integrar os dois hemisférios cerebrais e de se tornarem detectores especialmente sensíveis de falhas na *Gestalt* de suas produções. Um músico com ouvido perfeito pode facilmente detectar falhas no timbre e no som de uma nota musical. Assim, se analistas com dons estéticos podem detectar mais facilmente o fato selecionado nas associações de seus analisandos, eles também podem, como artistas e músicos profissionais, detectar aquilo que eu chamaria de "*fatos selecionados negativos*": elementos falhos ou desarmônicos no texto do analisando que denunciam pensamentos desordenados ou perturbadores que batem à porta de associações que, do contrário, seriam simétricas. Eles constituem a "mosca na sopa".

Um analisando que trabalha como diretor de filmes comenta frequentemente sobre sua necessidade de utilizar ambos os hemisférios em seu trabalho. Ele utiliza um foco suave e de ângulo aberto em todo o *set* de filmagem, ao mesmo tempo que mantém uma vigilância atenta aos detalhes constantes que surgem durante ela, detectando com frequência peculiaridades no ambiente que, após melhor investigadas, acabam se mostrando como detalhes que teriam se tornado distrações importantes no progresso do filme. Ele também mencionou uma ocasião em que estava sendo entrevistado na televisão junto com outras celebridades do cinema. Enquanto ele olhava para a plateia, notou algo peculiar. Ele viu o rosto de uma pessoa que olhava de forma estranha para a cena e registrou uma nota mental da observação. Alguns minutos depois, este indivíduo levantou-se subitamente de sua cadeira e correu de forma ameaçadora em direção a uma das celebridades do palco, mas foi rapidamente interceptado pela segurança. Outra paciente, uma violoncelista talentosa que também possui ouvido absoluto, relatou-me que seus ouvidos doíam quando ela ouvia uma nota fora do tom.

Na sessão psicanalítica, o fato selecionado negativo atrapalha sutilmente a simetria e coerência das associações do paciente. O diretor que mencionei anteriormente forneceu-me um outro exemplo. Enquanto discutia sua vida conjugal, percebi que ele esfregava seu polegar esquerdo contra o indicador esquerdo. Imediatamente pensei comigo mesmo que aquele era um ritual masturbatório destinado a trazer-lhe alívio. Estivéramos discutindo sobre seus casos e ficamos sabendo que ele havia entrado nestes como uma distração da dor dos momentos vazios – ou seja, o pavor do tédio. Ele havia sofrido abusos – apanhando frequentemente – de sua mãe quando criança. Na época da sessão, ele havia desistido de ter casos amorosos e se tornara fiel à sua esposa. Consegui fazer a interpretação de que seu polegar estava tendo um "caso" para se distrair – e, portanto, trazer alívio – com seu indicador por conta do terror da solidão que espreitara durante o intervalo do final de semana.

Notas

1. Bion (1970) registrou isso da seguinte forma em outra ocasião: "Freud disse que ele tinha que 'cegar-se artificialmente para focar toda a luz em um ponto escuro'" (p. 57). Sou grato a Michael Eigen por essa referência. Acredito que "facho de escuridão" representa mais claramente a recomendação de Bion sobre o "abandono de memória e desejo".

2. O "objeto facilitador" de Winnicott é a origem dos conceitos de Kohut (1971) de "*self*-objetos" de "espelhamento", "idealizadores" e "gemelares".

3. Embora a memória de sessões anteriores seja proibida por Bion, ele "permite" manifestações espontâneas e naturais da memória.

4. Poincaré (1963), famoso matemático francês, é citado com frequência por Bion não apenas pelo fato de ter introduzido o fator

intuitivo nas operações matemáticas, mas também por causa de sua contribuição com o conceito de "fato selecionado", que designa o surgimento de um sentido de certeza unificadora e coerência em um cenário de desordem anterior.

5. Penso que com "matemática" Bion quer dizer uma abordagem linear, científica e de "hemisfério esquerdo" para ouvir o analisando. Em outro ponto de sua obra, ele especifica o que isso significa em parte: um conhecimento do complexo de Édipo (nas versões kleiniana e freudiana clássica) e da teoria de Klein das posições esquizoparanoide e depressiva.

6. Essa recomendação, em contraste, representa uma abordagem não linear e intuitiva livre de memória, desejo ou preconcepções (inclusive de teoria).

7. Tenho a impressão, falando a partir da perspectiva kleiniana/bioniana, que os impulsos – que são revelações de intencionalidade inconsciente – relatados ou detectados durante a sessão analítica constituem, quase invariavelmente, defesas contra ansiedades que emergem da posição esquizoparanoide ou da posição depressiva, diferentemente do que ocorre na vida extra-analítica, onde os impulsos podem ser espontâneos. A análise, devemos nos lembrar, é como um emplastro que atrai a purulência da ansiedade inconsciente à superfície para que esta seja expressa.

8. Sou grato a Gemma Corradi Fiumara (2008, nr. 26) por esta referência.

5. Encerramento

Muito já foi escrito sobre o encerramento da análise, mas como acredito que o júri ainda está em busca dos critérios que justificariam tal evento, irei me abster de examinar a literatura sobre o tema. Basear-me-ei em minhas próprias experiências psicanalíticas recentes com o término de quatro análises e em outras experiências de condução de análise até o término em casos que supervisionei. Há vários fatores a serem considerados. Em primeiro lugar, pergunto-me qual a razão entre o número de analisandos que chegaram até o término formal e o daqueles que começaram análises e as interromperam ou encerraram prematuramente, e quais os critérios que foram utilizados na primeira categoria. Também acredito que os critérios podem ser diferentes nos casos de psicanalistas ou psicoterapeutas que estão em análise. Eles são instruídos a entrar e reentrar em análise quando problemas significativos de contratransferência ou pontos cegos se desenvolvem no tratamento de seus próprios pacientes.

A maioria das análises de que tenho conhecimento e que foram encerradas formalmente apresentava as seguintes características:

A. O analisando havia progredido significativamente da hegemonia da posição esquizoparanoide para a hegemonia da posição depressiva – o que significa que utilizava mecanismos esquizoides como cisão, identificação projetiva, negação e idealização, além de defesas maníacas e obsessivas, com menor frequência e que tinha maior tendência a assumir uma postura introspectiva com relação ao seu mundo interno, tinha assumido um maior senso de responsabilidade por si e havia atingido um senso de individuação do *self* acompanhado de separação dos objetos. A adoção de fronteiras saudáveis é uma outra forma de se referir a tudo isso.

B. Os temas analíticos haviam se tornado cada vez mais repetitivos e redundantes.

C. Como um paciente que estava encerrando a análise colocou apropriadamente: "Esta é minha vida e este é meu lugar nela. Eu tenho que aceitá-lo como é. Minhas expectativas onipotentes de ser grande estão derretendo tristemente. Consegui aceitar a mim mesmo como sou, o que quer que isso signifique na ordem da vida."

D. Verificou-se uma redução da influência do superego (Strachey, 1934). Um paciente que estava próximo do término de sua análise relatou um sonho em que *um policial ardiloso o estava perseguindo, mas ele, o policial, mostrou ser na verdade o assassino*. Este mesmo paciente descreveu que também estava se tornando mais realista quanto a mim, que eu tinha me tornado desmistificado, o que o fazia sentir-se um tanto encorajado, mas também decepcionado. Em outro sonho *eu havia me tornado uma grande baleia amigável e depois um golfinho menor, mas pronto para ajudar.*

E. Um dos resultados de uma análise bem sucedida é a incorporação, pelo analisando, de uma boa compreensão sobre si mesmo. A forma mais tradicional de se colocar isso é dizer que o analisando introjetou seu analista. Eu diria, no rastro de Bion, que o analisando "tornou-se" mais completamente ele mesmo, desenvolveu muito de sua enteléquia e evoluiu significativamente como resultado da influência da análise e do analista. Ele está, portanto, mais capacitado a desempenhar alguma forma moderada de autoanálise.

F. Observo com frequência um fenômeno interessante na fase final da análise: O paciente começa a vivenciar lembranças dolorosas e/ou vergonhosas do passado, tanto remoto como recente. Sempre sentimos aversão àquelas memórias embaraçosas que acabam aparecendo nas praias de nossa consciência e que parecem possuir um instinto de voltar para nós para que possamos resgatar nossos *selves* perdidos, estranhos, não mortos e alterados das catacumbas de nossa memória.

A análise cuidadosa destes fenômenos frequentemente revela que tais memórias dolorosas ou vergonhosas representam as vozes insistentes e imagens intrusivas de imagens do *self* que foram descartadas – cindidas ou mesmo reprimidas – porque, à época de sua ocorrência, o sujeito não conseguia suportar a identificação com aqueles aspectos de si mesmo. O que parece estimular esse "retorno do reprimido" é a necessidade de se fazer as pazes consigo mesmo, de integrar-se com as próprias partes perdidas, de reconciliar-se consigo mesmo, de reconhecer que não se é tão famoso quanto se gostaria, de aceitar a própria posição na hierarquia da vida como o cumprimento de sua *moira* – e de olhar com uma expressão mais benevolente para este desfile interminável de memórias dolorosas (e também satisfatórias).

Frequentemente surge a questão sobre se o analisando (paciente) e o analista podem, em algum momento após o encerramento, manter relações sociais ou acadêmicas. Minha experiência pessoal é de que, ainda que a transferência possa sofrer uma redução durante o encerramento, ela jamais cessa. A transferência está sempre em operação. A questão de fato é se o analista deve ou não manter-se em um estado de suspensão temporária diante da possibilidade de que o analisando retorne no futuro. As análises didáticas confrontam frontalmente esta questão por causa da proximidade das relações em uma sociedade ou instituto de psicanálise e a inevitabilidade da convivência entre analisando e analista. Idealmente, no entanto, acredito que é aconselhável que o analista se mantenha em suspensão – e/ou encaminhe seu antigo analisando que eventualmente retorne para análise com um colega.

Breve exemplo de caso

> *RW, um homem de meia idade, estivera em análise por 15 anos. A razão inicial que o trouxera tinha sido a dificuldade de ter intimidade com mulheres. Após vários anos trabalhando com esta questão, finalmente conseguimos confrontar a ansiedade claustrofóbica que ele vivenciava com as mulheres ao forjar uma conjunção constante (Bion, 1967b, p. 148) entre a impulsividade de suas necessidades arcaicas de dependência e seu medo de ser emocionalmente sufocado ao aproximar-se delas. Com a aceitação desta percepção, ele conseguiu casar-se*

com uma mulher a quem ele amava e continuou a amar. A análise tratou de diversos temas, muitos deles relacionados à sua ligação excessivamente próxima com a mãe e à distância do pai. Embora fosse mais próximo de sua mãe, sentia-se ambivalente com relação a ela porque ela tinha voltado para seu trabalho como vendedora de uma loja de departamentos quando ele tinha quatro meses de idade, deixando-o aos cuidados de babás, uma das quais abusou dele sexualmente quando ele tinha dois anos ou talvez mesmo antes disso. Uma segunda conjunção constante foi então criada entre sua forte dependência e objetos que sempre o estavam deixando.

O analisando trabalhava como roteirista e apresentava várias das mesmas ansiedades descritas anteriormente quando estava no trabalho. Gradualmente estas ansiedades também foram elaboradas. Durante o progresso da análise, o paciente tornou-se mais maduro em seus relacionamentos, com uma personalidade mais firme e maior apreço por sua esposa, seus filhos, sua análise e seu analista. No último ano de sua análise, ele teve o seguinte sonho:

Eu era uma criança pequena que estava no banco de trás de um carro antigo. Havia outras duas pessoas (um homem e uma mulher) no carro também, mas eu estava de alguma forma dirigindo o carro do banco de trás porque minhas mãos estavam de algum modo no volante. Depois de dirigir por algum tempo, chegamos a um túnel que teríamos que atravessar. Fiquei muito assustado. Eu estava com medo de seguir adiante. De repente, sem que eu notasse, nós estávamos no túnel e, mesmo ansioso, eu parecia estar bem. Finalmente chegamos ao fim do túnel e continuávamos seguindo pela estrada, mas de repente percebi que eu era adulto e era o único ali. Minha ansiedade começou a diminuir. Conforme continuava, eu olhava a paisagem ao redor. Ela me fazia lembrar de K, onde nasci e fui criado. Senti saudades de minha cidade natal. Conforme eu continuava olhando a paisagem, algo estranho aconteceu! De repente eu comecei a sentir que a paisagem estava ficando plana, em duas dimensões, e então vi uma fronteira que a circundava. Para além da fronteira, ao meu lado esquerdo, eu via uma plateia de pessoas me assistindo.

O analisando fez a seguinte associação:

O sonho era assustador a princípio, mas de alguma forma eu me acostumei a ele e me senti melhor. Eu estava assustado quando me vi como um garoto dirigindo um carro e chegando a um túnel. Quando acordei, fiquei pensando se eu não havia me deparado de novo com minha antiga ansiedade claustrofóbica. Eu não reconheci o homem e a mulher no carro. Quase chorei quando vi o que eu achei que era minha velha vizinhança em K.

Minha interpretação foi:

O fato de você estar dirigindo um carro do banco traseiro e como uma criança me faz pensar se esta não era uma forma de falar sobre o início de sua análise, quando você estava tão ansioso que encontrava-se reduzido a utilizar a onipotência[1] *para fingir que era "autônomo". O homem e a mulher no automóvel podiam ser seu pai e sua mãe durante sua infância enquanto eu seria como sua mãe e pai na transferência. Você estava conduzindo o curso de sua análise desde o início e até o ponto em que você tem razão para pensar que seja o fim. O túnel pode – você está certo – representar sua antiga ansiedade claustrofóbica e pode ter constituído um teste para checar se você a tinha dominado. A visualização da velha paisagem de K parece ter sido uma breve jornada sentimental, com gratidão e saudade, a seu antigo lar, talvez até ao útero – se não o seio e seu pai combinados – para refazer seus passos até a maturidade desde o princípio, mas de forma nova e mais sólida. A paisagem que se transforma no pano de fundo de um palco ou representação leva-me a pensar na cena de O Mágico de Oz em que Dorothy vê os sapatos do mágico por baixo da cortina, encerrando, assim, sua história fantasiosa de Oz. Em outras palavras, você, assim como ela, emergiu da fantasia e tornou-se real. Há ainda mais um ponto. A análise pode ser vista como uma peça sagrada que deve ser encenada para que seu mundo interno possa revelar seus problemas – como se fosse em uma peça. Finalmente, tenho razões para acreditar que você pensa que este é um sonho que anuncia um término confiante.*[2]

Primeiro, o analisando chorou. Depois, permaneceu em silêncio por um momento e então disse: "Você quer dizer que vai me deixar ir? Estou assustado e extasiado ao mesmo tempo."

Notas

1. Quando eu estava em análise com Bion, ele frequentemente interpretava que eu estava "reduzido à onipotência" para comunicar-me que esta era uma defesa desesperada contra meu desamparo ansioso.

2. Uma monografia sobre o encerramento da análise foi publicada exatamente quando este volume estava no prelo. Eu a vejo como muito útil para a compreensão do processo de encerramento (Fosshage & Hershberg, 2009).

6. O tratamento psicanalítico de estados psicóticos e *borderline* e outros transtornos mentais primitivos

O tratamento analítico de estados psicóticos possui uma história ilustre, porém breve; breve em função das novas compreensões sobre esquizofrenia, transtorno maníaco-depressivo (atualmente conhecido como "transtorno afetivo bipolar") e estados *borderline*, e também devido à ascensão da psicofarmacologia. Eu gostaria de prefaciar minha discussão com o que acredito ser a importância fundamental de distinguir *estados* clínicos de *traços* de personalidade. Traços de personalidade geralmente não são tratáveis com medicamentos, e são, portanto, na minha opinião, acessíveis somente através de psicoterapia, especialmente psicoterapia de orientação analítica. Esta pode também, não obstante, complementar a farmacoterapia em pacientes psicóticos ou com outros estados afetivos primitivos.

Os pioneiros no tratamento psicanalítico de pacientes psicóticos e *borderline* incluem Harry Stack Sullivan, Harold Searles,

Peter Giovacchini, L. Bryce Boyer, Frieda Fromm-Reichmann, Hanna Segal, Herbert Rosenfeld, Wilfred Bion, Otto Kernberg, Peter Fonagy, Mary Target e muitos outros. Em vez de repassar exaustivamente as incontáveis contribuições sobre o tema, apenas resumirei algumas diretrizes para o tratamento desses transtornos.

Antes, porém, devo chamar a atenção para uma contribuição essencial para o conceito de tratamento psicanalítico da esquizofrenia, da destacada proponente do referido conceito. Em *The Center Cannot Hold*, Elyn Saks, uma paciente esquizofrênica tratada com sucesso, que é psicanalista, professora de Direito e professora adjunta de Psiquiatria da *University of Southern California*, descreve pungentemente sua viagem através da loucura e seu resgate através do tratamento psicanalítico (Saks, 2007; ver também Garfield & Mackler, 2009).

Regressão e a barreira de contato

Enquanto pacientes mais funcionais tendem a *regredir a serviço do ego* (Kris, 1950), pacientes que sofrem de transtornos mentais primitivos parecem propensos a sofrer regressão vertiginosa e cataclísmica, muitas vezes resultando em uma psicose transferencial, ou até mesmo uma transferência delirante. O fio de Ariadne que me parece perpassar a psicopatologia das psicoses e os transtornos mentais primitivos em geral é o insucesso desses pacientes no desenvolvimento de uma efetiva *barreira de contato* (Bion, 1962b, p. 17) – a membrana seletivamente permeável que separa os Sistemas *Cs* e *Ics* e intermedeia a transferência de informação emocional entre os dois sistemas –, de forma que o sujeito possa ser capaz de diferenciar entre sono e vigília, e o interior da mente do mundo exterior. Essas distinções são vitais para a capacidade do sujeito de *conter* (Bion, 1962b, p. 88) seus pensamentos, para que possa *pensá-los* e *pensar sobre* (refletir sobre) eles. A barreira de contato também *intermedeia* a progressão da regressão analítica – ou seja, uma progressão ordenada (a serviço do ego), e não vertiginosa e caótica ou cataclísmica.

Notas sobre a etiologia e o curso de doença

Os principais fatores etiológicos por trás desses transtornos são:

A. A *incapacidade* dos pacientes de *tolerar frustração*, e a decorrente incapacidade de manter suas mentes abertas e ativas na ausência do objeto – em oposição a fechar suas mentes com transformações concretas do objeto para preencher buracos de vazio intolerável.

B. Sua incapacidade de tolerar frustração pode, por sua vez, dever-se à tolerância insuficiente às suas demonstrações de afeto, quando crianças, por mães que não puderam ser *continentes* efetivos, o que também é uma forma de dizer que estavam sujeitos a *apego desorganizado* a seus objetos.

C. Como resultado do que precede, o paciente potencial, perseguido por um objeto obstrutivo, ou "super"ego (Bion, 1962b, p. 97), é forçado a fazer uso de *clivagem** *excessiva*, bem como de *identificação projetiva excessiva*, para tentar livrar-se da ansiedade intolerável.

D. Como resultado da clivagem e identificação projetiva excessivas, o paciente é compelido não somente a clivar e projetar suas emoções, impulsos, objetos internos, e

* *Splitting*, no original. [N.T.]

assim por diante, mas também a *própria mente*. O resultado é a formação de *objetos bizarros*, que então se aglomeram e envolvem o desafortunado paciente como uma *tela beta* (Bion, 1962b, p. 23), e muitas vezes o perseguem na forma de alucinações. A tela beta, suponho, é o equivalente psicótico do refúgio psíquico (Brown, 2006; Grotstein, 2007; Steiner, 1993). A atividade dessa tela beta perpetua impasses psicanalíticos sob a forma de reação terapêutica negativa.

E. A atividade do objeto obstrutivo ("super"ego) *ataca os vínculos* do sujeito com objetos bons, úteis, impedindo-o assim de internalizar os objetos bons para crescimento mental e *obstruindo* sua capacidade de *aprender com a experiência* (pensar). Além disso, Bion (1965) afirma que, no bebê fadado a tornar-se psicótico, o "super"-ego se desenvolve antes do ego, e quando o ego emerge, é tiranizado pelo "super"ego.

F. Como consequência do anteriormente exposto, o paciente é, como regra, compelido a mobilizar seu *instinto de morte* para atacar seu contato remanescente com objetos, em função da dor causada por se tratarem de lembretes atormentadores de objetos necessários e desejáveis que ele não pode internalizar ou metabolizar.

G. Pacientes que sofrem de transtornos mentais primitivos graves, especialmente pacientes psicóticos, podem operar a partir de pelo menos *dois diferentes aspectos da psique – uma personalidade psicótica e uma não psicótica* –, situação geralmente caracterizada por uma dissociação efetiva entre os dois (Bion, 1967a). Isso tem importância terapêutica porque (a) o analista ou terapeuta pode estar tratando o paciente como se ele fosse neurótico (não psicótico), vindo a descobrir apenas mais tarde que sua personalidade abrigava uma personalidade psicótica, mais profunda; e (b) o analista ou terapeuta pode perceber que está tratando uma personalidade psicótica, vindo a descobrir que o *self* psicótico abriga uma personalidade mais normal, neurótica, que tenta envolver-se terapeuticamente.

H. O curso clínico do paciente psicótico pode começar com agitação confusional aguda e depois gradualmente reorganizar-se de forma patológica (Freud, 1911c). Bion (1962b) refere-se a essa reorganização patológica como "*reversão da função-alfa*", que designa como "método na loucura do paciente". Quando a organização da tela beta alcança a reversão da função-alfa, a capacidade de resistência do paciente torna-se formidável e extremamente difícil.

I. Bion (1967a) fala sobre o fenômeno das "*perspectivas reversíveis*" em psicóticos. Trata-se de um tipo especial de resistência, em que o paciente parece estar ouvindo às intervenções do analista, mas, na realidade, modifica o contexto da intervenção. Bion usa como exemplo a figura de um vaso em que uma perspectiva reversível revelaria duas faces confrontando uma à outra. O que essa manobra implica é que o paciente mudou o contexto ou pano de fundo da comunicação para evitar o impacto do significado de primeiro plano. O exemplo a seguir demonstra essa ideia: interpretei para um paciente (psicótico) que ele estava ansioso com minha ausência em um feriado próximo, e poderia estar demonstrando isso por seu sentimento de apatia. Ele respondeu que ele e sua família haviam muitas vezes saído em férias quando era jovem. Ele manteve o aspecto literal do significado de minha interpretação e, em seguida, reverteu seu contexto, generalizando seu pano de fundo – o feriado.

J. Bion (1967a) também descreve outra síndrome que encontrou em pacientes psicóticos, caracterizada pela ocorrência, no material clínico do paciente, de três fatores, em conjunto ou separadamente: *arrogância, curiosidade* e *estupidez.* Tal como acontece no fenômeno de ataques contra a criação de vínculos, essa síndrome ocorre em pacientes psicóticos que, quando bebês, viveram uma *catástrofe infantil* em função de um ambiente desfavorável ao desenvolvimento, em que a mãe, incapaz de *conter* (sintonizar) as experiências emocionais de seu bebê, rejeitou-as e, assim, "*reverteu a projeção*" de volta para seu bebê, agora frenético. Arrogância nega a aceitação do estado dependente da incompletude normal. A curiosidade normal do bebê foi esmagada e cooptada pelo objeto obstrutivo (combinação de um objeto total internalizado que é real, odioso e destrutivo, modificado pela projeção do bebê dos seus ataques odiosos contra ele, aos quais devemos também adicionar onipotência). Assim, a criança ou paciente sente-se estúpido, na medida em que está identificado como estando sob o controle desse objeto maligno. Na medida em que se sinta identificado com tal objeto, ele se sente arrogante e não precisa de curiosidade, pois é onipotente e, portanto, epistemologicamente completo. Se o analista, na transferência, se torna o objeto obstrutivo do paciente, então ele (o analista) é sentido como atacando a curiosidade do paciente.

Uma das manifestações dessa síndrome é a experiência clínica, frequentemente observada, do paciente psicótico que inicia a reconstrução de sua personalidade após o surto psicótico. Tais pacientes parecem organizar-se após a excitação confusional aguda da ruptura com a realidade e formar uma nova realidade (reversão da função-alfa), vivenciando uma *certeza delirante* repentina sobre o significado de suas relações com o mundo – ou seja, o local onde são o centro de interesse e perseguição por objetos. O paciente torna-se engenhosamente imaginativo quanto aos laços conspiratórios entre esses objetos. O analista, confrontado por esse surto repentino de *sabedoria delirante*, tende a sentir-se estúpido, desanimado e oprimido.

K. Pacientes psicóticos muitas vezes têm *alucinações*, geralmente auditivas, mas não raro visuais. A alucinação representa a necessidade do paciente de evacuar impressões sensoriais, necessidades e emoções em um objeto, em vez de aceitá-las e buscar transformá-las de forma contemplativa – ou seja, negando-lhes sua capacidade de realização e, portanto, conceituação (Bion, 1958, 1965, p. 83). Minha própria maneira de compreender o início e curso clínico de transformações em alucinose é imaginar o paciente que, embora aparentemente projetando, na verdade está retirando-se de sua fronteira egoica junto com seus órgãos sensoriais (capacidade de atenção), para uma fortaleza interna (tela beta, refúgio psíquico), como um *self* agora insensível. No entanto, os órgãos sensoriais abandonados, atuando então como objetos internos externalizados – de uma forma que poderia ser chamada de *déjà vu* –, parecem comandar e controlar onipotentemente o paciente agora destituído e aprisionado. Em outras palavras, o *self* órgão sensorial que o paciente clivara e abandonara manteve, ele próprio, sua ligação com o *self* (ego) que o abandonou, e agora o caça, persegue e controla.

L. Lacan (1966) fala da *forclusão** *da "lei paterna"* na psicose, querendo dizer, acredito, que o psicótico não consegue desenvolver e resolver seu complexo de Édipo, a partir do qual emergem as fronteiras internas (a "lei do '*não*'" – negação). O fracasso no desenvolvimento de limites predispõe o psicótico à incapacidade de diferenciar o Sistema *Ics* do Sistema *Cs*, correndo o risco, portanto, de uma extensa irrupção do Id.

M. Balestriere (2007) discorre sobre a importância do desenvolvimento de *sensorialidade* e das imagens sensoriais que ela inspira. Essas imagens sensoriais ou pictogramas são a *Anlage* para o desenvolvimento de representações, o conteúdo do pensamento. O comprometimento da capacidade sensorial do psicótico gera nele uma predisposição para ter enorme dificuldade em transformar e internalizar estímulos recebidos.

A utilização do divã

O analista ou terapeuta deve avaliar o uso do divã individualmente, para cada paciente. Os pacientes *borderline* e, especialmente, psicóticos, bem como pacientes que sofrem de transtorno de estresse pós-traumático, frequentemente vinculam-se mal, e tendem a precisar se ligar com o terapeuta através dos olhos. Outros podem se sair bem no divã.

Frequência das sessões

A frequência prescrita de sessões para esses pacientes depende de muitos fatores. Há um paradoxo em relação a isso. Enquanto o

---

* *Foreclosure*, no original. [N.T.]

analista pode demandar sessões frequentes (de preferência cinco vezes por semana) para ajudar o paciente de forma contínua através da *sintonização* analítica das suas emoções emergentes, ele (o analista) é também o *estímulo* contínuo para a regressão do paciente. Consequentemente, a decisão final quanto à frequência das sessões deve ser feita pelo analista em uma base individual - e pode mudar ao longo do tempo durante a análise.

Estabilidade do ambiente de cuidados

Como qualquer analista ou psicoterapeuta certamente confirmará, deve haver um ambiente de suporte relativamente estável para o paciente psicótico ou *borderline*, para que este não fique totalmente sozinho entre as sessões. Esse sistema de suporte inclui a família, amigos ou centros de cuidados especializados no atendimento a esses pacientes.

Interpretações centradas no paciente e centradas no analista

Steiner (1993) constatou que os analistas geralmente interpretam o que acreditam ser os pensamentos e fantasias internos do paciente, mas que, em pacientes que sofrem de transtornos mentais primitivos, pode ser necessário abordar a crença do paciente quanto ao que o analista está pensando. Por exemplo, o analista pode interpretar para o paciente: "Acho que você está irritado comigo por eu estar ausente e não estar disponível para você no fim de semana", em vez de: "Acho que você pensa que eu não queria estar aqui com você durante o fim de semana".

A lógica por trás da necessidade de oferecer interpretações centradas no analista é, na minha opinião, dupla: (a) pacientes com precário funcionamento de ego tendem a sofrer de um grave desequilíbrio na relação de seu superego (severo) com seu ego (frágil). Como as transferências, quaisquer que sejam, constituem invariavelmente transferências superegoicas, qualquer interpretação ou comentário feito pelo analista está fadado a ser interpretado equivocadamente pelo paciente como uma crítica degradante. (b) Esses pacientes, como dito anteriormente, sofrem com um ego empobrecido e uma falta de objetos internos bons, eficazes, carinhosos e, principalmente, *continentes*. Consequentemente, eles não possuem uma superfície de continência interior para lidar com e manobrar (processar, transformar) os estímulos que entram – isto é, as interpretações. *Eles requerem que objetos externos se tornem suas áreas pensantes – ou seja, continentes com função-alfa.*

Breve exemplo clínico

MJ era uma mulher casada de vinte e poucos anos que recentemente imigrara para os Estados Unidos, tendo casado com um americano que vivia em Los Angeles. A análise progrediu da maneira esperada. Ela parecia estar sofrendo do que poderíamos chamar de problemas neuróticos: insegurança como estrangeira, preocupação e ansiedade em geral.

Cerca de dezoito meses após o início da análise, a paciente apareceu em meu consultório em um estado de excitação confusional aguda – psicótica! Seu marido repentinamente a deixara por outra mulher, e ela, minha paciente, estava agora abandonada e sozinha em um país estrangeiro. Esse abandono recapitulara memórias traumáticas de sua infância. Seus sintomas eram tão graves que ela precisou ser hospitalizada, com despersonalização e desrealização, ficando eu alienado dela. Eu me tornara um estranho que ela lembrava ter um dia conhecido. Lembro-me de fazer a seguinte interpretação quando ela reclamou por estar hospitalizada: "Acho que você acredita que eu queria me livrar de você, então a mandei para longe de mim, para o hospital, como você sentiu que seu pai fez quando você tinha três anos de idade e ele enviou-a para seus avós". A paciente pareceu muito emocionada e aliviada por essa interpretação.

Continuei a análise durante sua permanência no hospital, mas também foi necessário um "psiquiatra encarregado" – que era ele próprio também um analista – para atender às questões da internação psiquiátrica. Não demorou muito, porém, para que esse psiquiatra passasse a ser incluído na transferência como um aspecto clivado de mim, sendo vivenciado pela paciente como um objeto obstrutivo, alguém que não a deixava pensar ou agir por si própria, que continuamente interferia com a possibilidade de ela viver sua própria vida. Durante esse período, a paciente regrediu muito, e parecia uma criança pequena, desamparada e impotente. Quando melhorou um pouco, fiquei inicialmente otimista quanto à sua recuperação, até descobrir com tristeza que a "fratura tinha curado mal". Em uma ocasião, fugiu do hospital e demonstrou muita inteligência (reversão da função-alfa) ao fazê-lo. Ela, no entanto, respondeu às minhas interpretações, que incluíam sua decepção comigo por ela ter sofrido um colapso "sob meu olhar analítico" (eu não a estava olhando suficientemente de perto), e que ela estava revivendo seu colapso de infância quando foi levada da casa dos seus avós aos seis anos de idade (que eram seus "pais" provisórios, pois ela fora tirada de seus pais quando estes se divorciaram, e restabelecida com os pais do seu pai, em um local distante). O objeto obstrutivo que a afligia parece ter se originado no pai (na verdade, em como ela o internalizou), pois fora ele que ocasionara sua recolocação ao divorciar-se da sua mãe. Eu era identificado com a mãe indefesa, impotente, incapaz de impedir o objeto obstrutivo de transformá-la em uma órfã.

Quando conversamos após sua recuperação, ela disse que sua personalidade normal permanecera, durante todo o episódio psicótico, atenta ao que acontecia, mas incapaz de se fazer conhecer (graças ao objeto obstrutivo e à tela beta).

7. Premissas básicas da técnica kleiniana/bioniana: uma recapitulação

Antes de passar para aplicações clínicas específicas, eu gostaria de lembrar o leitor dos pressupostos básicos que, *na minha opinião*, informam a técnica kleiniana/bioniana.

A. A sessão de análise deve ser considerada como equivalente a um sonho. Consequentemente, a transferência (e a contratransferência) é abrangente. Além disso, as pessoas mencionadas durante a sessão não existem como tal dentro da realidade psíquica da sessão analítica. Elas são significantes ou deslocamentos (identificações projetivas) de objetos do mundo interno do analisando e manifestações da transferência, incluindo as experiências conscientes e/ou inconscientes do analisando em relação à contratransferência do analista.

B. As associações livres do analisando, quando espontâneas e conscientemente improvisadas, são cuidadosamente preparadase "escritas" pelo que acredito ser uma Inteligência numênica dentro do *Sistema Pcs.*, uma Inteligência ou demônio, homúnculo ou fantasma residente (que chamei em outro lugar de "sujeito inefável do inconsciente" ou "sonhador que sonha o sonho" - Grotstein, 2000). Essa Inteligência, que representa o próprio inconsciente, é incompleta. Ela precisa da consciência do sujeito (do analisando) (com o auxílio do analista) como um *continente* para completar sua mensagem e dar-lhe um significado pessoal - e, mais tarde, um significado objetivo. Também existe, creio eu, outra Inteligência inconsciente, o "sonhador inconsciente que entende o sonho", ou o "sonhador fenomenal de consciência", aquele que aprova o sonho e/ou afirma a correção da interpretação do analista.

C. A psicanálise é como um emplastro que leva a purulência da dor emocional para a superfície, para ser vivida e expressada. A dor da sessão é o que Klein designa "a máxima (não necessariamente a mais profunda) ansiedade inconsciente", ou o que Bion chama de "objeto analítico", O. O analista detecta o objeto analítico pelo uso dos sentidos, mito e paixão como vértices de triangulação em sua busca pelo fato selecionado, a chave associativa para a fechadura do mistério da sessão. Os sentidos correspondem à abordagem pelo hemisfério esquerdo - observação - com atenção focalizada. Mito designa o mito e fantasia inconsciente essencial que está operante. Paixão designa tanto o sofrimento pelo qual o paciente passa inconsciente e/ou conscientemente *e* a capacidade de continência emocionalmente experimentada pelo analista (abordagem pelo hemisfério direito).

D. Transferência e contratransferência devem ser sempre procuradas (Klein, 1961):

> *O ponto de vista dos analistas diverge sobre o momento da transferência em que convém interpretar. Embora eu considere que não deve transcorrer nenhuma sessão em que não seja feita alguma interpretação transferencial, minha experiência me mostrou que nem sempre a transferência deve ser interpretada no início.* Quando o paciente está profundamente preocupado pela relação que mantém com seu pai ou mãe, irmão ou irmã, com suas experiências no passado ou mesmo no presente, é necessário dar-lhe todas as oportunidades para abordar esses temas. A referência ao analista, nesses casos, deve ocorrer mais tarde. *Em outros casos, o analista sente que, seja o que for que o paciente está falando, toda a ênfase emocional encontra-se na sua relação com o analista. Neste caso, a interpretação deve referir-se em primeiro lugar à transferência. Desnecessário dizer que* uma interpretação transferencial sempre implica referir a objetos anteriores às emoções que são experimentadas em relação ao analista. Caso contrário, não se cumpre suficientemente a finalidade a que estão destinadas. *Esta técnica de interpretação da transferência foi descoberta por Freud nos primórdios da psicanálise e mantém sua plena significação. A intuição do analista deve guiá-lo no reconhecimento da transferência em material em que ele pode não ter sido mencionado diretamente. (p. 22, grifo nosso)*

O horizonte da interpretação transferencial mudou imensamente desde que esta foi mencionada por Freud pela primeira vez. Inicialmente, a transferência era concebida no modelo unipessoal. Atualmente, ela é concebida como inseparável da contratransferência (*rêverie*), no modelo bipessoal. Além disso, a transferência não se refere apenas à noção clássica de "deslocamentos de catexias de objetos passados", mas também a identificações projetivas e *trans*identificações projetivas, bem como a *contra*identificações projetivas no aqui e agora. Melanie Klein concebe toda a sessão como transferência, e hoje acrescentaríamos contratransferência, como sugeri no início desta seção.

E. O movimento do conteúdo da sessão prossegue tanto da posição esquizoparanoide para a depressive como o reverso, PS↔D, em uma progressão em espiral que avança e regride.

F. Mas esse movimento de PS para D depende de o paciente ser capaz de apresentar o fato selecionado e da capacidade do analista de detectá-lo. O fato selecionado constitui, inicialmente, uma barreira entre as duas posições, mas uma vez localizado, abre a porta entre elas. Quando o analista acredita ter encontrado o fato selecionado, ele deve, então, refletir sobre ele, de modo a certificar-se de que não se trata de um fato supervalorizado – isto é, um fato prematuramente valorizado (Britton & Steiner, 1994; Feldman, 2007a) –, e deve também ficar atento a uma tendência a subestimar fatos associativos.

G. A transformação de elementos beta em elementos alfa e a sofisticação progressiva dos elementos alfa, na medida em que evoluem de rudimentares, incipientes e concretos, tornando-se cada vez mais e mais abstratos, tem seu inverso, que considero ser de enorme importância: a transformação regressiva de elementos alfa incipientes em elementos beta, ou o que chamo de elementos alfa "desonestos" ou "descartados" (como na negação, clivagem e identificação projetiva).

H. O analista é confrontado com a detecção constante do surgimento de subpersonalidades, tanto dentro do paciente e de si mesmo como também – geralmente no contexto da *rêverie*/contratransferência – de diferentes tipos de pressões para *enactments* que o paciente projeta no ou sobre o analista.

I. O analista precisa procurer o fato selecionado que revela a coerência e o significado por trás das associações, e que designa uma única associação que dá coerência a todas as demais (visão de Bion), e/ou funciona como denominador comum, o "fio de Ariadne" que perpassa cada associação individual para transformá-las em um colar de significado.

J. Idealmente, o analista deve permanecer atento para a presence de mistério – ou seja, os sempre presentes aspectos inesperados da sessão. Ele precisa propor interpretações completas, quando possível, que devem geralmente – embora nem sempre –, em primeiro lugar, visar a ansiedade do analisando. O analista não deve ser previsível, prosaico ou cair em clichês – tais como as interrupções em finais de semana ou férias/feriados. Bion alerta para o fato de que, em última análise, podemos nunca saber a origem da ansiedade do analisando. Sendo O, ela não pode ser conhecida. O analisando pode somente "tornar-se" aquilo que ele pode nunca vir a de fato conhecer, O. De acordo com Bion, o melhor que se pode esperar é alcançar uma aproximação da fonte (K), e aliviar-se pelo que ela não é – o efeito da negação (Coluna 2 da Grade) como resgate de significado do vazio do infinito, O.

K. Uma premissa fundamental, oculta, da técnica kleiniana é o foco na realidade psíquica: isto é, que o texto psicanalítico é solipsista, e o analisando é lembrado indiretamente de que os acontecimentos da sua vida, ainda que extremamente importantes para sua formação, desempenham um papel secundário para a consideração de como ele *experimentou* o acontecimento em seu mundo interno – um conceito que atribui *senso de responsabilidade psíquica* pela sua vivência das suas experiências.

L. A teoria e técnica kleiniana enfatizaram desde o início a importância primária e organizadora do *instinto de morte* e sua manifestação como destrutividade e, eventualmente, como fonte de ansiedade: em outras palavras, a ansiedade do bebê advém de sua tentativa de lidar com as irrupções de seu instinto de morte. Não repudio a importância do instinto de morte, mas questiono a forma como kleinianos tradicionalmente o consideram. Em primeiro lugar, o instinto de morte não "pensa" ou atua peremptoriamente. Se a criança se sente em um estado de terror intolerável, seu instinto de morte pode ser evocado, como função do princípio de *conatus*, para atacar seus vínculos com objetos sentidos como perigosos, ou emoções ou pensamentos perigosos associados. É uma função adaptativa, embora possa vir a tornar-se o oposto disso.

Conatus é o princípio organizador que visa garantir a sobrevivência da noção de identidade e individualidade do sujeito que está passando por "mudança catastrófica" (Bion, 1970). Considero que muitas das propriedades que foram atribuídas ao instinto de morte revelaram-se tentativas mal orientadas do sujeito lidar com as condições sempre cambiantes que o destino lhe apresenta para sua sobrevivência. Inveja, por exemplo, que pode ser mortal e certamente tem raízes inerentes, relaciona-se menos com o instinto de morte do que com uma possível perversão do instinto de vida ("Não posso viver comigo mesmo na presença da minha mãe, pois a bondade de seus seios recorda-me da minha pequenez, desamparo, incompletude e dependência abjeta; quero equalizar o jogo fingindo que ela não é tão boa ou importante, para que eu possa evitar vergonha e humilhação"). Em segundo lugar, desde a proposição por Bion (1965, 1970) de O, podemos dizer que *conatus* recruta o instinto de morte para atacar ou mediar a experiência de O pelo sujeito, incluindo seus vínculos associativos.

M. Finalmente, eu gostaria de falar brevemente sobre a concepção de como o analisando experimenta as interrupções em fins de semana ou férias, tanto da perspectiva estritamente kleiniana como do vértice bioniano. A teoria kleiniana pressupõe que tão logo a mãe do seio bom (objeto parcial) deixa a presença do bebê, este experimenta imediatamente não uma ausência, mas a fantasia de uma mãe má, persecutória. A experiência da ausência pura do objeto deve aguardar que o bebê alcance a posição depressiva. A explicação para o desenvolvimento dessa fantasia persecutória é a projeção do bebê dos seus sentimentos de ódio em sua imagem da mãe boa, transformando sua imagem boa em má, odiosa, persecutória. Acredito que essa formulação é válida. Inferi uma possibilidade alternativa a partir da concepção de O, de Bion: sucintamente, quando sai a mãe do seio bom, a criança pode repentinamente ou gradualmente experimentar o temor do O iminente. Sem ter por um momento a mãe disponível como continente, o vazio inicial que ele experimenta é rapidamente preenchido por pré-concepções inerentes de arquétipos hostis dotadas de infinito ("bicho-papão"). Quando a mãe retorna, ela "exorciza" esses demônios.

N. Finalmente, eu gostaria de falar brevemente sobre o foco dos pós-kleinianos londrinos contemporâneos. Tanto no Volume 1 como no Volume 2, enfatizei (minha impressão sobre) os princípios e práticas dos kleinianos tradicionais, bem como dos bionianos, a fim de apresentar ao leitor a base fundamental do pensamento kleiniano e bioniano. Incluí muitos aspectos do pensamento pós-kleiniano contemporâneo, mas não os enfatizei o suficiente para fazer-lhes justiça. Minha tarefa presente centra-se no pensamento kleiniano/bioniano como um *começo*. Reservo-me a tarefa de abordar adequadamente o outro no futuro.

A prática pós-kleiniana contemporânea difere da prática kleiniana tradicional e assemelha-se em alguns aspectos ao pensamento de Bion por sua mudança de foco, partindo da consideração do diálogo analítico como texto para uma noção de *processo* no aqui e agora. Embora não interditem a reconstrução analítica, estão mais focados em como o passado se desenrola no aqui e agora. Suas interpretações tendem a ser menos sobre relações de objetos parciais infantis e mais sobre processos emocionais atuais. Outra diferença é a consideração de que a transferência e a contratransferência estão indissoluvelmente ligadas, bem como sua concepção de que a sessão analítica constitui um campo de força inconsciente em que o analisando visa importunar o analista de diversas maneiras, frequentemente insinceras, de forma a sutilmente suspender o progresso da análise.

PARTE II

APRESENTAÇÃO DE CASOS

Introdução

O material clínico que segue não é estruturado usando a abordagem *narrativa*, na qual o caso é apresentado no decorrer do tempo, acompanhado da história de fundo e comentários discursivos sobre o analisando e sua relação com os objetos inteiros atuais – ou seja, o ponto de vista psicodinâmico convencional. Em vez disso, sigo a prescrição de Bion de (a) *ignorar* – na verdade, *suspender* momentaneamente – qualquer recordação *ativa* da história pregressa ou dos relacionamentos presentes do analisando, *permitindo*, ao mesmo tempo, o *surgimento espontâneo* de lembranças passadas ou atuais; (b) abandonar – suspender – o desejo de curar o analisando ou de desejar progresso na análise; (c) abandonar – suspender – quaisquer preconcepções que possam ter surgido na mente do analista, quer sobre sua caracterização do analisando (ou seja, "Esse é o tipo de paciente que...") ou sobre seu *background* analítico na teoria analítica; e (d) evitar a tentação de "entender" o analisando, porque o próprio ato de compreensão *categoriza* o analisando como uma caracterização, uma imagem ou ícone; que embora possa simbolicamente *representar* o analisando como uma *imagem*, absolutamente evade o ser vivo que está sempre em estado de *fluxo* imprevisível, e que, em última análise, permanece sempre extraterritorial à categorização ou caracterização – substantivos estáticos que não podem revelar um *ser em curso em constante transição.*

Consequentemente, o material clínico é apresentado como detalhadas anotações de sessões clínicas, a fim de transmitir a impressão de que, paradoxalmente, se trata *novamente* da primeira sessão analítica – não diferindo de um "renascimento" – da análise, e que, portanto, a sessão é a-histórica. O leitor é convidado a juntar-se ao analista em um "exercício de treinamento de selva", sem as diretrizes tradicionais e tendo que depender da *observação e intuição* – a voz inspirada pela fé e disciplina (capacidade de tolerar frustração), até que o fato selecionado da sessão se revele, dando coerência às associações até então dispersas. A intuição é semelhante a um "satélite de posicionamento global", que é inconscientemente sensível às pistas escondidas. A história pregressa é apresentada no momento adequado à medida que a sessão se desenrola.

8. Exemplo clínico 1

Já lidei com algumas das significativas extensões que Bion acrescentou à teoria e técnica kleiniana e freudiana. No que segue, quando apresento meu próprio trabalho e aquele de colegas e supervisionandos, o leitor pode observar a tradicional influência kleiniana, mas questionar-se onde estaria Bion – ou, aliás, a influência (pós)-kleiniana londrina contemporânea. Está ali, certamente, mas acredito fortemente, com base na experiência pessoal, que analistas e psicoterapeutas que não são bem treinados e disciplinados na obra kleiniana → (pós)-kleiniana contemporânea → bioniana fazem bem em dominar o "kleiniano básico" antes de imergirem em suas técnicas posteriores, mais sofisticadas. (Tenho em mente seguir o presente trabalho com outro que focará nessas técnicas.)

No entanto, em termos de técnica, a principal influência de Bion sobre mim está em sua abordagem de escuta pelo hemisfério direito: continente, *rêverie*, função-alfa, sonhar acordado. Suas demais influências podem passar despercebidas: a suspensão da memória, desejo, pré-concepções e compreensão (categorização: "este é o tipo de paciente que..."). Em última análise, Bion é o técnico analítico silencioso sobre meu ombro, sempre me alertando para estar disponível para o inesperado, para respeitar o mistério que está enterrado nos aspectos óbvios da sessão. Em outras palavras, ser "biônico" (ele teria odiado esse termo) é mantê-lo em mente ao ouvir o paciente. – NÃO! Não olhe para ele. Permita que ele encarne você!

Apresentação clínica: caso 1 (predominantemente no modo kleiniano clássico)

Afirmo "predominantemente no modo kleiniano clássico" porque esta primeira análise ocorreu há muitos anos, nos estágios iniciais de minha orientação kleiniana e, assim, antes que eu fosse capaz de "traduzir" o que eu incorporara de minha análise com Bion, e antes de tomar ciência da mudança de ênfase pós-kleiniana contemporânea na técnica.

Antes de apresentar o caso, forneço o contexto adaptativo da sessão. Esse conceito inestimável, que Langs (1967a, 1976b) introduziu na literatura psicoterápica, basicamente refere-se a todos os "ruídos" na situação de tratamento que constituem contextos definidos e organizadores, aos quais o inconsciente do analisando tem de se adaptar. Seu nome antigo é "resto diurno". O texto analítico subsequente reflete essas adaptações. Exemplos típicos de contextos adaptativos são questões relacionadas ao enquadre analítico, tais como cancelamentos, interrupções por férias ou feriados, pagamentos por terceiros ou qualquer reviravolta importante na vida atual do analisando (ou percepção da vida do analista) aos quais o inconsciente do analisando possa estar se adaptando/ajustando. Também inclui temas inacabados ou ainda não processados das sessões imediatamente anteriores.

Apresento duas sessões consecutivas – uma sessão de segunda--feira e outra da terça-feira subsequente –, e então uma sessão da quinta-feira da semana seguinte.

Sessão de segunda-feira

Contexto adaptativo: Esse analisando faz cinco sessões por semana. Estive fora em uma ausência planejada na quinta e na sexta-feira anteriores.

> *Analisando*: Você estava viajando? Também viajamos no fim de semana. Estávamos visitando V e seu novo marido no Arizona. Há um escândalo na comunidade sobre ela – ela deixou o marido, Bert. Mas antes de entrar nesse assunto, quero falar sobre um dilema médico que surgiu. É possível que A (sua filha) tenha catapora, pelo menos ela foi exposta à doença, portanto não poderemos pegar nosso voo marcado para as ilhas Bermudas. Catapora pode ser uma ameaça mortal em aviões. Não vão deixar uma criança com catapora embarcar, especialmente tendo gente que toma imuno*ssupressores*. É muito arriscado. Além disso, ela teria que ficar retida no porto de entrada. Então decidimos não arriscar a viagem de avião e passar nossas férias aqui. Além disso, não deveríamos ficar presos nas ilhas Bermudas se ela de fato estiver com catapora. É uma questão prática. A doença ainda não se manifestou, no entanto. Mas acredito que é uma boa decisão não ir. Outra coisa sobre mim: por causa da chuva, tem havido uma grande quantidade de pólen. Tenho rinite alérgica e tenho tossido, e também estou com conjuntivite. Ando tomando altas doses de anti-histamínicos. Todos esses problemas médicos parecem estar flutuando em torno de nós.

Minha rêverie *("processamento pelo hemisfério direito" do processo analítico): Quando o analisando perguntou sobre minha viagem, percebi que aquilo foi dito de forma superficial: não fui chamado a responder, mas ainda assim me senti um pouco importunado naquele momento. Sua pergunta inicial e associações subsequentes foram, no entanto, expressas com uma urgência e rapidez em que sua ansiedade parecia se trair, e eu mesmo fiquei um pouco ansioso. Senti a presença de um menininho suplicante, que queria que eu o reconhecesse após minha ausência. Era como se ele não pudesse esperar que eu retornasse das minhas férias, e estivesse me enchendo com todas suas emoções desorganizadas adiadas – mas com amor e respeito, e ansiosamente. Também senti que ele apressadamente resumia todas as dificuldades que eu deixara para ele resolver na minha ausência. Comecei a experimentar sentimentos de culpa, e senti uma urgência para acertar as coisas. (Elaboro sobre o significado dessa culpa em minha discussão.) O médico em mim também ficou alerta. Minha experiência de culpa sinalizou minha compreensão intuitiva do fato selecionado, sua raiva de mim, assim como seu terror por eu tê-lo abandonado, bem como minha necessidade como pai analítico de reconhecer minha responsabilidade. Pensei que ele era capaz de comunicar sua raiva de mim tentando me controlar, fazendo com que eu me sentisse culpado – e também sentisse a necessidade de cumprimentá-lo, recebê-lo entusiasticamente.*

Meu "rastreamento" do texto ("processamento pelo hemisfério esquerdo" do texto analítico): a primeira associação, a questão sobre minha viagem, tornou-se para mim o indicador do contexto adaptativo, e sugeria a fonte da ansiedade que ele subsequentemente relataria. Tornou-se para mim, portanto, o "fato selecionado" que me ajudou a organizar e tornar coerentes todas as associações posteriores.*

---

* *Scrolling*, no original. [N.T.]

"Também viajamos no fim de semana" sugeriu-me que ele amenizara parcialmente sua ansiedade por ter sido deixado também sendo capaz de deixar a análise, tornando-se assim projetivamente identificado comigo, aquele que deixou em primeiro lugar, e, portanto, sendo capaz de negar seu self *infantil-carente-que-foi-deixado.*

"Visitando V e seu novo marido no Arizona" sugeria encontrar alguém ou algo novo: defesa contra ser deixado (deixado de fora do coito parental psicanalítico). O fio contínuo (o fato selecionado) parece ser seus sentimentos em relação à minha ausência.

"Um escândalo na comunidade sobre ela" e "deixou o marido, Bert" sugeriu-me que o escândalo era, em sua fantasia inconsciente, eu ter rompido com meu "marido" (a especificidade da transferência parecia indicar que eu era sua mãe analítica) –, isto é, que ele tivera sucesso em invadir a cena primária e causar uma ruptura, que acabaria em um escândalo. O fato selecionado parece continuar relacionado ao tema da minha viagem e do meu envolvimento na cena primária, que ele está atacando.

Em seguida, ele aparentemente quebra a narrativa para me informar sobre "um dilema médico". Sua filha pode ter contraído catapora, o que prejudicaria a viagem que ele faria com sua esposa (lembrança da minha viagem com meu "marido" analítico). A catapora da filha ameaça aqueles que são vulneráveis (que tomam imunossupressores), ou seja, os pais que já foram enfraquecidos por seus ataques inconscientes.

Ela teria que ficar retida no porto de entrada, o que prenderia os pais a ela lá. "Mesmo que a doença não tenha se manifestado, acredito que é uma boa decisão não ir." Agora sinto que ele está identificado comigo e está tentando evitar a ansiedade claustrofóbica através do seu eu criança que me invadiu – em quem ele repentina-

mente se transforma nas próximas associações: "pólen, rinite alérgica, tosse, conjuntivite..."

As associações iniciais anteriormente mencionadas também alertaram meu hemisfério esquerdo para a continuidade do fato selecionado. A pergunta sobre minha viagem, seguida pela sua viagem, em seguida a referência ao escândalo na comunidade e o quase abandono de sua própria filha por causa de catapora me alertaram cedo para o significado subjacente de suas associações subsequentes: sua angústia por eu tê-lo deixado, sua raiva resultante em relação a mim e sua tentativa de me fazer sentir culpado por isso.

Observe a continuidade e desenvolvimento do tema putativo da sessão, o fato selecionado, que veio da primeira associação e seguiu sucessivamente por cada uma das seguintes.

> *Analista [interpretação]:* Acho que quando você perguntou "Você estava viajando?", e também falou sobre um "escândalo na comunidade" e, em seguida, sobre uma criança que contraiu uma infecção contagiosa, e após sobre sentir-se "preso" [*Até o momento, rebobinando**].... Acho que você está refletindo a ansiedade [*máxima ansiedade inconsciente, objeto analítico, O*] pela interrupção prolongada no fim de semana, em que você se sentiu deixado de fora do prazer do casal parental. Houve também um desejo inconsciente de juntar-se a mim [*defesas inconscientes*], me infectando com seu *self*-criança-com-catapora [*motivo inconsciente*], de modo a compensar o sentimento de separação através do contato infeccioso e fusão, na verdade, com o agora escandalizado casal parental. Você também pode ter desejado que eu deixasse meu "marido" e retornasse para você. Ao mes-

* *Scrolling*, no original. [N.T.]

mo tempo, houve a experiência de sentir-se preso dentro de mim (ilhas Bermudas) e o medo de não ser capaz de voltar para si mesmo e para minha versão separada e útil [*custo de usar os motivos e defesas*].

Cheguei a essas interpretações empregando (a) a abordagem bimodal (inter-hemisférica) e (b) os instrumentos clínicos de Bion (1963, p. 103): "observação: sentido, mito e paixão" e rêverie *(transformações em O, Bion, 1965, 1970). (c) Eu estava especialmente atento ao papel para o qual o analisando tentava, inconscientemente, me recrutar. Detectei que seu estado de espírito queixoso era uma tentativa de buscar que eu o reconfortasse e tranquilizasse, e também me sentisse culpado por tê-lo abandonado e, portanto, tê-lo negligenciado.*

Advertência: analisei esse analisando há muitos anos. Meu estilo interpretativo pode parecer demasiado vigoroso para alguns. Embora o resultado dessa análise tenha sido bem-sucedido, penso que, se atendesse o analisando hoje, teria provavelmente esperado que ele "se reportasse" por mais tempo antes de intervir. Vejo em retrospectiva que talvez eu estivesse sufocado pelo que ele projetava em mim, e tendo mais consciência disso, poderia ter sido mais paciente. Depois de um tempo clinicamente apropriado eu poderia ter dito algo como:

"Acho que você está me dizendo que muita coisa aconteceu desde a última vez que nos vimos, e você sentiu muita falta minha e da análise. Você parece ter agora sentimentos contraditórios a meu respeito: está tão aliviado que estou de volta, mas também parece irritado e magoado comigo por eu não ter estado disponível quando tanta coisa acontecia dentro e fora de você."

Analisando: Essa é exatamente a maneira como eu me sentia quando meus pais, com tanta frequência, partiam e deixavam a mim e ao meu irmão em casa com a babá e as empregadas domésticas. L (sua esposa) é mais suscetível quando fico irritado com ela ou a hostilizo em público. Como eu disse anteriormente, V era uma *top model* internacional. Estávamos no deserto, na casa de D, seu novo marido. Eu desdenhei e desprezei L. Ela disse que o feriado de *Pessach* é definido pela localização da lua no céu. Respondi que ela estava errada: é definido pelo ciclo solar sideral no equinócio vernal. Na verdade, ambos estávamos certos. Eu estava sendo condescendente e a estava desconsiderando. Ela sentiu-se menosprezada e atacada por mim. Acho que isso aconteceu porque eu estava me sentindo inferior perto de D e V. Sinto-me melhor tendo alguém para colocar para baixo quando me sinto inferior às realizações dos outros.

Minha rêverie: *o analisando pareceu mais calmo depois da minha interpretação. Quando pareceu mudar abruptamente para outro tema, sobre como intimidara sua esposa na festa, percebi que estava ficando desapontado com ele. Falávamos com frequência sobre seu hábito de diminuir a esposa. Comecei a ter a sensação de que ele sutilmente me provocava a atacá-lo, como uma reação passivo-agressiva aos efeitos da minha interpretação. Ele também pareceu-me estar retratando a si mesmo como grande e onisciente, mas cobrindo seus rastros com a confissão. Além disso, estava trocando de papéis, ao identificar-se com a glamourosa V (ele descrevia sua mãe como bela), e projetar seu* self *carente "burro" em sua esposa, como uma defesa maníaca contra sua frustração de dependência. Em última análise, senti que ele fora apenas parcialmente aliviado por minhas interpretações. Outro aspecto dele pode ter se sentido intimidado, e ainda outro aspecto continuou seus ataques de ódio contra mim, ao identificar-se comigo e, em seguida, clivar-se e projetar seu* self *deixado-para-trás-e-carente em sua esposa, em relação a quem ele sentia triunfo e desprezo (defesa maníaca). Esta última operação exemplificou a situação de transferência – contratransferência –* rêverie *no aqui e agora, no contexto da "situação total".*

Ele também revela um aspecto muito importante de sua história pregressa. Seus pais saíram de férias por seis semanas quase imediatamente após seu nascimento, e o deixaram com a babá e a empregada doméstica. Eles repetiram o abandono depois do nascimento do seu irmão, quando ele tinha três anos.

Meu rastreamento (observação): O analisando pareceu aceitar a exatidão da interpretação, e começou a confirmá-la com pormenores da sua história pregressa. Continuou a tratar de sua história pregressa na transformação projetiva imediatamente subsequente – isto é, ele se projetou nos pais idealizados, especialmente na mãe (que também era eu), que o deixaram, e projetou seu self-*bebê pouco atraente em sua esposa (que já fora ele), diminuindo-a. Ele, então, "confessou" usar sua esposa como bode expiatório para sua sensação de inferioridade – em relação a V, a bela modelo que lembrava sua bela mãe – e em relação a mim, a "bela" e idealizada mãe analítica que o deixara. Notamos que o contexto adaptativo do abandono continua em elaborações em diferentes níveis e, portanto, constitui o fato selecionado da sessão – ou o que eu chamaria de "fato selecionador".*

> *Analista [interpretação]:* V e D foram associados aos seus pais analíticos, bem como aos seus próprios pais, outrora. É como se o tempo parasse e fossemos os pais deixando para trás você e seu irmão. Quando admirava V, penso que você sentiu uma intensa inveja de sua beleza e de sua elusiva separação e mobilidade. Penso que sou identificado com V e com D especialmente como sua bela mãe – então você se colocou em mim, para não ser deixado para trás como meu filho feio, e colocou em L seu *self* que se sente feio, deixado para trás, e então o se-

lou lá com seu desprezo e crítica a ela, como a babá com quem deixei você. Em outras palavras, L pode passar-se pela babá feia e pela empregada doméstica que tomava conta de você quando seus pais partiram. Elas se tornam seu bode expiatório. Acho que você também estava colocando nela seu *self*-contaminado--com-catapora e a colocando em quarentena, para que ela não pudesse retê-lo (agorafobia). Quando criança você se sentia preso com a babá, que agora é L.

Analisando: Acho que você está certo. Meu medo era ficar preso nas Bermudas por causa da minha filha, mas também escuto o que você diz sobre eu ficar preso com a babá e você estar longe. (O analisando estava visivelmente aliviado.)

Minha rêverie *e rastreamento: O paciente parecia "restaurado" ao seu* self *quase normal, e parecia naquele momento ter alternado da posição esquizoparanoide para a posição depressiva, mas transitoriamente retornou para a posição esquizoparanoide em sua tentativa de triunfar sobre sua esposa (e, portanto, sobre mim).*

Analista [interpretação]: Você é agora o pai que fica preso pela criança, quando já foi a criança que queria prender o pai.

Minha rêverie *e rastreamento: Aqui eu estava esclarecendo e ampliando minha interpretação.*

Analisando: Sim, sempre tive medo de crianças. Isso é típico da minha família. L temia que eu a deixasse com A e partisse com S (seu filho de um casamento anterior).

Minha rêverie *e rastreamento: O analisando parece estar mantendo sua postura cooperativa, mas não pude deixar de notar sua declaração, "Isso é típico da minha família". Inicialmente sorri para essa observação irônica e verdadeira – mas, em seguida, len-*

tamente percebi que ele também poderia estar me satirizando de forma passivo-agressiva.

> *Analista [interpretação]:* Você se livrou de seus medos clivando sua consciência deles e, inconscientemente, os atribuindo a L.

> *Analisando:* Acho que você está certo. Ataquei-a para me sentir mais seguro.

Minha rêverie *e rastreamento: Considerei que esse trecho demonstrava sua continuada participação positiva na análise, e também revelava ansiedade na parte L de sua personalidade, por ter se desenvolvido uma clivagem em sua personalidade ao longo da interrupção. No entanto, comecei a me perguntar se ele não estava dissimuladamente buscando me agradar.*

> *Analista [interpretação]:* Ela é a parte clivada de mim que você se sente mais seguro em atacar. Você nunca poderia atacar sua bela mãe, apenas seus representantes clivados, a babá e as empregadas – e o mesmo em relação a mim, por medo de ser completamente abandonado por mim. [*Aqui eu estava abordando a questão quanto ao seu medo de* realmente *experimentar e expressar sua raiva em relação a mim.*]

> *Analisando:* Isso faz muito sentido. Se estou bravo com você, então posso atacá-la, e também porque você a promoveu, da mesma forma como minha mãe me deixou com as babás e empregadas domésticas. Fui deixado com as indesejáveis. Além disso, você se lembra do que estávamos falando na semana passada sobre minha raiva e o buraco negro? V e D receberam T, um amigo que nos ofereceu maconha. Eu estava com tosse, então recusei, mas de qualquer maneira não posso mais fumar maconha – não depois daquela experiência com LSD. Mas L fumou e ficou chapada. Fiquei zangado com ela por ficar chapada sem mim.

Minha rêverie *e rastreamento: Considerei que esse trecho demonstrava sua continuada participação positiva na análise (posição depressiva), e também revelava ansiedade na parte L de sua personalidade, por ter se desenvolvido uma clivagem em sua personalidade ao longo da interrupção. Aparece novamente a questão relativa à sua ansiedade de abandono, mas dessa vez em termos de sua esposa, L.*

História pregressa: Sua referência à maconha e ao "buraco negro" refere-se a um incidente altamente traumático em sua juventude. Depois de se formar na universidade, ele entrou no Serviço de Relações Exteriores e foi alocado em uma área remota na África. Um dia ele inadvertidamente tomou vinho ao qual fora adicionado LSD e teve um delírio grave, em que as paredes do seu quarto derretiam em sua mente e ele era a única pessoa restante na Terra. Ele sofreu a perda da família de seus pais.

> *Analista [interpretação]:* Mais uma vez surge a questão de ser deixado para trás, no contexto de alguém, de quem você é próximo, estar desfrutando de algo com outra pessoa e o deixando de fora. Mas também o lembra de sua viagem de LSD e da sua dolorosa experiência de abandono cósmico.

> *Analisando:* Aumenta minha sensação de alienação. Ocorre-me que eu preciso que uma L seja vítima para que eu possa sobreviver.

> *Analista [interpretação]:* L parece ser uma refém sob seu controle *vis-à-vis* a mim. Você me controla ao controlá-la, ao vitimizá-la; portanto, não posso deixá-lo sem me preocupar.

Minha rêverie *e rastreamento: Ao dizer que L era sua refém (e, portanto, minha representante dentro dele), sob seu controle, faço alusão ao meu conceito de "defesa depressiva", em que o analisando pode triunfar sobre mim e me controlar ao abusar dele próprio ou vitimizar sua esposa, com quem ele está identificado, assim como se identifica comigo.*

História pregressa: Ele conheceu sua atual esposa depois de divorciar-se de um casamento infeliz com uma "bela mulher" (como sua mãe). Ao conhecer L, não ficou muito animado, pois ela supostamente não era bonita. Após considerável análise, ele casou-se com ela, mas somente após ser analisada a importância da equação "beleza física é igual a ter uma bela mãe, que é igual a não ser um perdedor abandonado". Quando disse que não poderia deixá-lo para trás sem me preocupar, estava me referindo a um material mais antigo na análise, bem como ao material dessa sessão, relativo ao seu uso da defesa depressiva (correspondente à defesa maníaca) – ou seja, ele poderia me controlar abusando de si mesmo ou de alguém identificado com ele – sendo eu, através da análise, instrumental em seu casamento.

Analisando: Hmmm. Você quer dizer que essa é minha maneira sorrateira de obter controle sobre você.

FIM DA SESSÃO

Posterior processamento silencioso da sessão pelo analista

Quando o paciente se deita no divã e a sessão começa, estou ciente do contexto adaptativo: que eu estivera fora em uma ausência planejada na quinta e na sexta-feira anteriores e que, portanto, tratara-se de uma interrupção prolongada de fim de semana. Sua primeira associação foi, "Você estava viajando?", seguida por uma declaração simétrica de que "também estávamos viajando no fim de semana". Imediatamente pensei que ele contrabalançou sua ansiedade pela minha ausência da sessão identificando-se projetivamente comigo, ao também sair em viagem, de forma a não ser deixado para trás. No entanto, raciocinei que, se deixei a criança analítica, e ele, o analisando, também deixou a criança analítica, então a criança analítica foi duplamente deixada. Ele então fala sobre onde ele e sua esposa foram quando viajaram. Eles foram recebidos por uma famosa modelo e seu marido no Arizona, e descobriram que houve um escândalo na comunidade sobre ela, porque ela deixara o marido.

Imediatamente liguei isso às duas primeiras associações e à ansiedade inconsciente de abandono que, pensei, é subjacente a essas associações – que sua ansiedade por minha ausência se transformara em raiva do casal parental analítico, e que ele os atacou atacando a conexão (vínculo) deles, e a esposa-mãe escandalosamente deixou o marido, o que se equipara ao meu abandono do meu companheiro analítico (por causa de seu ataque à união do casal analítico). Ele então falou sobre um dilema médico com relação à sua filha e sua viagem planejada para as ilhas Bermuda. Aparentemente, surgiu a questão da catapora, assim como sua necessidade de ficar em quarentena pelo fato de catapora ser transmissível. A filha teria de ficar presa no porto de entrada. Ele em seguida declarou, "então decidimos passar nossas férias aqui". Senti que se tratava de um conselho para que seu pai analítico, eu, não deixasse a cidade, mas permanecesse onde estava, e não deixasse o bebê em quarentena com catapora sem um pai para cuidar dele (dela). Ele também disse que "não deveríamos ficar presos nas Bermudas se ela de fato estiver com catapora." Isso me indicou que ele inconscientemente adentrara sua imagem de mim através de identificação projetiva, como assumi mais cedo em meus pensamentos silenciosos, e ficara preso no interior, gerando nele ansiedade claustrofóbica.

A natureza claustrofóbica de sua ansiedade produziu os sintomas de alergia, rinite alérgica e tosse, bem como conjuntivite (congestão, fusão) – o custo de entrar em identificação projetiva, a fim de magicamente segurar-se ao pai que abandona, eu. Propus, então, minha interpretação, que buscou economicamente passar um fio através de todas suas associações, e expor sua máxima ansiedade inconsciente. Minha intervenção constituiu um percorrido parcial por suas associações, e, após, propus uma interpretação começando, acredito, com sua máxima ansiedade inconsciente, passando pelas suas defesas contra ela, seguidas pelo custo de usar essas defesas. Também representava para mim o fato selecionado (ou o fato selecionador), o indicador do O da sessão. O fato selecionado também poderia ser detectado como o fio de Ariadne de continuidade, que percorreu a sessão com credibilidade crescente.

Sua resposta à minha interpretação foi uma confirmação, em que ele recordava como seus pais frequentemente haviam deixado a ele e ao seu irmão – por isso as associações desde o início até agora parecem seguir-se uma à outra, sendo que cada uma parece ser definida pelas associações precedentes *e* sucessivas, e a associação sucessiva predicando *sua* sucessora. Assim, a cadeia de associações transforma-se em um colar de significado coerente. Em seguida, ele imediatamente fala que sua esposa é suscetível à sua hostilidade, e na sequência fala sobre uma discussão que eles tiveram quando visitavam seus amigos no deserto. A discussão relacionava-se ao feriado de Páscoa e ao posicionamento da lua no céu. Senti, então, que ele estava escolhendo a discussão de forma a utilizar outra manobra defensiva para compensar sua dor de ser deixado para trás, ao identificar projetivamente um aspecto de si mesmo com a bela modelo e seu marido, que, acredito, representava a mim e a quem me acompanhava (estávamos viajando), e identificar projetivamente seu próprio *self* deixado-para-trás em sua mulher, usando-a como bode expiatório para seu *self* dependente descartado. Mais uma vez, fiz uma interpretação que incluía sua ansiedade por ser deixado de fora, as defesas contra isso, as consequências do uso da sua defesa e os aspectos transferenciais envolvendo seu ressentimento secreto contra mim e ataques contra mim e quem me acompanhava. Ele, mais uma vez, parecia corroborar minha interpretação, reconhecendo que tinha medo de ficar preso com sua filha nas Bermudas e também preso com sua babá quando criança - quando seus pais lhe haviam deixado.

Um pouco mais tarde, ele diz que sempre teve medo de bebês, e humoristicamente comenta que isso parece ser típico de sua família, indicando que sua mãe e seu pai tinham o mesmo problema, mas também implicando a mim. Reconhece que sua esposa tinha medo que ele a abandonasse com a filha, partindo com seu filho (de um casamento anterior), confirmando a interpretação de sua divisão em dois, ao projetar uma parte nos pais idealizados e outra na babá e na empregada doméstica - entidades cuidadoras menores, que sua esposa agora passa a representar. Interpretei a mulher como sendo uma parte clivada de mim, a qual ele se sente mais seguro em atacar, por sua raiva de mim e pela angústia que causei ao deixá-lo para trás. Faço, então, uma interpretação genética, me vinculando à sua bela mãe, a quem ele sempre idealizou, acrescentando seu uso das empregadas como bodes expiatórios.

Ele mais uma vez reconheceu o acerto da interpretação. Também considerou preciso outro aspecto da minha interpretação, que sugeria que ele ataca sua esposa por ela ser minha representante e porque ela é sua refém em relação a mim. Isso se relacionava a trabalho anterior, após seu divórcio da primeira esposa, quando conheceu sua segunda esposa, a qual inicialmente rejeitou por não ser bonita como a mãe ou como a primeira esposa - mesmo que ele não suportasse sua primeira esposa. Passou, então, a me identificar com ela, como se eu estivesse ao seu lado. Assim, uma das maneiras de me atacar seria a atacando. Reapresento de outra maneira, então, minha interpretação - que "mais uma vez a questão de ser deixado para trás surge no contexto de alguém a quem você é próximo estar desfrutando de algo com outra pessoa e o deixando de fora". Ele confirma, dizendo que isso aumenta seu senso de alienação, e também reconhece que precisava que a esposa fosse sua vítima. Após esse reconhecimento, pude interpretar que ela era sua refém, estava sob seu controle, e que ele acreditava que, controlando-a, me controlaria.

Embora aparentemente bastante cooperativo na análise, o analisando também era, como o leitor pode perceber, subserviente e passivo-agressivo no que se refere à sua raiva, assertividade e agressividade em relação a mim. É difícil demonstrá-lo com o material apresentado, mas eu acreditava, como foi mais tarde confirmado, que esse "Abel" cooperativo era continuamente assombrado por um implacável gêmeo "Caim", que havia sido amaldiçoado por não ter recebido a bênção de seus pais e que ficara preso, na fantasia inconsciente, em um retiro psíquico ou organização patológica (Steiner, 1993). Ficara preso pelo medo que tinha de sua raiva e por sua necessidade de segurança psíquica, pela qual tinha que pagar o preço do confisco do prazer e do desenvolvimento e crescimento emocional. Em outras palavras, era quase como se ele tivesse inconscientemente feito um pacto com o diabo por sua segurança, sem ler as letras pequenas do contrato (Grotstein, 1979, 2009c).

Não posso deixar a discussão dessa sessão sem revelar meus sentimentos sobre o analisando. Durante toda a sessão, senti os anseios de uma pequena voz melancólica que queria que eu soubesse o quanto ele ficara magoado e assustado enquanto eu estava fora. Ao mesmo tempo que estava ciente de sua ira e protesto silenciados e dos dispositivos de proteção agressivos que ele empregava, eu estava mais consciente de uma sensação de que ele queria rastejar de volta para dentro de mim-como-mãe e chupar meu pênis-como-pai por conforto, calor, aceitação e orientação – talvez sua experiência com a "apatia" de sua mãe fóbica e narcisista o tenha atirado prematuramente ao pênis do pai como um seio melhor do que o materno. Mas o pai também era negligente. Em suma, senti que estava na presença de um "órfão", que desejava ser adotado e confortado. No entanto, também percebi que eu tinha que "vestir" a transferência negativa de duas maneiras: (a) aquela em que eu incorrera ao deixá-lo por uma interrupção prolongada de fim de semana, e (b) aquela projetada de sua história passada com seus pais. Bion (1965) chama a primeira de "transformações projetivas", e a segunda de "transformações em movimento rígido", sendo que esta última expressa que seu relacionamento prévio com cada um de seus pais fora deslocado intacto para a presente relação transferencial com o analista.

"Exorcismo" e a "Pietà de transferência-contratransferência"

Como afirmei anteriormente, o ato de continência analítica é mais complexo do que comumente se percebe. Aqui está como o entendo: a parte infantil da personalidade do analisando faz uso de *identificação projetiva* para se comunicar com o analista. O analista utiliza *continência*: ou seja, ele *absorve* a dor, então *torna-se* ela, sendo um aspecto disso a concordância do analista em *ser* a dor – ou seja, "*vesti-la*" como sua identidade subjetiva transformada, para que o analisando possa *ver* que ela "viajou" no espaço psíquico da subjetividade do analisando para a do analista, enquanto o analista a está *sonhando* com função-alfa (a processando ou "metabolizando"). Um "exorcismo" está ocorrendo. Como Donald Meltzer (1992) nos diz: "O significado mais verdadeiro da transferência é a transferência de dor mental de uma pessoa para outra." Seguindo Bion, afirmo que essa transferência[1] não pode ocorrer, a menos que o analisando seja capaz de perceber a dor no analista – isto é, experimentar o movimento da dor mental através da lacuna intersubjetiva. Essa transferência de dor mental (que chamo de "transferência de demônios") constitui, para mim, "*exorcismo psicanalítico*".

Um aspecto do exorcismo psicanalítico é o que chamo de "Pietà da situação transferência – contratransferência". Assim como a ordem oculta no complexo de Édipo é sacrifício humano (do filho, pai e mãe), da mesma forma que é a ordem explícita (em termos do filho) na Crucificação e no rito da Eucaristia, constitui também a ordem oculta na situação de transferência – contratransferência. Assim, a dor mental do analisando deve ser projetada no (transferida para o) analista, aquele que é inocente deve ser experimentado como culpado (por padrão) para que sua inocência possa, como o cordeiro pascal, vir a ser capaz de absorver – e tornar-se – o demônio projetado. Uso o termo "*Pietà*" para indicar a culpa de Maria (do *self* e/ou dos pais) em suas inter-relações. Maria, além da dor pela visão do corpo morto de seu filho, era culpada por ter concordado em ter um filho que estava destinado ao martírio. Cristo tinha de se tornar o puro e inocente que poderia absorver a culpa dos outros. Na prática, isso significa que o analista, o "bode expiatório" inocente arquetípico (Girard, 1972, 1978, 1986, 1987), deve absorver os demônios do analisando e experimentar a culpa do paciente e/ou de seus objetos verdadeiramente negligentes ou abusivos. O analista deve sentir a culpa e a tristeza que os objetos não puderam sentir.

No caso recém-apresentado, senti a culpa que o analisando atribuiu à sua mãe e ao seu pai. Senti a tristeza de não ser um pai atento e de não ser um parceiro disposto – como *ele* demonstrou pela clara devoção aos seus próprios filhos.

Rastreamento ("análise") dos vínculos entre as associações da sessão

Analisando:

1. "Você estava viajando?"
2. "Também viajamos no fim de semana."
3. "Estávamos visitando V e seu novo marido no Arizona."

Há que considerar a associação "você estava viajando" como uma entidade cósmica em si mesma, com radiações sincréticas para o infinito. Com isso quero dizer que: (a) possui possibilidades infinitas de significado (se se considera a associação como um ponto, então um número infinito de linhas pode passar por ela); (b) a associação tem um receptor vazio que permitirá que a ela se ligue sua contraparte misteriosa contida na segunda associação (sequencial), a fim de fazer uma conjunção experimental. Essa conjunção retira a primeira associação de suas possibilidades infinitas e lhe dá sentido finito, retrospectivamente. (c) O analista precisa tentar achar a chave para a correspondência (o fato selecionado) entre as duas associações a fim de determinar esse significado. Ao fazê-lo, o analista silenciosamente desenvolve uma árvore de inferências em sua mente, e continuará a fazer conjecturas imaginativas, bem como racionais (Bion, 1980, p. 22). As associações contínuas do analisando guarnecerão a árvore de inferências do analista. (d) Na medida em que esse processo paralelo progride, o analista também está permitindo-se suspender memória, desejo, pré-concepções e compreensão, de modo a tornar-se sensivelmente consciente de suas próprias emoções inconscientes → sentimentos que harmonicamente ressoam com as emoções que permeiam o analisando e suas associações. (e) "c" representa a abordagem de escuta do hemisfério esquerdo, e "d" a abordagem do hemisfério direito. (f) Quando as duas abordagens hemisféricas, que podem ser consideradas uma estrutura de oposição binária, começam a ressoar com as declarações do analisando, o "objeto analítico" (a máxima ansiedade inconsciente da sessão, o "O") foi localizado – ou seja, o "fato selecionado" foi determinado. (g) Nesse momento, o analista, tendo evoluído de PS para D, sentirá suficiente confiança para oferecer uma interpretação ao analisando.

Note que o analisando acrescentou "também" à sua pergunta inicial. Essa adição transmite o que mais tarde se perceberá ser o início da defesa contra a ansiedade por ter sido deixado para trás no fim de semana prolongado.

Uma possível ligação entre (1) e (2) pode ser que o paciente esteja cautelosamente chamando minha atenção para a longa interrupção em sua análise durante o fim de semana. Ele lida com suas emoções em relação à interrupção – a perda do analista – com uma defesa maníaca; que ele também viajou para ver amigos seus e não foi, portanto, uma criança dependente, deixada para trás. (3) continua com o mesmo vínculo daquele que existe entre (1) e (2).

4. "Há um escândalo na comunidade sobre ela – ela deixou o marido, Bert."

Os vínculos entre (1) e (2), e agora com (3), ao mesmo tempo que demonstram continuidade, atraem uma valência emocional adicional – qual seja, (4), "escândalo", e V deixando o marido. "Escândalo" pode constituir uma identificação projetiva infantil ou pueril de desagrado com a cena primária da mãe-analista e seu companheiro ao longo desse fim de semana prolongado. O efeito putativo desse ataque foi a separação do par analítico. O tema, como originalmente conjecturou-se – que o analisando ocupa-se essencialmente com (a) minha partida, (b) as emoções que minha ausência evocou nele e (c) quais medidas ele tomou para alterar sua realidade psíquica, a fim de lidar com ela (uso da defesa maníaca) – agora parece estar tentativamente rastreado com coerência narrativa.

5. "Antes de entrar nesse assunto, quero falar sobre um dilema médico que surgiu."

6. "É possível que A (sua filha) tenha catapora, pelo menos ela foi exposta à doença, portanto não poderemos pegar nosso voo marcado para as Bermudas."

Tendo atacado a cena primária do par analítico, o analisando, em sua phantasia inconsciente, parece ter se tornado inconscientemente ciente (5) do custo desse ataque maníaco no agora limitante dilema médico (6), que, podemos especular, pode ter sido consequência do medo do analisando da retaliação do analista à cena primária do próprio analisando (saindo de férias com sua esposa e filhos), que agora está impedida pela doença repentina de sua filha.

7. "Catapora pode ser uma ameaça mortal em aviões."

8. "Não vão deixar uma criança com catapora embarcar, especialmente tendo gente que toma imunos*supressores*. É muito arriscado."

9. "Além disso, ela teria que ficar retida no porto de entrada. Então decidimos não arriscar a viagem de avião, e passar nossas férias aqui."

10. "Além disso, não deveríamos ficar presos nas ilhas Bermudas se ela de fato estiver com catapora. É uma questão prática."

11. "A doença ainda não se manifestou, no entanto."

12. "Acredito que é uma boa decisão não ir."

13. "Outra coisa sobre mim: por causa da chuva, tem havido uma grande quantidade de pólen. Tenho rinite alérgica e tenho tossido, e também estou com conjuntivite. Ando tomando altas doses de anti-histamínicos. Todos esses problemas médicos parecem estar flutuando em torno de nós."

O conteúdo de excertos (7) a (13) parece continuar o tema da phantasia inconsciente do analisando de retaliação pelo analista, cujas consequências transformam-se em contra-ataque deste à cena primária do analisando e aos seus filhos. Pode-se suspeitar que o ataque aos filhos indica o ataque invasivo do analisando, em sua phantasia inconsciente, contra o interior do corpo da mãe, como descrito por Klein (1928) em sua versão do complexo de Édipo arcaico com objetos parciais.

Enquanto isso, o tema iniciado anteriormente parece continuar. Talvez possamos ver o desenvolvimento do tema na metáfora de uma árvore em desenvolvimento, em que o crescimento continua tanto direta como indiretamente – ou seja, na formação de galhos e ramos. Esse padrão de continuidade direta – e também indireta – do tema principal da sessão é o que acredito ser uma versão alternativa do "fato selecionado" de Bion.

[*Interpretação do analista*]

14. "Essa é exatamente a maneira como eu me sentia quando meus pais, com tanta frequência, partiam e deixavam a mim e ao meu irmão em casa com a babá e as empregadas domésticas."

Seguindo a interpretação do analista, o analisando revelou memórias importantes de sua história pregressa (14) – memórias que parecem fechar o círculo de toda essa sessão, revelando o paralelo entre ele ser deixado por mim no presente e por seus pais no passado.

15. "L (sua esposa) é mais suscetível quando fico irritado com ela ou a hostilizo em público."

16. "Como eu disse anteriormente, V era uma *top model* internacional. Estávamos no deserto, na casa de D, seu novo marido."

17. "Eu desdenhei e desprezei L. Ela disse que o feriado de *Pessach* é definido pela localização da lua no céu. Respondi que ela estava errada: é definido pelo ciclo solar sideral no equinócio vernal. Na verdade, ambos estávamos certos. Eu estava sendo condescendente e a estava desconsiderando. Ela sentiu-se menosprezada e atacada por mim. Acho que isso aconteceu porque eu estava me sentindo inferior perto de D e V. Sinto-me melhor tendo alguém para colocar para baixo, quando me sinto inferior às realizações dos outros."

O analisando novamente faz um desvio aparente (15) do tema principal, mas um desvio que é relevante para o tema. O analisando projetou seu self *dependente, vulnerável, deixado para trás em sua esposa, L, que se torna suscetível. Seu aspecto maníaco agora se torna identificado com o casal supostamente superior; já o agressor-analista-mãe, que mostra desprezo "impaciente" pelo seu eu deixado para trás, torna-se identificado com L (16). A bela modelo, V, lembra sua linda mãe, de cujo amor ele sempre se sentiu excluído. D e V são intercambiáveis tanto com seus pais como comigo e meu companheiro na transferência (17).*

[*Interpretação do analista*]

18. "Acho que você está certo. Meu medo era ficar preso nas Bermudas por causa da minha filha, mas também

escuto o que você diz sobre eu ficar preso com a babá e você estar longe."

O analisando aceita a interpretação sobre o duplo uso da identificação projetiva e sobre seu motivo inconsciente, bem como seus vínculos genéticos (18).

[*Interpretação do analista*]

19. "Sim, sempre tive medo de crianças. Isso é típico da minha família. L temia que eu a deixasse para trás com A e partisse com S (seu filho de um casamento anterior)."

[*Interpretação do analista*]

20. "Acho que você está certo. Ataquei-a para me sentir mais seguro."

O teor de (19) e (20) representa um reconhecimento das interpretações anteriores.

[*Interpretação do analista*]

21. "Isso faz muito sentido. Se estou bravo com você, então posso atacá-la, e também porque você a promoveu, da mesma forma como minha mãe me deixou com as babás e empregadas domésticas. Fui deixado com as indesejáveis."

O analisando parece ter aceitado minha interpretação de que, quando ataca sua esposa L, ele não está apenas atacando um aspecto de si mesmo projetado nela, mas também está atacando a mim que, acredita ele, estou ao lado dela – já que ambos representamos diferentes aspectos de seus parceiros "corretos" ou "legítimos", L em seu mundo externo e eu em seu mundo interno.

22. "Além disso, você se lembra do que estávamos falando na semana passada sobre minha raiva e o buraco negro? V e D receberam T, um amigo que nos ofereceu maconha. Eu estava com tosse, então recusei, mas de qualquer maneira não posso mais fumar maconha – não depois daquela experiência com LSD. Mas L fumou maconha nessa ocasião, e ficou chapada. Eu estava zangado com ela por ficar chapada sem mim."

O tema de (21) continua e leva de volta ao tema principal da sessão: sua crítica a uma mãe-analista-esposa que o deixa para seu próprio prazer, evocando nele, assim, uma raiva profunda, buraco negro.

[*Interpretação do analista*]

23. "Aumenta minha sensação de alienação. Ocorre-me que preciso que L seja vítima para que eu possa sobreviver."

O analisando completa o ciclo de sentido da sessão com o que acredito ser um bom exemplo do conceito de "fato selecionado" de Bion, a associação organizadora que é coerente com todas as outras que vieram antes.

[*Interpretação do analista*]

24. "Hmmm. Você quer dizer que essa é minha maneira sorrateira de obter controle sobre você."

[Mais confirmação.]

Observe as duas manifestações do fato selecionado, uma implícita dentro e entre cada associação na continuidade de seu desenvolvimento sequencial preciso e outra inclusa em uma única associação.

Sessão de terça-feira (2 de 5)

Analisando: Ontem falamos sobre minhas inseguranças – como desconto em L quando me sinto intimidado ou abandonado por você e outros. Sinto-me inferior aos outros e deprimido. Na semana passada, falamos sobre minha raiva enterrada e meu "buraco negro". Fico com raiva, nego minha ira e caio no buraco negro – tenho medo de explodir, então me fecho. Tenho dificuldade em equilibrar meus sentimentos de inadequação.

Minha rêverie*: Senti que o analisando tinha digerido e trabalhado os* insights *de ontem, e parecia aberto e autorreflexivo – até então. Não tentei recordar a sessão de ontem. Ocorreu-me espontaneamente a partir de suas associações.*

Meu rastreamento: Acreditei que o analisando trabalhara com ("sonhara" ou "tornara-se", na terminologia de Bion) o material processado de ontem. Ele progrediu em suas reflexões, vinculando as ansiedades do "buraco negro" (depressão) com seu medo de sua raiva e seu sentimento de inferioridade.

Analista [interpretação]: Quando você se sente inadequado na presença de outra pessoa que, como eu, é importante para você, alguém de quem você depende, mas que tem autonomia para deixá-lo – uma autonomia que o seu eu-criança ainda não tem – você retira-se duplamente, se junta ao eu que parte e retira-se em si mesmo, e também se cliva e atribui a L o que você sente ser seu *self* inferior, intimidando a você mesmo como ela.

Analisando: Tenho muito medo da minha raiva. Se é um mecanismo de autodefesa, por que eu o viro contra mim mesmo? Devo ter me sentido impotente quando criança com meus pais. Eu estava exausto e humilhado e não obtivera qualquer resposta deles.

Minha rêverie *e rastreamento: O analisando parece ter compreendido o fio condutor de significado das sessões de ontem e de hoje, e finalmente percebeu uma das razões pelas quais ele tem medo de sua ira: o medo de que seja ineficaz e, portanto, humilhante que ele a experimente e expresse – bem como o pavor do que pode ocorrer após sua raiva e o efeito destrutivo sobre seus objetos. Seu humor agora parecia pensativo e amargo. No entanto, a parte da minha interpretação que se referia à sua raiva involuída (introjetada) – que ele ataca a si mesmo, identificado com o objeto, que ele ataca o objeto ao atacar a si mesmo – ainda não era compreensível para ele.*

Analista [interpretação]: Seu medo de sua ira e sua raiva não é apenas por causa de seus poderes destrutivos, mas principalmente por causa de sua impotência. Quando você está com raiva, revela o quanto se importa – e quando não há qualquer efeito positivo, você se sente humilhado e vergonhosamente ineficaz. Você teme estar com raiva de mim também por medo de que analisarei o medo em vez de ser afetado por ele.

Analisando: Rapaz, você está certo. Sim, e pior do que isso, você poderia me convencer do contrário. Então eu realmente me sentiria tolo. Estou pensando agora na minha experiência com LSD quando eu estava no Serviço de Relações Exteriores. Lembro-me de como fiquei bravo por ser abandonado. Estava com raiva disso. Era uma situação mortal – e eu estava totalmente sozinho.

Analista: Esse foi um exemplo de sua raiva ser tão grande que você sentiu que tinha "matado" sua família e, em seguida, ficou aprisionado como sendo órfão, e também seu receio de que sua raiva poderia me matar por ter partido – como se você estivesse tentando me mostrar como eu matei *você* quando parti.

Minha rêverie *e rastreamento: O analisando agora está realmente trabalhando os vínculos entre abandono, raiva, inferioridade e humilhação. Ele parece de certa maneira entusiasmado.*

A referência a LSD e abandono, a que ele – e eu – já aludira na sessão anterior, é a seguinte: ele atuou no Serviço de Campo Americano na selva de um país remoto no exterior. Um casal de quem ele se tornara amigo o convidou para beber certo dia. Mais tarde, ele veio a perceber que a bebida estava misturada com LSD, e por isso ele sofrera uma experiência terrível. As paredes do quarto derreteram, e ele pensou que sua família inteira tinha morrido. Pouco tempo depois, ele entrou no quarto do casal, onde eles estavam tendo relações sexuais. Embora não se sentisse erotizado, perguntou-lhes se poderia juntar-se a eles na cama. Eles recusaram e o mandaram embora. Ele ser mandado embora em face da morte de sua família constituiu o nadir de sua experiência com LSD. Essas memórias me ocorreram espontaneamente com sua alusão ao LSD.

Analisando: E culpado por seu assassinato. A autoafirmação não é um ponto de partida para mim. Não acho que eu consiga me afirmar no mundo, e a dislexia não ajudava – nunca consegui me afirmar na escola. É quase como se a dislexia tivesse uma conexão interna com meus sentimentos de impotência e desamparo.

Minha rêverie *e rastreamento: O analisando parece estar refletindo sobre si mesmo de forma depressiva, e continua a trabalhar com o fio condutor da sessão – abandono, raiva e humilhação, agora incluindo sua dislexia e seu fracasso em alcançar sucesso na vida.*

Analista: Considerando suas associações, a dislexia parece corresponder a pais que atacam e são atacados – incluindo pais analíticos –, que acabam dentro de você, atacando sua capacidade de articulação – como uma retaliação por você tê-los "assassinado", e agora a mim e à minha companheira.

Analisando: Nunca pensei nisso. Você quer dizer que minha raiva dos meus pais me leva a ter dislexia?... Também falamos sobre A e o efeito de sua catapora, seu efeito sobre o desejo de S de mergulhar no Caribe. Mencionei alternativas, mas ele estava muito chateado. Estou dividido entre a vontade de partir com S, deixando L e A para trás. Ou deixar A com as babás, o que perturba S. Tanto S como L se sentem abandonados por mim, assim como devo ter me sentido quando criança. Minha mãe ligou e disse que não precisávamos de férias. Ela estava com raiva que eu estivesse gastando com minha família, em vez de estar trabalhando.

Minha rêverie *e rastreamento: O analisando parecia incrédulo – e concreto – em relação a eu ter vinculado metaforicamente a raiva contra seus pais (e contra mim como par analítico, que o deixam de fora da relação sexual deles/minha) e sua dislexia. Ele continua o tema nos derivantes, com sua filha A como ele próprio e o efeito de sua catapora, que modificou os planos de férias do seu filho. Ele então retorna ao seu* self *adulto, que quer se separar de sua família. Sinto agora que ele retornou novamente da posição depressiva à posição esquizoparanoide – mas, em vez de um retorno, pode ser uma progressão ao que Britton (1998a) denomina "PS (n + 1)", o PS que se segue ao D anterior, e não o PS original. Acredito que reviver as lembranças de suas experiências de abandono era insuportavelmente doloroso, então ele reverteu à identificação projetiva para se tornar o pai que deixou a ele, o filho. Sua mãe telefonou e repreendeu-o por tirar férias com o dinheiro da poupança da família. Isso sugeriu-me que a consciência-mãe-analisando era crítica em relação a ele por ganânciosamente apropriar-se de forma indevida de recursos da família para seu próprio uso pessoal e, portanto, confirmou minha interpretação sobre a existência fantasiada, dentro dele, de um casal de pais invejosos e hostis, que ataca a ele e à sua vida com sua própria família (esposa e filhos).*

Note que o analisando não parece compreender totalmente algumas das minhas interpretações, mas seu inconsciente (pré-consciente) parece compreender, como confirmado por suas associações subsequentes.

> *Analista:* Você parece equiparar sua mãe com sua consciência, que o convence de que você é ganancioso e não merece ter um período de férias, por causa da sua raiva de mim por ter tirado as *minhas* férias. S equipara-se a um você idealizado, a quem você pode seguramente investir com seu *self* que busca prazer. L e A equiparam-se com o você que é deixado para trás quando os outros estão de férias – o feio. Penso que você está perguntando o que um pai de família deve fazer nessa situação, quando o pai também é sentido como sendo a criança que coloca o *self* pai em seu filho.

> *Analisando:* As expectativas de S devem ter mudado. Devemos ir juntos para algum lugar próximo. Minha própria família e eu íamos para a Flórida nas férias de verão, quando eu era muito pequeno. Lembro-me, porém, de quando meu pai deixou minha mãe para trás no aeroporto na Flórida. Não havia espaço suficiente no avião. Meu pai pegou a F e a mim e deixou minha mãe para trás. Minha mãe passou a ficar histérica em aeroportos.

Minha rêverie *e rastreamento: Minha interpretação ajudou o analisando a retirar de seu filho S a projeção de seu* self *que busca prazer, e tornar-se mais independente e individualizado – e razoável. Agora S teria de se tornar mais razoável e prático em relação às suas férias. Ele parecia mais maduro então, e mais na posição depressiva. A situação trouxe à tona uma memória, no entanto, de uma ocasião, em sua infância, quando sua família saiu de férias e seus pais vieram a se separar – ele e seu irmão voltaram para casa com seu pai, deixando a mãe retida na Flórida. Isso sugeriu-me que sua permanência na posição depressiva era altamente tênue – que ele imediatamente reverteu à posição esquizoparanoide, pois ainda se sentia preso no cenário separação dos pais-abandono – isto é, que isso ainda gerava muita ansiedade para ele.*

> *Analista:* Acredito que há uma profunda preocupação em ser deixado para trás pelo pai necessário – da mesma forma como eu, o pai-analista necessário, deixei você para trás na semana passada para um fim de semana prolongado. Penso que você pôde entender e "conspirar" com o motivo pelo qual eu gostaria de deixar para trás uma criança-você feia, que, ainda por cima, está infectada com doenças infantis; então você se torna o intermediário – um agente duplo, por assim dizer – que poderia tanto juntar-se a mim como deixar seu *self*-criança para trás em L e A. Agora também temos S, seu filho, que também pode ser equiparado ao seu irmão, F, que, você acredita, é preferido pelo seu pai. Assim você pode identificar-se com o pai, que adora F, que também é tratado como um pai, bem como o filho ideal.

> *Analisando:* Não admira que eu tenha sido confuso por toda vida. Não sei se estou indo ou vindo porque, agora percebo, tenho feito ambos. Creio que você pode dizer "Estou fora de mim" de duas maneiras distintas, pelo menos.

FIM DA SESSÃO

Posterior processamento silencioso da sessão pelo analista

Já elucidei nas notas da sessão o que acredito ser sua psicodinâmica principal. O material apresentado pelo paciente parece seguir de perto o da sessão anterior. A relação inconsciente do analisando comigo durante toda a sessão parece ainda ser de deferência. Sinto-me aprisionado por sua idealização de mim, apesar das minhas tentativas de analisar esse aspecto em sessões anteriores. Penso que o que está por trás disso, pelo que ele diz, é que ele foi extraordinariamente negligenciado por ambos os pais e agarrou-se a um eu ideal necessário, para contrabalançar o efeito duradouro de sua experiência com seus pais. Por outro lado, sua idealização parece camuflar sua inveja de mim como alguém de quem ele precisa, mas que nem sempre está disponível. O que mais sinto dele, em especial durante essa sessão, mas também em outras, é seu desejo – de fato, seu *apelo* – pelo meu amor, carinho e atenção. Experimento isso como primordial.

Não comentei sobre o fato selecionado porque acreditei que as emoções do paciente estavam próximas à superfície e prontamente disponíveis para observação e interpretação. É possível que eu estivesse errado, no entanto, e posso consequentemente ter perdido alguma coisa.

Sessão de quinta-feira (3 de 5), semana seguinte

Contexto adaptativo: Eu me ausentara na sessão de quarta-feira em função de uma palestra psicanalítica. Ele ficara sabendo do evento por um amigo psicanalista, e também que eu fora um dos palestrantes.

Analisando: Jantei com um amigo de um amigo seu. DS é o meu amigo que descobriu aquela medicação maravilhosa, e agora é rico e famoso. Ele também se tornou um escritor famoso. Ele é muito baixo, e é amigo de M, o autor de...(um livro escrito por um vencedor do Prêmio Nobel, que o analisando por acaso descobrira se tratar de um amigo meu – na realidade, um conhecido). Ele falou sobre uma conspiração científica no século XVI ou XVII. Ele e V se deram muito bem, e seu marido ficou enciumado. O livro de M está na minha mesa de cabeceira. *The Jaguar Glows in the Dark*. Um livro está sobre o outro. Tive uma discussão com L. Ela quer ir para a *Itália* somente comigo e A, mas quer deixar S aqui.

Minha rêverie *e rastreamento: Seu jantar com um amigo-de-um-famoso-amigo-colega meu lhe permitiu ter a phantasia inconsciente de ter evadido a experiência de separação de mim na sessão de terça-feira, e de que também poderia, consequentemente, evitar experimentar sua raiva de mim por minha indisponibilidade. Sua exaltação ao meu amigo, DS, agora parece se transformar em uma defesa maníaca contra seu relacionamento comigo. Ele está agora junto de alguém famoso, e L (agora eu) tem ciúmes de sua ligação com esse homem famoso. A associação referente à "conspiração científica" me fez pensar que minha participação em um evento científico – um fato de que ele soubera através de nosso amigo-de-um-amigo mútuo – era para ele como uma conspiração da minha parte para deixá-lo de fora. Ocorreu-me também uma conspiração antiga, em que seus pais o haviam deixado de fora. O analisando parece reservado e suscetível. Ele, então, refere-se a um vencedor do Nobel, amigo de seu amigo, que ele acredita ser um amigo meu, e que escreveu um livro conhecido que tem "Jaguar" no título. O analisando o conecta comigo (falamos no mesmo programa recentemente – e, por isso, ele acha que somos amigos), e o analisando também sabe que tenho um Jaguar. Ele ter os dois livros empilhados em sua mesa de cabeceira, sendo que um deles brilha no escuro, sugeria que ele estava coletando e cultivando objetos transicionais que o lembravam de mim. Logo ele anunciou que tivera uma discussão com sua esposa.*

Analista [interpretação]: Minha ausência ontem e sua crença que participei de um importante encontro científico com nosso amigo em comum e um cientista realmente importante, um vencedor do prêmio Nobel, pode ter feito você sentir-se não somente deixado de fora, mas também muito sem importância para mim. Você sentiu que eu tinha pessoas mais interessantes e com quem valia mais a pena me relacionar do que você. Penso também que você tentou consolar-se por uma phantasia inconsciente de faz de conta: se empilhasse os livros que foram escritos por esses outros dois homens importantes que estão associativamente ligados a você, poderia fazer de conta que não foi deixado de fora, e que também é importante. Ser deixado de fora ocorreu novamente quando sua esposa lhe pediu para acompanhá-la nas férias e deixar sozinho seu filho, S, com quem você identifica-se muito – como você aqui agora em relação a mim. Sinto que você está com raiva de mim neste momento, não só porque abandonei você, mas porque você sente que não estou incomodado por isso. Prefiro ser famoso e socializar com pessoas famosas do que ficar em casa e tomar conta de você.

Nota de passagem: O leitor psicanalítico experiente pode questionar por que minhas interpretações são muitas vezes, mas não sempre, longas. Descobri ao longo dos anos que sou mais eficaz com analisandos quando "explico" os detalhes de suas phantasias inconscientes, sem deixar de fora ideias que deveriam ser pressupostas. Em outras palavras, agora desaprovo comentários "abreviados", e tendo a propor interpretações completas, que não necessariamente precisam ser longas – somente completas. A virtude não está no tamanho, mas na busca por abrangência.

Analisando: Lembro-me das desculpas da minha mãe sobre as viagens dos meus pais. A mãe costumava culpar o pai: "Seu pai não quer!" Quero ir com S; caso contrário, sinto que o estou rejeitando. Ela me disse, porém, que é injusto com ela.

Minha rêverie *e rastreamento: Fiquei inicialmente um tanto confuso com a resposta do analisando, e logo pensei que ele ficara desconcertado com minha interpretação, e concretamente acreditara que eu estava tentando justificar minha ausência – como sua mãe fazia alegando que seu pai era culpado.*

Analista [interpretação]: Há um sentimento de que falhei com você por não o levar junto comigo nessa interrupção "educacional". Sequer me preocupei em perguntar se você queria vir junto – e você sente que estou tentando justificá-lo, afirmando que é "científico".

Minha rêverie *e rastreamento: Parece que o analisando me ofereceu uma confirmação relutante, mas voltou para a questão concreta da sua ansiedade sobre deixar para trás seu filho, S, nas próximas férias suas e de sua esposa.*

Analisando: Bem, ao menos espero que tenha sido bom. Geralmente L está correta sobre essas coisas, entendo as apreensões dela. Sinto que dessa vez, no entanto, estou correto.

Analista: Acredito que você ainda se angustia receando ser coagido por L, e de alguma forma por mim, a acreditar que está bem os pais tirarem férias sem os filhos – e se você não aceitar isso, é você quem está atacando a união dos pais, e está se opondo a mim e a eles.

Analisando: Estraguei tudo de novo, hein?

Analista: Você parece ter tomado minha interpretação como um ataque ao seu ponto de vista, possivelmente por causa da maneira como a apresentei. Você pensou que considerei que você estava errado e sendo egoísta. Se assim for, então posso entender sua "confissão", que creio na realidade se tratar de uma submissão, sob a qual deve haver muita raiva, e um sentimento de que não o compreendi. O que eu estava tentando dizer era que você permanece identificado com S como aquele deixado de fora. Não se trata de você querer separar a mim e meus parceiros científicos ou seus pais de outrora *(Nota: acho que finalmente consegui!)*, mas de você não querer ser deixado de fora, abandonado, o que é ao mesmo tempo assustador e humilhante para você. Mas o custo de não permitir que seus pais, passados e presentes, fiquem sozinhos, é que você misteriosamente, inconscientemente, absorve pais separados-distanciados em seu mundo interno, que não permitem que você pense seus próprios pensamentos claramente - ou seja, que não o deixam sozinho com seus próprios pensamentos e, inconscientemente, fazem com que você divida sua própria família.

Analisando: Você está certo. Senti-me colocado para baixo. Acho que se livrar dessa questão de ser deixado para trás é mais difícil do que eu pensava.

FIM DA SESSÃO

Comentário

Depois de ler essas três sessões de psicanálise dialogadas, o leitor pode se perguntar: (a) o quão fielmente os relatos representam a técnica kleiniana como atualmente entendida; (b) quais partes representam o que poderia ser chamado de "técnica de Bion"; e (c) quais aspectos são aplicáveis à "psicoterapia psicanaliticamente informada"?

A resposta à primeira e à segunda questão é, em parte, que não existe realmente algo que se possa chamar de técnica "kleiniana" ou "bioniana".[i] O que é chamado de técnica "kleiniana" – ou mesmo "freudiana" ou "clássica" – significa de fato que um analista – que esteve imerso e foi treinado em uma ou mais dessas escolas, absorveu seus cânones e sabedoria e tem experiência em ser supervisionado por quem fala e pensa a partir desses respectivos pontos de vista – é capaz de levar tudo isso em conta e permitir que o material clínico do paciente ou analisando evoque inconscientemente, de forma seletiva, suas teorias da técnica para a superfície de suas mentes. A partir de outro ponto de vista, cada analista é um indivíduo distinto, com personalidade e estilo analítico distintos (Ogden, 2009), que irá infundir suas próprias idiossincrasias em sua técnica. Essa é uma maneira de dizer que não há dois kleinianos ou freudianos iguais; eles podem, no entanto, parecer suficientemente semelhantes um ao outro para justificar o termo "kleiniano" ou "bioniano" – naquele momento. Na minha análise com Bion, eu muitas vezes o considerava "não bioniano".

A própria psicanálise é em si uma entidade orgânica, vitalista, e inefavelmente evolui em padrões misteriosos ao longo do tempo. A análise pós-kleiniana como geralmente praticada hoje em Londres difere em muitos aspectos da prática de Klein ou seus contemporâneos. A análise kleiniana praticada na América do Sul também apresenta muitas diferenças de ênfase em relação ao que é praticado atualmente em Londres, mas não é menos "kleiniana". O mesmo princípio aplica-se aos Estados Unidos – um dos últimos países a ser influenciado por Klein. *Serão* notadas ênfases distintas, no entanto. Ao longo dos anos, o temperamento filosófico, político e histórico britânico e continental, na minha opinião, infiltrou e afetou profundamente, mas sutilmente, a prática e o pensamento analítico kleiniano em Londres.

O mesmo princípio se aplica às práticas kleinianas na América do Sul, América do Norte, Austrália e sul da Europa. Eu mesmo já passei por duas análises kleinianas distintas, ambas da variedade kleiniana clássica: uma por Wilfred Bion, analisado pela própria Klein, e outra por Albert Mason, analisado por Hanna Segal. A influência de Bion continua até hoje através de Betty Joseph e seus seguidores, que enfatizam o "aqui e agora" e o intercâmbio do objeto total maduro entre analisando e analista na "situação global" da transferência-contratransferência. Pareceria, ironicamente, que os pós-kleinianos londrinos podem estar correndo o risco de perder sua franquia *de facto* de Klein em virtude do seu próprio sucesso na dispersão das ideias de Klein, bem como das suas próprias.

Em suma, o que acabei de elucidar clinicamente representa minha maneira de ser um psicanalista kleiniano e bioniano. De sua própria forma única, Bion sempre me dizia, "Não sou psicanalista, sabe. Apenas estou tentando me tornar um!"

Quanto à questão da influência de Bion no material clínico: em primeiro lugar, abordei as associações do analisando não somente a partir das perspectivas dos restos diurnos (passado imediato) e da reconstrução do passado remoto, mas também – e aqui é influência de Bion (e Joseph) – da perspectiva do aqui e agora: ou seja, o que está acontecendo entre nós agora.

O leitor perceberá que minhas intervenções focaram nas ansiedades inconscientes e conscientes do analisando. Klein as teria entendido como derivadas, em última análise, do instinto de morte. Bion, sem ter formalmente contestado essa noção, começou a enfatizar que a ansiedade na sessão psicanalítica compreendia o "objeto analítico" (Bion, 1962b, p. 68), e era, em última instância, uma manifestação de O, da Verdade Absoluta sobre Realidade Última, do *noumenon*, infinito. Em outras palavras, quando o "analista-mãe" deixa o bebê-analisando, este pode experimentar sua ausência como um "não seio" concreto, absolutamente negativo, que negativamente satura (finge encher a ausência), ou pode ter desenvolvido confiança e fé suficientes de que a mãe que parte sempre retorna (como em um círculo, em vez de uma linha reta, Frances Tustin, comunicação pessoal). Fé e confiança (esperança) permitem que a criança deixe aberto um espaço que é preenchido por *sofrimento* tolerável pela ausência da mãe, ao contrário da criança anterior, que *suporta* sua ausência. Está em questão o futuro – contrastando com o destino – da capacidade de pensar da criança. Analisando *e* analista atravessam repetidamente essa dicotomia durante o curso da análise.

Gostaria de explorar mais os diferentes conceitos que explicam a formação da "não coisa" concreta, negativa, destrutiva. Na teoria kleiniana, o momento em que o seio-mãe *bom* (objeto parcial) deixa seu bebê, a mãe *má* instantaneamente aparece (inconscientemente). O que explica essa transformação negativa? De acordo com minha leitura da teoria kleiniana, explica-se por uma phantasia inconsciente do bebê abandonado. Este último começa repentinamente a odiar a mãe porque, se ela soubesse o quanto o bebê precisava que ela ficasse com ele, não teria partido. O fato de que ela partiu significa que ela odeia o bebê e sadicamente quer atormentá-lo com sua ausência – para provar o quanto ela é onipotente e desejável, fazendo-o sofrer. Minha leitura de Bion parece sugerir que ele concorda, mas há outra parte de sua teoria que oferece uma explicação alternativa. Toda experiência humana implica na operação dupla ou bimodal de O cruzando a fronteira emocional do bebê: (a) a experiência de receber estímulos sensoriais, e (b) o surgimento da Verdade Absoluta sobre uma Realidade Última infinita, impessoal – ou seja, as Formas Ideais infinitas, ou *noumena*. Em outras palavras, o bebê não atendido experimenta as coisas-em--si cruas, rudimentares, sem mediação materna. Esse evento pode constituir uma catástrofe infantil. A criança pode, então, buscar dominar a situação defensivamente, assumindo um sentido *ad hoc* de agência, e utilizar seu ódio ou raiva como estratégia padrão para "possuir" (de forma autóctone, solipsista, autocriativa), a fim de evitar a catástrofe. Acredito que isso foi exatamente o que aconteceu com esse analisando quando criança, e repetiu-se em sua experiência com LSD e na análise.

Bion também contribuiu com a ideia de "continente - contido". Ao longo dessas sessões, senti ser uma presença protetora envolvendo o "analisando-criança-indefesa" e tentando *detectar* (hemisfério esquerdo) e *absorver* (hemisfério direito) as emoções ocultas que o analisando tentava transmitir para mim. Ao fazê-lo, encontrei-me entrando em estado de *rêverie* (sonhar acordado), no qual suspendera meditativamente todo meu conhecimento analítico para permitir que minha consciência interior ficasse insaturada, de modo que eu pudesse ficar mais disponível e inspirado pelas associações do analisando e chegar ao O *dele*, e ser capaz de realizar uma transformação dele para "K" - conhecimento sobre si mesmo que seria útil para ele. Eu estava ciente de estar "sonhando" acordado a sessão, o analisando e suas ansiedades. Estava usando minha função-alfa para sincronizar com a dele, para que nossos inconscientes pudessem ressoar.

O conceito de Bion (1970) de "fé" (p. 32) oferece uma hipótese alternativa para o terror do bebê de abandono. A fé é justificada - creio que Bion está dizendo - devido à confiança em desenvolvimento no objeto cuidador (continente), *e* por permitir-se ser contatado por seus recursos inconscientes ricos: ou seja, as Formas Ideais e as coisas-em-si. Em outras palavras, ao estar em contato com eles, a criança é tranquilizada de tal forma que existe uma categoria potencial que pode antecipar, englobar e, assim, conter o desconhecido.

A "psicoterapia obrigatória" que ofereci nas três sessões anteriores incluía referências a seus pais, esposa e filhos reais antes de eu usá-los como deslocamentos deles para ele ou para mim.

Apresentei anteriormente neste trabalho a ideia de que a psicanálise pode ser pensada como uma demonstração de drama sagrado de improvisação. O paciente analítico é como um ator que está inconscientemente fazendo testes para que o analista: (a) seja capaz, como em um jogo de charadas, de atribuir significado coerente para as mensagens criptografadas do inconsciente do analisando e, portanto, (b) o inclua em um script reescrito para substituir ou compensar o original, que já aconteceu. No caso que acabo de apresentar, é fácil ver que o analisando estava, de fato, dramatizando (com hipérbole) seus sentimentos de desamparo, carência e abandono para que eu os decifrasse, mas também para que eu fosse pessoalmente e emocionalmente afetado por – ou seja, experimentasse – a culpa por tê-lo abandonado, (c) a fim de experimentar que o analista está longe de ser indiferente à angústia do analisando e, portanto, comporta-se como se lamentasse vicariamente – e agora está infestado pelos demônios do analisando (continência é equiparada a "exorcismo" bem sucedido).

Rebobinamento*

Mais cedo, mencionei a técnica de "rebobinamento" do texto: refiro-me ao processo pelo qual o analista recapitula brevemente, em voz alta, para seu paciente, ou silenciosamente, para si mesmo, a sequência das associações sucessivas. Descobri que essa técnica pode ser útil tanto para o analista como para o analisando, quando o primeiro estiver inseguro quanto ao significado do material do

---

* *Scrolling*, no original. [N.T.]

analisando e não souber o que interpretar, ou *estiver* razoavelmente certo, mas o analisando, ao receber a interpretação, duvidar de seu valor. Aqui está como eu poderia ter rebobinado a última sessão:

> *Você relata ter jantado com um amigo nosso em comum, um analista que me conhece e que é também escritor de ficção, amigo próximo de outro escritor famoso e cientista, que você também associa a mim, e que também escreveu um livro popular com o ícone "Jaguar" na capa, que brilha no escuro em seu quarto à noite. Você também conecta "Jaguar" com o carro que você sabe que eu dirijo. Nosso amigo mútuo fala com você no jantar sobre uma conspiração científica no século XVI ou XVII. Então você relata uma discussão que teve com sua esposa, L, sobre se seu filho, S, acompanharia ou não você e sua esposa em férias, você preferindo que ele fosse. Penso que a questão parece relacionar-se com o medo e humilhação de ser deixado de fora. Você parece ter se defendido da minha ausência de ontem associando-se com dois homens famosos associados a mim, mas você menciona uma antiga conspiração científica: talvez minha reunião de ontem o tenha lembrado do que você sentiu como uma conspiração dos seus pais, deixando-o de fora de seu prazer. Essa mesma questão continua com sua identificação com seu filho, S, que você não gostaria que fosse deixado de fora de sua diversão das férias.*

O efeito de rebobinar em voz alta para os pacientes muitas vezes produz resultados interessantes. Eles começam a perceber que as interpretações do analista são resultado direto de suas associações livres (nuances de Bion). Eles até então haviam subestimado o quão fecundos seus inconscientes eram para criar associações tão úteis, passando a sentir-se mais como parceiros analíticos respeitáveis e engenhosos. É também útil para o analista. Ele pode ser capaz de detectar o fato selecionado da sessão ao conseguir mudar seu foco de cada associação indivisível para uma potência mais baixa de observação ("foco leve, geral" Ehrenzweig, 1967, p. 23), em que é capaz de ver mais do cenário total.

Agora coloco ao leitor uma questão, apresentada no Volume 1: para qual parte do analisando são dirigidas as interpretações? E, consequentemente, é necessário que o ego consciente as compreenda? Minha análise com Bion sugere que, como em hipnose, pode ser analiticamente vantajoso interpretar para a mente pré-consciente. Essa foi minha experiência com Bion. Eu nem sempre entendia claramente o que ele estava dizendo, mas sempre me vi respondendo apropriadamente e ganhando clareza incomum.

Algumas reflexões posteriores

Embora essa análise tenha sido conduzida em minha versão do método kleiniano clássico, gostaria de chamar atenção para o seguinte: em primeiro lugar, já aludi à forma como eu poderia ter mudado meu estilo se analisasse esse analisando hoje. Em segundo lugar, gostaria de falar sobre a natureza carregada-de-objetos-parciais de minhas interpretações de outrora. Quando interpretei seus objetos parciais – por exemplo, sua infecção como forma de me invadir e tornar-se parte de mim –, ele estava, em minha opinião, me usando como um objeto total, de uma maneira de objeto parcial. Dito de outra forma, o objeto parcial não é uma entidade independente. É a única maneira como a parte infantil da personalidade pode (narcisicamente) utilizar o objeto total, que está lá o tempo todo, e somente é reconhecido em retrospecto, com remorso e pesar, na posição depressiva. Terceiro, analisar o texto realmente era naquele momento meu estilo de processo analítico. Analisandos podem falar sobre os restos diurnos, mas o que eles realmente estão fazendo, de acordo com Bion (comunicação pessoal), é proferir suas transformações imediatamente atuais no aqui e agora da história pregressa imediata e remota.

Em quarto lugar, continuo usando referentes infantis nas minhas interpretações. Gostaria de falar sobre isso. No Volume 1, escrevi sobre "a criança do inconsciente de sempre e para sempre" como uma ordem oculta da teoria e técnica kleiniana. Acredito que, no que diz respeito ao pensamento pós-kleiniano, o "bebê" dentro do adulto pode ser pensado como uma "criança virtual" – não uma criança de fato, mas o sujeito mais vulnerável, indefeso e *sem idade*, aquele que mais consumadamente sente-se da maneira como uma criança indefesa deve ter eventualmente se sentido.

Nota

1. Em outras palavras, o princípio da auto-organização vence, em última análise, o princípio da cocriação na técnica do analista.

9. Exemplo clínico 2

Essa análise ocorreu muitos anos depois do Exemplo Clínico 1. O leitor pode notar algumas mudanças em minha abordagem técnica. A análise que apresento agora é um bom exemplo da reação terapêutica negativa (equilíbrio psíquico).

Sessão

Contexto adaptativo: Sessão de segunda-feira, primeira de cinco sessões na semana.

> *Analisando:* Sabe, eu fiquei meio para baixo a maior parte do fim de semana, mas não muito, apenas um pouco. À noite, depois que colocamos as três crianças para dormir, saí para comprar leite. Na volta, percebi que estava com fome, e que estivera com fome todo final de semana. Foi difícil permanecer na dieta. Então lembrei-me de ter dito que eu ficava com fome pelas coisas

erradas, ou de você ter me dito que fico com fome pelas coisas erradas.

Meus sentimentos privados: Reconheci sentimentos de culpa e defensivos em mim enquanto o analisando falava. Ciente de que era a primeira sessão após um fim de semana, reconheci que o paciente estava dramatizando o quanto negligenciava a si mesmo, da forma como sentia ter sido negligenciado por mim. Em outras palavras, pensei ter ouvido a defesa depressiva: sofrendo negligência – não cuidando adequadamente de si mesmo na minha ausência –, ele estava me atacando, projetando culpa em mim. Em outras palavras, senti que ele queria que eu me sentisse culpado e responsável pelo seu sofrimento. Também tive a sensação de que ele estava tentando me levar a crer que conduzia a análise sozinho: primeiramente, apresentando queixas típicas de fim de semana e, em seguida, aparentando oferecer as interpretações que ele teria esperado que eu propusesse.

Analista: Você estava com fome de anestesia, não com fome de nutrição. Você estava com fome de anestesia contra carência não atendida, por sentir-se incapaz de cuidar de si mesmo sozinho. Se posso enganá-lo, indo embora e cuidando de mim mesmo, então você pode enganar-me negligenciando o você criança, especialmente diante da minha ausência na sexta-feira. Você se tornou sua imagem da minha negligência a você. Mas também ouvi você dizer que sentiu que eu o criticaria por enganar, o que, penso, pode tratar-se de você atribuindo a mim sua própria crítica em relação a mim. E tenho a sensação de que você está sutilmente mostrando sua justa independência de mim, assumindo o papel de pretenso analista-eu.

Analisando: Acho que você está certo. Também tentei fazer coisas. Fiz aeróbica no sábado, não, no domingo, e então hoje de manhã levantei-me cedo e subi na esteira pela primeira vez em muitos, muitos meses. Ontem à noite lembrei que, se eu conseguia me levantar às 4 horas da manhã para me exercitar quando tinha um treinador, certamente seria capaz de me levantar às 5:30 para fazer esteira. E geralmente posso contar com B (seu filho mais novo) para me acordar em torno desse horário. Então no fim de semana fiquei com medo de deixar coisas boas escaparem pelo motivo que fosse, para dar o troco em você por não estar disponível ou por outro motivo. Mas isso seria estúpido. Eu gostaria de ganhar mais dinheiro. Meu trabalho me mantém longe de casa tanto que não sei se sou parte da minha família ou não; você pode estar certo quando diz que eu estava tentando substituí-lo por mim.

Meus sentimentos privados: as associações do analisando, antes rígidas e queixosas, após minha interpretação modificaram-se, surgindo entusiasmo por cuidar de si mesmo de forma colaborativa. Eu testemunhava uma mudança de P-S para D. Meus sentimentos anteriores de culpa hesitante permaneceram, mas também desenvolvi sentimentos de compaixão pela expressão do analisando de abandono e isolamento de mim e da sua própria família. No entanto, sua declaração em relação a pertencer ou não à sua família, bem como à minha família analítica, me pareceu ser o fato selecionado da sessão.

Analista: Você está comparando sua necessidade de ficar tão longe da sua própria família para ganhar a vida com meu distanciamento de você durante o longo fim de semana, bem como entre as sessões. Como consequência, você se sente irrelevante para eles, como você está indiretamente me informando que estou me tornando irrelevante para você, e que fiz você se sentir irrelevante para mim. No entanto, você também está ciente de que, para analisá-lo, tenho que deixar a *minha* família, o que pode causar-lhe alguma preocupação.

Analisando: Não posso andar às voltas com ter quatro anos de idade e assumir que tudo na minha vida adulta vai bem. Não estou ciente de sentir-me culpado por tirá-lo de sua família.

Meus sentimentos particulares: Essa foi uma associação condensada que se referia, eu acreditava, ao seu ressentimento de longa data com sua família por supostamente negligenciá-lo. Senti que ele precisava de alguma ajuda aqui para conciliar ou render-se em sua vingança contra eles – agora contra mim, pois ela o estava aprisionando em martírio: ou seja, a defesa depressiva. Também senti que minha interpretação de que ele se sentia culpado por distanciar-me da minha família estava incorreta. Note que o que eu já analisara dizia respeito ao contexto adaptativo, ou resto diurno. Eu ainda não abordara o que ocorria na sala no momento presente, exceto pela alusão à possibilidade de ele estar tentando tornar-se eu. Vim a acreditar que ele se ressentia porque eu não o estava realmente "compreendendo". Também percebi que ele queria que eu sentisse pena dele.

Analista: Acho que, por trás do que você está dizendo, pode estar sua expectativa de que os pais de sua infância percebam o erro e o terror de suas formas de agir que afetaram você, corrijam tais erros e peçam pelo seu perdão, para acertar as coisas. Em outras palavras, acho que você quer que seja feita justiça, a fim de obter redenção. Os pais devem primeiro corrigir-se, *e somente então,* a criança-você pode crescer a partir deles em segurança. Mas eu, sua mãe-e-pai analítico, os substituo. Sou eu que você quer que se sinta culpado e responsável por ser negligente – e por simplesmente não compreender. No entanto, também penso que você está com raiva de mim por ajudar que ocorra progresso analítico, privando-o da esperança de permanecer criança.

Analisando: Certo (sentimentos de óbvio alívio). Na sexta-feira jantamos com amigos. Eles têm duas filhas pequenas. Uma tem quatro anos, como a F (sua filha mais velha), e a outra tem dois e meio. Ambos os pais são boas pessoas, mas parece que eles não se dão muito bem. Estávamos cuidando da filha. Ela começou a chorar por causa de tudo – tipo, a fazer manha por tudo – e eles somente ficaram por lá, perdidos, pobrezinha. Sabe, coitada, que seja. Ela está implorando por um limite, e simplesmente não vem deles. Mas F (uma de *suas* filhas) se dá muito bem lá. Ela coopera bem. Ela briga bem. Então ocorreu-me que C (sua esposa) e eu nos saímos muito bem como pais, considerando tudo.

Analista: No início desta sessão, você me colocou na mesma categoria que você mesmo em nossa negligência às nossas respectivas famílias. Agora você parece se comparar favoravelmente comigo, na medida em que seus filhos parecem se sair bem por terem bons pais, enquanto a criança da outra família mostrou-se chorosa e carente. Isso pode relacionar-se à sua necessidade de limites na minha ausência, mas estou mais propenso a pensar que é o bebê-chorão-você que agora sente que o estou enganando para fazê-lo deixar de ser uma criança, através da imposição de limites analíticos – como se eu o estivesse desmamando à força.

Analisando: (risos) No sábado, em seu aniversário, meu sobrinho, B, foi para San Diego e decidiu alugar um apartamento de dois quartos com três amigos. Meu irmão e minha mãe acharam que ele alugou um lugar caro demais para ele, pois queria seguir na onda de pessoas que são de uma classe mais elevada. O que eles estão tentando fazer é entregar para ele o anúncio de um apartamento de tamanho similar, mas muito mais barato, e R (sua esposa) estava dizendo: "Bem, você foi olhar os lugares? É no centro de San Diego." Pode ser que eles tenham alguma razão, mas pode ser que

B também tenha alguma razão, e tudo acaba virando 'quem estava certo' e 'quem estava errado'. Minha mãe fica tentando insinuar que, sabe, às vezes é importante considerar com quem você está convivendo, se você consegue acompanhar, e que há outros fatores que podem ser considerados. Todos ficam fazendo insinuações, eu estava muito desconfortável. Pensei que não era da minha conta, então não achei que me coubesse dizer qualquer coisa, mas eu gostaria que alguém dissesse, sabe, isso é o que você tem, isso é o que você não tem. Se quer isso, tudo bem.

Analista: Me pergunto se você não está falando sobre o você positivo que aprecia limites e deseja que um pai-eu respeite seu crescimento, enquanto ao mesmo tempo parece transferir o bebê malcriado para a filha de seu amigo e para sua própria família e seu irmão.

Analisando: Nunca pensei nisso (dito com alívio).

Analista: Então talvez o que você esteja dizendo é que você foi muito afetado quando estava sendo de fato abandonado naquele mês, quando seus pais e irmão mais velho o deixaram com seus avós – e não o levaram em consideração (um incidente significativo que ocorreu quando ele tinha 4 anos). Eles não o consultaram, nem perguntaram como você se sentiria ou se gostaria de ir junto – e o mesmo comigo. Eu arbitrariamente saio, não o consulto e dou apenas um aviso curto. Então querer permanecer bebê é sua forma de ser provocador e de lidar com seu terror por ser tão vulnerável.

Analisando: R perguntou se eu tinha noção do que mudara em mim no último ano, e eu disse, para mim é meio difícil avaliar como eu era há um ano ou agora. Sei que algo está diferente, mas não consigo realmente indicar o que. E ela disse, "Sabe, você costumava gostar de todas essas coisas vergonhosas, que não sinto muito mais de você". Eu era terrível, pensava que não merecia as coisas – e é verdade. Quero dizer, claramente ainda está lá, mas não tem a mesma relevância.

Meus pensamentos privados: Eu novamente acreditava que o analisando alternara de P-S para D em resposta à minha interpretação, que foi aceita em um nível mais profundo com minha aplicação da "lei do pai" – não se remoer de pena. No entanto, nesse momento eu não sabia se minhas interpretações tinham realmente lhe dado alívio ou se ele havia submergido seus sentimentos negativos em relação a mim e, no lugar, içado a bandeira do progresso analítico, a fim de me aplacar. Mas em última análise acredito que o analisando esteja utilizando o resto diurno para expressar o que está acontecendo aqui e agora na análise. Acredito que ele ainda é demasiado autoconsciente para ser um diálogo "eu-tu" consciente, que é o objetivo da análise.

Analista: Acho que *você* é a criança que está à procura de limites, bem como a criança que está lutando contra os limites por raiva e desesperança em função da forclusão da possibilidade de ter sua infância compensada. No entanto, o outro você está à procura de limites significativos, amorosos, agora transferidos para hoje na análise comigo. E na medida em que você tenta estabelecer limites para seus três filhos, uma consciência monstruosa se desenvolve em você. Mas, de repente, me dou conta de outro ponto. Você acabou de me informar, aparentemente do nada, sobre como tem progredido. Pergunto-me agora se essa não pode ser sua forma de tentar me acalmar depois de me responsabilizar por ser um analista-pai negligente – e também me seduzir para ignorar a criança-você que provocativamente e desesperadamente não quer tentar crescer.

Analisando: Acho que você está certo. Preciso que alguém me faça assumir responsabilidades, mas tenho medo das consequências de confrontá-lo. Na minha família nunca foi desse jeito, estabelecendo limites. Sempre foi do jeito, se você tivesse qualquer consideração pelas pessoas, isso é o que você faria. Se você fosse um bom menino, isso é o que você faria. Era como essas insinuações de que, se você for uma pessoa moral, correta, então você precisa ler a mente das outras pessoas e fazer o que elas querem que você faça.

Analista: Sim – em vez de estabelecer limites e ser verdadeiro.

Nota: Ele pareceu ignorar a segunda parte da minha interpretação, sobre não querer crescer.

Analisando: Certo. E acho que eu conseguia. Não que eu intuísse o que eles queriam; acho que eu intuía mesmo é o que eles não queriam, e não fazia.

Analista: Sim. Isso faz muito sentido, e ajuda a explicar seu comportamento com alguns executivos da sua empresa, pela maneira como você fala sobre seu relacionamento com F e V (seus chefes na empresa). Além das próprias dificuldades deles, você está sempre se perguntando o que eles querem e não querem de você.

Analisando: Certo. O que estou fazendo é demais?

Analista: Certo. Ou não é o suficiente.

Analisando: Certo.

Analista: Certamente você é assim comigo.

Analisando: Tenho certeza que sim. Quer dizer, fico analisando o tempo todo. Quer dizer, não sei se significa que estou entendendo ou não entendendo – sinto que estou analisando o tempo todo. O radar está sempre funcionando.

Analista: Tenha certeza de que você não está atingindo minhas expectativas, e você sabe *por quê?*

Analisando: Por quê?

Analista: Porque não tenho nenhuma.

(Risos.)

Analisando: Então as estou atingindo perfeitamente.

Analista: Exatamente.

Meus pensamentos privados: Eu tinha a sensação de que o "abcesso" fora perfurado e agora estava drenando. Ambos nos sentimos aliviados. Ele entendeu que éramos ambos responsáveis perante o acordo do nosso relacionamento. Mas senti que algo estava errado. Ele ignorou minha menção ao "fracassado-em-prosperar" – ao autoboicote ao progresso do self *responsável, em amadurecimento.*

Analisando: É interessante – com a mulher do meu irmão, que deu fim à discussão (risos), sabe, alguém que não é parente de qualquer outra pessoa na sala.

Analista: É engraçado que você disse "a mulher do meu irmão", e não "minha cunhada".

Analisando: Porque tem tido tantas. (Risos.) Eu precisaria distinguir a atual das anteriores.

Analista: Entendo, então não importa tanto, na verdade.

Analisando: Humm, bem, talvez importe. Talvez eu não a inclua na família.

Analista: Ela é sua *landsman**, alguém que não está na família. Talvez seu *self*-mártir-bebê não deva ser incluído em sua família de hoje.

FIM DA SESSÃO

Sessão

Contexto adaptativo: Sessão de segunda-feira (uma de cinco).

Analisando: Quando eu estava vindo para cá esta manhã, um pensamento rondava minha cabeça. Não sei se era culpa, ressentimento ou responsabilidade, mas era sobre o sofrimento de B (sua segunda filha) ao nascer. O que quer que tenha acontecido, eu estava lá no hospital com ela. Ela parece muito feliz agora – quase como se nada tivesse acontecido. No entanto, tenho esses terríveis pensamentos de que quero destruí-la e tirar sua vida.

Meus sentimentos privados: Senti que seu ódio também era voltado para mim enquanto representante transferencial de seus pais. Eu tinha também outro pensamento: que ele invejava profundamente sua filha por suas bênçãos – ambos os pais a amavam e protegiam, ao contrário de como ele sentia ter sido criado.

Analista: O cuidado que você teve quando ela estava em perigo após o nascimento apenas lembra a você agora, depois de um fim de semana de interrupção no *nosso* relacionamento, que *você* se sentiu em perigo durante o fim de semana, como em sua infância, e que *eu não* estava disponível para ajudá-lo.

* Termo iídiche para *conterrânea*. [N.T.]

Além disso, quando diz que quer "destruir B e tirar sua vida", me pergunto se você não quer dizer que deseja destruir a B que lembra a você o quão diferente era sua própria vida quando comparada à dela, nessa idade, e como você gostaria de tirar dela as bênçãos que você e sua esposa lhe dão, e então retrospectivamente aplicá-las a si mesmo. Em outras palavras, me pergunto se você não está com inveja do direito que B tem ao cuidado que você gostaria de ter tido – e se a violência de seu ódio é dirigida à mãe-eu, que o tirou da infância cedo demais.

Percebo que essa interpretação é longa, como muitas das minhas outras, mas senti-me impelido a fazê-la, a fim de apresentar uma interpretação completa. Vamos ver como o analisando respondeu.

Analisando: Acho que você está certo. Quero, acho – o que deu em mim esta manhã foi...(suspiro)...foi roubado...tanto... (suspiro) – eu estava soluçando quando dirigia para cá. Acho que não sinto tão intensamente agora, mas – viver tão feliz todos os dias – a vida feliz dela como um lembrete para mim do que não aconteceu na minha – o que não aconteceu e não acontecerá – e que eles têm, e eu não – e sou eu quem oferece isso a eles. Acho isso inaceitável, pelo menos neste momento. Não está tudo bem, para mim, não ter tido isso. Não está tudo bem para mim não ter podido ser criança. Não está bem para mim o que fiz comigo mesmo. Não está bem para mim que meus pais não puderam fazer o que precisava ser feito, e não está bem para mim que não há nada que você possa fazer a respeito – que não há nada que qualquer pessoa possa fazer a respeito. Não estou pronto para lamentar. Quero minha infância de volta! Quero outra chance!

Meus pensamentos e sentimentos particulares nesse momento: No momento em que o analisando entrou no consultório nesse dia e me mostrou seu rosto, percebi que ele estava em grande angústia e tumulto. Quando começou a falar, me vi fantasiando que eu era um juiz rabínico (ambos somos judeus) em um tribunal eclesiástico em que meu analisando era Jó, e que Deus estava em julgamento pelo que fizera ao meu analisando. Então, na medida em que minha fantasia continuava, lentamente comecei a perceber que eu estava em julgamento, e comecei a sentir-me culpado e na defensiva. Em outras palavras, senti-me atraído para o que parecia ser um dilema ético-religioso irrespondível, e exigiu-se que eu o adjudicasse – encontrasse a resposta para o erro irrespondível – e também reconhecesse minha culpa contratransferencial e minha responsabilidade pelo erro.[1] *O que mais se destacou para mim, no entanto, foi minha experiência da angústia do analisando – e meus sentimentos contraditórios de querer acertar as coisas para ele. Em outras palavras, era minha tarefa inconsciente tornar-me – ou seja, vestir – os objetos projetados, e experimentar o horror, a culpa e a contrição que o analisando queria que seus pais reais sentissem e expressassem: dizer que eles sentiam muito! Esse aspecto da situação transferência – contratransferência não é diferente de um "exorcismo" de demônios maus, uma situação em que o analista inocente deve se tornar, através da transferência, o demônio do analisando – e também deve sentir remorso por isso.*

Nosso relacionamento de transferência – contratransferência caracterizava-se por dois fatores. O primeiro é um conflito dentro do analisando entre seu jovem self *que ativamente amadurecia, que colaborava com a análise (o "analisando saudável"), e o* self *infantil "preso", representado por dois gêmeos opostos: o indefeso, que aparentemente sofrera uma catástrofe infantil (ele agora acredita que sua mãe tinha transtorno de Asperger), que sente que não pode crescer e, portanto, está fadado a ser deixado para trás; e o* self *mártir rejeitador, que rejeitou seu gêmeo indefeso e juntou-se com um objeto superego severo patológico – o "objeto obstrutivo" de Bion (1970) – e adquiriu a ilusão de proteção de um refúgio psíquico for-*

midável (Steiner, 1993). Este último oferece "proteção", mas não sem custo: não há fuga. O segundo é um conflito dentro de mim sobre a conduta da análise. Por um lado, tentei manter minha postura analítica ao longo da análise, e assim fiz por toda sua duração. No entanto, também percebi outro eu que, retrospectivamente me dei conta, nutria sentimentos maternais em relação a ele e até mesmo fantasiava sobre segurar nos braços um bebê-ele. Fiquei sabendo mais tarde pelo analisando que nem sua mãe nem seu pai jamais haviam dado colo para ele quando bebê ou criança. Logo comecei a me dar conta que desejava oferecer a ele uma "experiência emocional corretiva" (Alexander, 1956). Além disso, eu começara a me sentir culpado em relação a ele, não apenas enquanto representante de sua mãe e seu pai, mas também enquanto analista que o estava "desmamando" para a maturidade – ou seja, eu estava em "conluio" com a criança colaborativa à custa da criança desesperançosa, presa, que acreditava que nunca poderia crescer: já era tarde demais. Eu a estava colocando em risco ao ajudar a outra a progredir, causando uma fenda que se expandia perigosamente entre elas, levando ao medo de um surto psicótico.

Embora a natureza específica da minha postura interpretativa possa não parecer claramente delineada no que segue, eu gostaria de apresentar a epítome das ideias que a informam. O analisando é o caçula de quatro irmãos em uma família judaica da Europa Ocidental que sobreviveu por pouco ao Holocausto. Consequentemente, as "estrelas em minha bússola analítica" tornaram-se: (a) o trauma que sua família sofrera, individual e coletivamente, antes do nascimento dele, mas que lhe foi passado pela "atmosfera" familiar (Ferro, 2005, p. 4); (b) os elementos específicos da negligência putativa deles em termos de uma alegada falta de suficiente sintonia emocional e cuidado em relação aos marcos de desenvolvimento; (c) fantasias inconscientes do analisando no que diz respeito à sua própria natureza idiossincrática excessiva ("muito carente", "muito ganancioso"), como sua própria maneira autóctone (solipsista, autorreferencial) de levar em conta os dois primeiros fatores. Considero o último como o foco apropriado para a intervenção analítica, até que o analisando alcance a posição depressiva. Ele então será capaz, e somente nesse momento ele o será, de trabalhar de forma objetiva suas razões supostamente justificadas para criticar a forma como sua família o criou, porque somente nesse momento ele estará suficientemente separado de seus objetos (mãe, pai e seu analista), e será suficientemente individualizado, para ser capaz de distinguir sua própria contribuição da realidade objetiva que eles representam (ser capaz de distinguir entre o "perseguidor" e o "inimigo").

Analisando: Não estou pronto para lamentar isso.

Analista: O que significa que você ainda não está pronto para deixar para lá.

Analisando: Certo. Não estou nesse ponto. Bem, talvez este seja o começo de tudo, não sei, mas quero dizer, "Contesto!" (Chorando.) Digamos que eu tinha direito ao que B e meus outros filhos estão recebendo. Claro, eu não tinha esse direito, mas quero dizer que tinha. (Suspiro.) Lamento que não haja ninguém para culpar. Posso culpar meus pais, eles podem culpar os pais deles, que podem culpar Hitler, e Hitler pode culpar quem quer que seja de quem *ele* descendeu. Há algo de cruel na demanda por justiça. Sou tão preso a moralidades – a fazer as coisas de forma virtuosa e correta. Sonhei com isso na noite passada, ou algo assim. Estou lembrando algum tipo de troca, mas não sei o que aconteceu. (Silêncio.) Ele (o pai) está preso a algo. A insistência de minha mãe por virtude e justiça foi sempre fútil para mim, de certa forma. Parecia louco. De que porra ela estava falando? (Silêncio.) Será diferente para meus filhos saberem que nem tudo é bonito no mundo, mas eles também vão saber que a mamãe está do lado deles.

Analista: E o papai?

Analisando: E o papai. O papai realmente está por trás de mamãe na *minha* família. (Longo silêncio.)... O que sinto de forma mais aguda é algo que nem eles nem R (sua esposa) devem sentir – que não há rede de segurança. Talvez seja isso que eu sabia desde o início. Talvez por isso eu não tenha podido ser criança.

Meus sentimentos particulares: Há muito tempo senti esse vazio interior que o analisando vivenciou desde a infância. Era como se ele tivesse sido sempre um homem velho e cansado, desde a infância – e sozinho! Senti sua solidão e a culpa hesitante por estar quase alienado dele – mas eu também acreditava que ele inconscientemente se transformara em "órfão" por psiquicamente "divorciar-se" de sua família na infância e de sua família na vida adulta, assim como de mim, por razões vingativas e invejosas.

Analista: Não havia rede de segurança para proteger seu senso de inocência em relação a si mesmo e ao mundo em que estava vivendo no momento, e mesmo atualmente, no que diz respeito aos meus lapsos em ser protetor para você.

Analisando: Não, não havia segurança deles, e a enchente que arruinou nossa casa (aos 14 anos) foi a confirmação. Na medida em que sentia que podia contar com meus pais, estava lá, e na medida em que eu não podia contar com eles, não estava. O lugar que me atinge mais é quando preciso mostrar iniciativa. R me diz que, se quero construir um escritório melhor, tenho que fazer mais trabalhos fora, dar palestras, fazer almoços com empresários, e assim por diante. Preciso me preparar melhor. Sou muito desorganizado – algo sobre começar um projeto e torná-lo meu bebê. Não consigo fazê-lo.

Nota: Em sessões anteriores, eu interpretara que ele inconscientemente acreditava ter sido um bebê indesejado em função do que conscientemente deduziu a partir de cartas entre seus pais e, inconscientemente, pela sua crença de que fora um bebê demasiado carente para seus pais no passado e para mim no presente. Como resultado dessa crença, ele emocionalmente se "divorciou" de sua família quando criança, sem que eles soubessem – e, na verdade, sem que ele próprio soubesse –, e tornou-se "órfão" desde então: e o era também comigo, especialmente quando eu me separava dele nas férias ou em finais de semana. Depois disso, nos deparamos com sua versão "órfão", que se separara da criança mais adaptável, capaz de progredir. Desde que essa divisão inconscientemente ocorreu, qualquer progresso feito pelo self *adaptativo e confiável ocorria colocando em risco a "criança não crescida, que não pode se desenvolver, irrecuperável" (fantasia do analisando). Para esta última criança, desenvolvimento significa uma forclusão de seus direitos e uma implosão do seu próprio ser, e o desespero de que ela/ele nunca poderá "compensar" e ser restaurado* ab origine. *Esse conflito constitui uma das fontes de sua reação terapêutica negativa.*

Analista: Guiá-lo através de seu desenvolvimento, como um pai com uma criança. Parece que, hoje, não é tanto que você não sabe como fazê-lo, mas que você *não vai* fazê-lo, porque se o fizer, estará confirmando que não foi feito para você. O que você parece odiar é a lembrança do que você sente que perdeu.

Analisando: Absolutamente certo.

Analista: Como se você ainda estivesse eternamente esperando ser compensado antes de poder juntar-se ao seu outro *self* e à sua família atual, e então seguir em frente.

Analisando: Bem, não neste momento, mas acho que ainda *estou* à espera de uma compensação. Não há dúvidas de que estou esperando.

Analista: Então você não se atreve a fazê-lo por si mesmo, porque isso lhe roubaria a possibilidade de que fosse feito *por* você e *para* você.

Analisando: Certo. Acho que existem dois significados. Eu sei, mas não posso me permitir saber no fundo do meu coração que não vai acontecer.

Analista: Há um temor de forclusão.

Analisando: Sim. Está feito. Já foi definido.

Analista: Como declarar falência.

Analisando: Algo definido. O registro está lá e não pode ser alterado. (Lágrimas.) E vou morrer sem jamais saber como teria sido. Eu estava abastecendo em um posto de gasolina e de repente lembrei da minha tia avó. Acho que foi algo que ela costumava dizer. Ela costumava ser muito aguçada (suspiro), afiada, inteligente e de certa forma mordaz, com rispidez. E havia nela algo muito amável e honesto – também muito frio, mas real –, e de repente percebi, espere um minuto: ela está morta. Estou pensando nela como se ela ainda existisse. Ela estava viva há pouco em minha mente, mas agora ela se foi, assim como um dia acontecerá comigo. Uma invenção da minha imaginação. Uma combinação de (suspiro)...

Analista: A transitoriedade da vida.

Analisando: Sim, não só da vida, mas de cada parte da vida.

Analista: Você estava lá, e se virou, e ela tinha partido.

Analisando: Sequer percebi.

Analista: Esse parece ser o ponto. Você está esperando indefinidamente por uma restauração mágica da parcela roubada de vida, sua infância, e todo o tempo que você está esperando, sua vida está passando – se esvaindo – como a da sua tia já passou. Ela se foi.

Analisando: Você está certo. Eu estava falando com minha mãe ontem e ela disse que seu melhor amigo, que vive em Vancouver, sofreu um derrame, e que ele tem 80 anos. Eu exclamei: ele tem 80 anos? E ela riu, e disse, você continua imaginando que somos jovens. Seu pai tem 77 anos. Aquilo me chocou um pouco. Pensei que ele tinha 70 anos, e que minha mãe tinha 65. Opa!

Analista: Em outras palavras, há um medo de que o tempo passe tão rapidamente e aqueles que podem reparar o dano, teoricamente, morram antes que possam compensá-lo – e isso vale para mim também. Além disso, *você* também vai morrer, e aquela criança não terá sido redimida, e todo esse tempo terá sido desperdiçado.

Analisando: Você está certo nesse ponto. Como eles foderam com a minha irmã, e se saíram melhor comigo. (Suspiro.) Leve tudo embora. Agora! Eu estava pensando nesta manhã, o que estou fazendo aqui? O que estou tentando fazer? Você não pode desfazer o que aconteceu, não pode compensar. Se você está presente, pode me dar uma vida melhor agora, mas parece que, se eu desistir disso, seria como concordar com um suicídio.

Analista: Aceitar uma amputação da criança.

Analisando: De certa forma fui mimado. Em alguma medida fui superprotegido, mas eu não podia brincar com outras crianças muito frequentemente. Eu podia ser um aristocrata, mas não podia brincar. Sabe, eu tinha tratamento real. É o tratamento real que de certa forma trabalha contra mim, porque o mundo não está interessado em me tratar como realeza. Sou apenas outra formiga. As crianças exigiam que eu aprendesse a brincar – e cada vez que aprendo, sei que posso, e sei que não o fiz. O que foi morto não é a brincadeira: é a oportunidade. Não há um messias a caminho para ela. (Suspiro.) E sei isso ao mesmo tempo que estou matando oportunidades agora.

Analista: Que nunca aparecerão novamente porque você está ficando mais velho.

Analisando: A vida me odeia, eu te odeio, odeio meus pais, a vida. Sabe, tenho que dizer a mim mesmo, cague ou desocupe a moita. Quero dizer, é preciso limpar a merda. Não se pode ter um sem o outro, mas não posso comprá-lo. Minha objeção torna-se mais alta do que todo o resto. (Suspiro.) Ainda não aceito isso, se é parte do preço. Respeitosamente devolvo o ingresso.

Analista: Parece que não tão respeitosamente.

Analisando: Ou desrespeitosamente devolvo o ingresso. Sou uma criança. (Choroso.) Sabe, no Livro de Jó,[2] no final (suspiro) Jó tem toda uma família nova – uma nova esposa, novos filhos. Veja, no livro parece que ele está ok com isso, mas ele não estava – é tão pouco natural matar o primeiro grupo, e não há maneira de contornar isso. Não consigo vê-lo de outra maneira. Preciso da sua ajuda. Preciso de sua ajuda para falar de dentro de um turbilhão, preciso de sua ajuda com a revelação, e nada ajuda.

Meus pensamentos privados: O analisando vacila entre tentar ser racional em relação ao seu dilema e ficar recalcitrante, martirizado, angustiado e sem esperança. A pressão que sinto dele para lhe oferecer a redenção como uma "compensação" (ser tornado inteiro) é enorme. Ele está tendo um efeito profundo sobre mim. Me sinto culpado pelas bênçãos da minha própria vida, no passado e no presente.

Analista: Acho que Jó é provavelmente o que mais se aproxima. Penso que você está me dizendo que crianças devem ser criadas com a ilusão de que existe justiça.

Analisando: Eu não fui.

Analista: Até que eles estejam prontos e tenham idade suficiente para lidar com as injustiças reais da vida.

Analisando: Quero ser compensado!

Analista: Acho que você acha que houve – que todo mundo teve, e você não.

Analisando: Alguns são protegidos disso.

Analisando: Eu queria o Papai Noel.

Analista: Acho que você pode ver isso da maneira oposta. Você cedo demais teve uma prévia das "desatrações" vindouras.

Analisando: Quando R (esposa) compra um presente para F (filha mais velha) – não um presente, roupas ou sapatos – ela espera que F adormeça e então os coloca no chão na frente da cama dela. Assim ela recebe. Ela acorda com essa incrível surpresa.

Analista: Você está olhando para a idade adulta feliz que você não está aproveitando.

Analisando: O que há para apreciar?

Analista: A felicidade de ter uma boa esposa, filhos maravilhosos, e as coisas parecerem estar indo bem.

Analisando: As coisas estão indo bem, exceto que sinto constantemente que estou sob a porra de uma maldição.

Analista: Você não conseguiu o que queria certa vez, e agora se sente permanentemente incapacitado, mesmo que tenha a família adulta com esposa e filhos que você quer, porque ainda está lutando uma batalha que foi perdida há muito tempo. Uma revolução, não é? Nunca se esperou que fosse justa. Nunca foi justa. Além disso, me pergunto se você não sente que está amaldiçoado, porque certa vez fez uma negociação sinistra com um demônio dentro de você para protegê-lo da vida, e agora está sofrendo com essa negociação.

Analisando: Há um livro: esse é o título, *Sem Culpa ou Justiça.*

Analista: Sem "culpa ou justiça" – quão adequado ao nosso tema.

Analisando: Eu deveria ter tido o que era meu direito, meu direito divino.

FIM DA SESSÃO

Meus pensamentos não falados sobre a sessão

O analisando está lidando com uma questão que, vim a perceber, tem contidos nela elementos universais: a crença de que se teve uma infância incompleta e, portanto, "malsucedida" – como se devesse ter existido um campo protegido de inocência circundando o indivíduo e o mundo em torno dele, e uma duração prevista de eventos protegidos e estimulados com pais amorosos e avós, bem como orientação adequada através de todos os marcos da infância, e assim por diante. O trauma na infância, como quer que seja definido, e como quer que ocorra, seja originado no ambiente de cuidado e/ou agravado por traços negativos na criança – isto é, inveja, cobiça, identificação projetiva, defesas maníacas e assim por diante –, jogam contra a formação e desenvolvimento de um vínculo seguro entre bebê/criança e pai/mãe.

O resultado dessa falha muitas vezes se transforma em uma divisão entre uma criança que acredita não poder crescer ou desenvolver-se, por um lado, e uma criança que pode aceitar sua dependência de objetos imperfeitos e "tirar o melhor partido de um mau negócio" (Bion, 1979), por outro. Winnicott (1960a) chegou a uma construção semelhante, mas um pouco diferente, com suas dicotomias entre *self* "verdadeiro" e "falso". Na minha experiência, o "bebê subdesenvolvido/que não pode se desenvolver" sabota as tentativas de progredir do bebê que de fato cresce e se desenvolve, temendo o desenvolvimento de uma clivagem cada vez maior na personalidade, levando à fragmentação. Além disso, considero que é um dos principais fatores no desenvolvimento de uma "organização patológica" ou "refúgio psíquico" (Grotstein, 2002, 2005; Steiner, 1993). Por fim, a questão da "maldição" e "negociar com o diabo" está entrando em análise.

No aqui e agora da sessão comecei a sentir-me como um pai "líder de torcida", que estava tentando convencer uma criança profundamente perturbada a deixar de lado sua angústia. Também me senti mal por não poder fornecer a ele a compensação que o eu não analítico (meu instinto maternal) queria dar a ele (meu *enactment*).

Sessão

Contexto adaptativo: Primeira sessão de cinco na semana. Estou saindo de férias por dez dias.

> *Analisando:* A gata destruiu o ninho do tordo ao lado da nossa casa, e comeu os filhotinhos. Um pequeno sobreviveu, então R (esposa) e D (filha) puseram-no em uma pequena caixa, colocaram algumas sementes lá e deram a ele algumas minhocas. Mas acho que ele não estava muito bem por causa do choque

do ataque, e morreu durante a noite. Foi triste, mas acontece. É triste. . . teria sido tão milagroso se ele tivesse sobrevivido. A gata está agora na nossa lista negra por ter feito algo natural. Ela é tão fofinha com a gente, mas isso não significa que não é uma predadora. Lembro-me de quando R estava grávida de D e estávamos indo para um show em B. Tinha acabado de chover e uma minhoca se arrastava pela calçada. Passamos por ela e pensamos que provavelmente não sobreviveria na calçada, então caminhamos mais uma meia quadra e tivemos que retornar. Voltamos e levamos a minhoca para onde estava o tijolo, e na volta ambos nos sentimos compelidos a dar uma olhada onde a havíamos deixado. . . havia algo sobre salvar a minhoca, salvar o filhote de passarinho. Acho que também fiquei surpreso com o fato de que pássaros não querem seus filhotes se estes apresentam sinais de que vão morrer. Eles sabem de algo que não queríamos saber.

Meus pensamentos privados iniciais para construir uma "árvore de inferência": O contexto adaptativo está colocado – minhas próximas férias. O analisando identifica-se com os bebês passarinhos que foram comidos pelo predador-gato e com o filhote de passarinho que transitoriamente sobreviveu, morrendo mais tarde. O analisando pode também identificar-se mais profundamente com o próprio predador-gato, que invade entranhas de mães e devora seus "bebês internos". Isso tudo acontece porque estou deixando-o sozinho em um estado vulnerável, impotente, ao partir para minhas férias. Ele também me mostra como quer ser tratado por mim ao contar-me sobre quando viu a minhoca em perigo e voltou para colocá-lo em um lugar seguro. Sinto que ele está projetando culpa em mim, e a estou sentindo. Mas havia algo mais: ele aceita a indiferença da vida em relação a seres vivos, sem que isso retraia sua humanidade protetora em relação a uma minhoca. Ele alcançara a posição depressiva e estivera face-a-face com O (Bion, 1965, 1970) sem vacilar – ou seja, o alcance do que Bion chama de "transformação em O", e do que eu chamo de "alcançar a posição transcendente".

Analista: Me pergunto se você ainda está em contato com a sensação de ser um "filhote de passarinho" que se sentiu abandonado a predadores durante o fim de semana, e diante das minhas férias que se aproximam – também lembrando de como seus pais, juntamente com sua irmã, saíram em férias prolongadas e o deixaram com seus avós, sem que você estivesse pronto para isso. Talvez você tenha sentido que eles o deixaram, assim como eu o deixei, porque você tem um estigma, um sinal de que é um "bebê malsucedido", aquele que é deixado para os predadores porque algo está inexplicavelmente errado com você, como ser tão carente. Além disso, acho que você não só se identifica com o filhote de passarinho, mas também relutantemente com o predador-gato; você não suporta essa ideia, mas também tem inveja de que o gato é capaz de ser fiel à sua natureza.

Analisando: Bem, eu de fato me perguntei se aquele bebê era uma espécie de forasteiro para seus pais. Acho que realmente me identifiquei com o pássaro. R estava dizendo que a batalha deve ter continuado por algumas horas, porque ela se lembra da comoção quando foi tirar um cochilo, e quando acordou depois de uma hora e meia, ainda estava acontecendo...então ela e D saíram, cerca de meia hora ou uma hora mais tarde, quando então entenderam o que acontecia. A mãe e pai pássaros estavam atacando o gato, mas o gato encontrara o ninho. Havia penas para todo lado, e esse pequeno passarinho estava lá, paralisado de medo. E os pais estavam a alguns metros dele, ao redor do gato e gritando para ele. É tão estranho quando algo muda em aparência apenas a partir da separação, quando não é mais reconhecível – ele se tornara um forasteiro para seus pais.

Meus pensamentos privados: A incapacidade dos pássaros pais de salvar seus filhotes inicialmente o atinge, mas então ele acrescenta o termo "forasteiro". Ele parece estar dizendo que os pais-pássaros não salvaram esse filhote porque ele se tornara um "forasteiro" – forasteiro em função da mudança no status do ninho causada pelo predador-gato. As implicações transferenciais eram óbvias: ele se sente alienado de mim quando saio, e então projeta essa alienação em mim, resultando em eu considerá-lo um forasteiro.

Analista: Bem, veja, acho que você se tornou americano, e sua família continua a ser forasteira.

Analisando: O que você quer dizer?

Analista: Eles ainda são ____, e você não é mais.

Analisando: Ah, certo.

Analista: Algo deve ter mudado sua aparência para eles. Você aprendeu inglês e fala praticamente como americano, mas, pelo que você me disse antes, seus pais e suas irmãs mais velhas falam com sotaque _____.

Analisando: Ah, sim.

Analista: Então você é o único na família sem sotaque, o forasteiro...

Analisando: Acho que *sou* o forasteiro.

Analista: Mas acho que você sempre se sentiu como um forasteiro, e se sente forasteiro até mesmo em relação a mim.

Meus pensamentos privados: O conceito de ele ser forasteiro está agora sendo desenvolvido por ele e por mim.

Analisando: Sim, mas eu os traí em diversos níveis. Não escolhi minha parceira com base na aprovação da família. Não os escutei quando escolhi minha esposa. Não pedi a bênção deles – o que significa que eles não fizeram a seleção. Sabe, eu traí suas crenças e costumes. Traí a vida familiar. Sou um traidor. É tão difícil ver isso, vê-lo claramente. Quer dizer, chego na casa dos meus pais e sei que os odeio, e com isso é tão difícil recuar e apenas observar. Os odeio, talvez, por serem diferentes de mim. Os odeio porque eles têm a vida deles, porque eles se ajustam uns aos outros – mesmo que eu não queira aquele ajuste. Quero um ajuste, mas não quero *aquele* ajuste. Não quero, mas invejo. Bem, eles já tinham uma família, um filho e duas filhas, e então eu surgi muito, muito mais tarde. Acho que era demais para eles. Tudo estava em paz e tranquilo até que nasci dez anos mais tarde. Acho que nunca vou saber por que nasci. Me pergunto se ela fez isso – sua decisão – sozinha. Acho que de alguma forma me pergunto se você está saindo porque pensa que cometeu um erro ao me aceitar.

Meus pensamentos privados: Agora tenho a noção de que sua alienação da sua família começou muito cedo. Por causa da forma como ele pode ter experimentado a situação de vínculo e apego com cada um dos membros de sua família e com sua família como entidade em si mesma, ele pode ter inconscientemente se "divorciado" – ou seja, se alienado – deles, e então projetado esse processo alienante neles em relação a ele, e em mim, para que eu ficasse inclinado a me alienar dele. Também pensei então na fantasia da "criança trocada", em que o diabo sequestra o bebê bom e substitui por seu próprio bebê diabólico.

Analista: Acho que você acredita que estou saindo de férias porque cometi um erro ao dar você à luz – porque você é um forasteiro para mim, uma "criança trocada", e agora estou retraindo meu desejo de ser sua mãe analítica. Talvez você se sinta como o filhote de passarinho vítima para esconder que é o predador, e é por isso que você sente que me mantenho afastado.

Analisando: Sabe, eu realmente não sei como me senti naquele momento, mas me pergunto se tive uma reação semelhante a esta quando eles saíram para aquele mês.

Analista: Deve ter sido tão doloroso para um pequeno menino de quatro anos de idade, mas me pergunto se não poderia ter tido outro fator, semelhante a um que há entre você e eu. Me pergunto se, no início, você não reagiu a ser deixado sozinho inconscientemente se alienando deles; e no momento seguinte, pensou neles como alienados de você, da maneira como você talvez se sinta em relação a mim – que sou alienado de você, por isso estou saindo de férias.

Analisando: "Possibilidade muito interessante." Não era por eu ser muito novo, mas eu era um pé no saco, foi por isso que eles me deixaram para trás. Eu teria exigido muita atenção naquelas circunstâncias. Eu meio que sinto como se estivesse em um sonho, mas não sei bem do que se trata o sonho.

Minha impressão privada: o analisando confirma que sua alienação pode dever-se a ele ter sido um "filho pródigo", mas também confirma a importância organizadora daquelas prolongadas férias de família sem ele – e suas implicações transferenciais.

Analista: Bem, talvez o sonho tenha a ver com você acreditar ou não que sobreviveu. Talvez você se identifique com o filhote de pássaro que não sobreviveu, que o lembra da sua própria sorte.

Analisando: Sabe, também tive por toda a vida essa identificação com o Holocausto. E é mais ou menos como sentir-se desconectado, mas sinto que eu não deveria ter vivido. Eu deveria ter sido aquele pássaro. É estranho como tantas dessas coisas vêm a mim não como um sentimento, mas como imagens... Mais ou menos como as coisas que descrevi antes – como um muco orgânico dentro de algo com sulcos, e algo que claramente tem músculos que se contraem, que costumava estar vivo.

Analista: Um animal estranho e assustador?

Analisando: Sim. Enorme. Mais ou menos como os três homens cegos e o autor. Não consigo realmente compreender com o que estou interagindo, mas parece ser algo que pode me devorar ou me esmagar. É como ser uma prancha sob uma baleia. Acho que foi por isso que quando R engravidou pela primeira vez ela me assustou muito, porque me lembrava algo como isso; não como urubus, mas lagartas. Sabe, o estágio de fundição? Então, algo estava estranho. Ela estava se transformando em algo, e eu não tinha nenhuma ideia de onde terminaria. Quer dizer, eu sabia onde terminaria, mas não parecia. Parecia algum tipo de metamorfose louca. Imagino que seria como assistir à formação de uma vida alienígena.

Analista: Essa formação de vida alienígena é realmente sua própria vida, da qual você partiu, alienou-se. E agora representa a vida que não deveria ter, porque a perdeu. Você agora se sente como o "homem sem pátria" – na verdade, sem um *self*.

Meus pensamentos privados: O analisando parece estar praticamente passando por uma regressão filogenética, certamente atávica ou primitiva, em função, presumivelmente, do terror de estar isolado e sozinho – alienado. Ele também está racionalizando – justificando – por que sua família, em certo momento, e eu no presente, o abandonaria.

Analisando: Sabe, a primeira coisa que me veio à mente foi, se eu tiver que fazê-lo, vou matar alguém. Não sei o quanto disso é cultural e o quanto é da minha família, mas sempre houve essa coisa que, se você se preocupar com alguém, algo terrível vai acontecer com ele. Você não se preocupa com ninguém porque eles poderiam ter um ataque cardíaco, ou um derrame, ou morrer.

Analista: Não há nenhuma diferença entre as palavras em si e o ato.

Analisando: Como quando deveriam dizer ao meu avô que seu irmão tinha morrido. Deram-lhe Valeriana[3] em gotas porque a preocupação era que ele não suportaria. É esse meu palpite. Eles não suportavam vê-lo tentando suportar.

Meus pensamentos privados: Parece que o analisando está confirmando acreditar que, inconscientemente, ele contém um senso de maldade.

Analista: Parece que você está confirmando minha interpretação inicial, de que sua identificação com o filhote de passarinho vitimado é uma defesa contra o medo de ser um assassino, que você se sente identificado com uma preguiça-baleia-predador primitivo, e que é seguro para mim, assim como para você, que você seja alienado. É melhor ser abandonado do que confirmado como preguiça-assassino.

(O analisando ficou em silêncio, mas pareceu muito aliviado quando a sessão terminou. Quando saiu, ele olhou para trás e disse: "Obrigado".)

Comentário

Embora grande parte dessa sessão tenha refletido a transferência no aqui e agora em relação à interrupção de fim de semana e, especialmente, às minhas próximas férias, esses elementos serviram como evocações reconstrutivas de traumas significativos do passado, quando ele, o mais novo em sua família, foi deixado para trás com sua avó, enquanto o resto da família partiu para um mês de férias. Ele tinha quatro anos na época. As phantasias inconscientes que emergiram na sessão de hoje representam edições e revisões atuais daquilo pelo que ele deve ter passado emocionalmente/psiquicamente naquele momento. Meu próprio sentimento de *rêverie* – contratransferência – era culpa por abandoná-lo. Esse sentimento, vim a perceber, embora adequado para mim sob as circunstâncias das minhas férias vindouras, adicionalmente pertence, creio eu, ao que chamei em outro lugar de "situação Pietà de transferência--contratransferência" (Grotstein, 2000): uma em que o analisando, muito como no ritual de exorcismo, projeta culpa – como demônios destrutivos – no analista, e deseja que o analista experimente e reconheça a culpa que seus pais *não* sentiram ou reconheceram.

Notas

1. Enquanto experimentava essa fantasia, esqueci-me do artigo em que apresentei a ideia da "transferência – contratransferência Pietà", em que o analista, que é inocente, deve ser considerado pelo analisando como aceitando a culpa e a responsabilidade por feridas do passado que os pais, que são nominalmente culpados, não conseguiram aceitar. No entanto, o momento descrito anteriormente é um bom exemplo disso, percebi depois (Grotstein, 1997a, 1997b).

2. Que sincronia, eu aparentemente ter antecipado a referência do analisando a Jó nos meus pensamentos privados anteriores!

3. Valeriana era um medicamento ansiolítico que foi usado na Europa no século XIX e no início do século XX.

10. Exemplo clínico 3: breve exemplo clínico da técnica predominantemente "bioniana"

Uma mulher recém-casada de 24 anos de idade, que acabara de emigrar de um país da Europa Central, começara tratamento psicanalítico comigo cerca de quatro meses antes do episódio que estou prestes a relatar (essa analisanda foi mencionada anteriormente em vinhetas clínicas). Avaliei-a como altamente funcional, mas sofrendo com, dentre outras coisas, o choque cultural em seu novo país, com extrema saudade de casa. Ela começou análise cinco vezes por semana. A análise transcorreu muito bem, e ela sonhava profusamente.

De repente, um dia ela entrou no meu consultório parecendo estranha – quase como se estivesse em sonambulismo, ou ao menos em transe. Ela caminhou até o divã, deitou sobre ele por um segundo ou dois, e depois sentou-se e foi para uma poltrona de frente para mim. Seu comportamento era sinistro, misterioso, estranho. Enquanto tudo isso estava em andamento, eu me percebia cada vez mais desconfortável, até o ponto em que fiquei ansioso, mas eu não sabia por quê. Então fiquei aterrorizado! A analisanda permanecia em silêncio. Na verdade, ela ficou em silêncio por cerca de 20 minutos, o que pareceu uma eternidade naquela ocasião. *Comecei, então, a sentir que estava morrendo!* Eu sabia que não estava, mas realmente *senti* que estava. Quando o sentimento ficou quase insuportável, ela repentinamente e inesperadamente quebrou o silêncio e soltou: *"Você está morto!"*

O que emergiu foi uma parte significativa de sua história pregressa da qual eu nunca tivera suficiente ciência. Seus pais haviam se divorciado quando ela tinha 3 anos. Como era costume na época naquele país, o pai, sendo homem, automaticamente obteve a custódia de sua filha (ela era filha única), e levou-a para longe de sua mãe, para seus próprios pais, que viviam nos Alpes. Os avós, a partir de então, tornaram-se seu pais de fato – até seus 7 anos, quando o pai voltou para buscá-la e levá-la para sua cidade natal, para que ela pudesse frequentar a escola. Após me dizer que eu estava morto, a analisanda me contou a seguinte história: ela lembrou-se de um trem, da plataforma da estação e da despedida chorosa dos seus avós. Ela nunca mais os viu, e ambos morreram logo depois – de desgosto. A data dessa sessão analítica era um aniversário daquela fatídica partida de trem.

Agora que a analisanda quebrara o silêncio – e de forma tão significativa –, me recuperei e tentei discriminar tudo o que ouvira e experimentara. Inicialmente pensei que ela projetara em mim sua experiência da morte de seus avós. Eu tinha a intenção de interpretar isso, mas me peguei misteriosamente dizendo o seguinte: "Acredito que, quando você deu adeus aos seus avós queridos naquele dia fatídico, você 'morreu' como *self* e permaneceu emocionalmente morta até este momento. O aniversário desse acontecimento parece ter trazido o evento de volta à vida para você. Você transferiu para mim seus sentimentos intoleráveis de sua morte emocional e da morte dos seus avós, porque não podia suportar experimentá-los, mas agora esperava que eu pudesse suportá-los *por* você e, enfim, *com* você." Ela então exclamou: "Sim! Sim! Sim!" e chorou. Essa sessão se tornou um ponto de virada no tratamento.

Comentário

Em suma, ocorreu entre nós um poderoso evento emocional, em que me tornei sonhador – em um estado espontâneo de *rêverie* – e "sonhei" (Bion, 1992, pp. 120, 215) algo que a analisanda não conseguia processar ("sonhar"). Quando interpretei, ela experimentou alívio imediato, não apenas por causa da exatidão, mas pelo que agora venho a crer que era *minha própria coragem de suportar sua antiga agonia insuportável, sofrê-la como se fosse minha, e então formulá-la para ela de uma forma tolerável.* Em última análise, como ela mais tarde foi capaz de salientar, ela não poderia naquele momento ter enfrentado seus sentimentos – o que eu chamaria de sua verdade pessoal – se eu não tivesse tido a coragem de passar por essa cena significativa com ela.

Tornei-me ciente do *fato selecionado* dessa sessão somente quando a sessão já havia terminado. Ele emergiu do meu inconsciente através da minha *rêverie,* quando acreditei estar morrendo. Essa experiência deu coerência a toda sessão.

11. Exemplo clínico 4: um paciente analisado no estilo dos kleinianos contemporâneos (minha versão)

O paciente, JW, é um cineasta de 45 anos de idade casado, natural de um país sul-americano e que vive neste país há 12 anos. Sua esposa está grávida do primeiro filho. Seus pais ainda moram em Z. Ele tem uma irmã dois anos mais velha e um irmão quatro anos mais velho, e ambos também residem em Z. Ele primeiro consultou-me por depressão e por sentir que era um "perdedor" na vida, em seu mundo profissional e em seu casamento. Ele teve muitos casos extraconjugais, mas sentia-se mal por esse comportamento, especialmente agora que sua esposa estava grávida. Recomendei análise após a segunda sessão de consulta, e ele aceitou. Começou análise com uma frequência de cinco vezes por semana, e usou o divã desde o início. É digno de nota, além de sua depressão e de seus casos em sua vida atual, o fato de que ele era espancado por sua mãe quando criança e adolescente. Seu pai nunca o resgatou dos ataques.

Sessão

Contexto adaptativo: Primeira sessão da semana; ele pretende voltar na sexta-feira para sua distante residência, onde deverá permanecer uma semana para ver sua família, especialmente seu pai, que está gravemente doente.

Analisando: Você não parece bem. Você está sofrendo de algo que eu deveria saber?

Minha rêverie *contratransferencial: Pensei comigo mesmo o seguinte, antes de decidir entre responder a ele com uma explicação ou uma interpretação, ou não dizer nada e esperar: Na verdade, eu estivera doente ultimamente. Ele perguntara de passagem sobre mim na semana anterior, mas de uma forma mais solícita. Comecei a pensar que ele estava sendo sempre levemente crítico, talvez porque minha doença poderia me impedir de estar totalmente disponível para ele nesta sessão, especialmente considerando que estávamos perto de uma interrupção. Também lembrava a ele as doenças de seu pai no passado, e a de agora, supostamente séria. Comecei a acreditar, portanto, que sua pergunta e a maneira como ele a apresentara sugeria que ele estava buscando ficar indiferente à sua percepção do meu sofrimento. Na verdade, eu estava me sentindo suficientemente bem para conduzir a análise. Senti, em outras palavras, que ele estava sutilmente incitando-me a colocar meu sofrimento de lado: eu deveria parar de ficar narcisisticamente envolvido e dar toda minha atenção a ele. Senti-me um tanto agredido por sua pergunta, e um pouco culpado também. Depois de uma longa autorreflexão, pensei que não poderia deixar a pergunta sem resposta.*

Analista: Obrigado por perguntar. Estou certo em captar um traço de aspereza em sua pergunta? Pergunto-me se você não pode estar suprimindo seus sentimentos mais profundos de preocupação com minha saúde por causa do seu ressentimento –

bem como seu medo – de que eu esteja doente durante a *sua* sessão e, portanto, comprometa nossa preparação para sua partida para uma longa interrupção.

Analisando: Não sei. J (sua esposa) me ligou ontem à tarde, quando eu estava trabalhando. Ela me manteve no telefone por mais de uma hora. Ela estava preocupada comigo. Me ressenti porque eu tinha pouco tempo e precisava de tempo para arrumar as malas, obter um visto e fazer uma série de outras coisas em preparação à viagem.

Minha rêverie *contratransferencial: O analisando conscientemente evitou minha interpretação (talvez estivesse incorreta), mas, inconscientemente, parecia tê-la confirmado: as necessidades de J o atrapalham, assim como ele acredita que ocorre com minha doença. Ele parece ansioso por não ter tempo suficiente – para que? Eu me perguntava.*

Analista: Fiz uma interpretação, e você *pareceu* ignorá-la, mas então passou a revelar como ficou irritado com J por ter tomado tanto do seu tempo ao telefone – da mesma forma como você sente que minha doença custaria seu tempo *analítico*. Me pergunto se você está tentando romper comigo, assim como com J, para poder ficar emocionalmente livre durante suas férias – para que você possa viajar leve e recuperar o tempo perdido – e quer minha aprovação.

Mais rêverie: *Enquanto chegava a essa interpretação, comecei a sentir que me tornara sua mãe, a quem ele não estava desejando visitar, e senti que minha interpretação anterior havia sido incompleta. Agora acredito que ele me via como seu pai fraco e hipocondríaco que não conseguia protegê-lo da sua mãe ainda assustadora. Comecei simultaneamente a compreender sua preocupação com falta de tempo. Ele experimentava sentimentos de dependência profunda em relação a mim. Então espontaneamente lembrei-me de como ele vinha reclamando sobre quanto tempo a análise estava levando. (Era o terceiro ano.) Quando ele terminaria e receberia seu visto de "adulto"? Sentimentos de dependência faziam com que ele se sentisse menor, e se sentisse mais vulnerável, especialmente quando estava com sua mãe ou com uma mãe-eu na transferência.*

Interpretei então os resultados da minha *rêverie* como segue:

Analista: Você parece nervoso, talvez em relação às suas férias de mim e da análise, e também por estar indo para a "jaula do leão" – especialmente sua mãe. Talvez você precise me diminuir, atribuindo a mim seu *self* fraco dependente – assim como seu pai fraco – para que você possa sentir-se independente e forte quando chegar em casa.

Analisando: (soltou um suspiro de alívio – era palpável uma mudança na atmosfera na sala): Sim, sentirei falta de estar aqui, e odeio deixar a J, especialmente agora que ela está grávida.

Minha rêverie *contratransferencial: Tão logo propus minha interpretação e o analisando sua resposta, comecei a perceber que eu talvez tivesse perdido um importante tema transferencial: quando o analisando perguntou secamente sobre minha condição no início da sessão, agora sinto que ele estava tentando me manobrar, querendo dizer, "endireite-se, pare de pensar em si mesmo, seja meu forte defensor".*

Analista: Agora tenho outra ideia sobre a natureza da sua pergunta sobre minha saúde no início da sessão. Você talvez estivesse agindo como um sargento superior tentando me revigorar de minha doença autoindulgente. Talvez, por ter reconhecido que eu estava doente, você tenha sentido a necessidade de me revigorar ou me diminuir e ser forte por si só.

Analisando: (levantou a mão direita, com o polegar para cima, e pareceu aliviado com a interpretação): Isso me lembra de quando eu era criança e tinha um amigo imaginário. Ele era meu irmão mais velho de faz de conta que me protegia de valentões – especialmente da minha mãe. Acho que é o que uso com você, meu protetor.

(Silêncio por dois minutos.)

Minha rêverie *contratransferencial: A atmosfera emocional parecia mudar silenciosamente, e quase imperceptivelmente. Senti de repente uma corrente de ar fresco – como se alguém tivesse aberto a porta do consultório e saído da sala, ou entrado! Fiquei intrigado, mas só podia esperar por novos desenvolvimentos.*

Analisando: Tive um sonho ontem à noite. *Eu estava em casa com um monte de câmeras de vigilância. Estava com minha esposa no quarto do futuro bebê. Alguém entra furtivamente escondido, e saio em busca da minha arma. Eles* (os assaltantes) *tinham uma arma. Eles estavam agindo como se soubessem o que estavam fazendo em relação à fechadura.*

Associações: Tenho medo de deixar a J agora, especialmente porque ela está grávida. Me sinto mal por não poder estar presente para proteger minha mulher e futuro filho.

Analista: (eu estava consciente da minha *rêverie* contratransferencial enquanto ele falava; interpretei) Acho que podemos ver o sonho, em um nível, como correspondendo à sua preocupação com a segurança de sua esposa em sua ausência. Em outro nível, os ladrões que ameaçavam sua casa com uma arma e que aparentavam saber o que faziam com a fechadura parecem indicar que o roubo era um trabalho interno: *você* como ladrão ameaçando sua casa com seus casos extraconjugais. O você no sonho que estava com sua esposa pode corresponder ao analisando-você que quer fazer progresso na análise, ao passo que o ladrão pode ser seu gêmeo "protetor" negativo, que deseja atacar o progresso na análise. As câmeras de vigilância podem ser sua consciência em um nível, e a defesa contra a análise em outro.

Nota: O conhecimento sobre os casos extraconjugais não fora, que eu saiba, mencionado no texto, mas tive uma lembrança súbita deles naquele momento – e também tive dúvidas quanto a se ele estava me usando como seu gêmeo invisível protetor, clivado de sua dependência de seus pais verdadeiros quando criança.

Analista: (continuação da interpretação) No entanto, acredito que ainda outro nível pode estar operante. O ladrão pode representar a mim, como a visão de seu gêmeo negativo, o ladrão-intruso em sua mente para desmascarar e desbloquear o poder onipotente que ele tem – na verdade, que você tem – sobre você, para que você possa tornar-se livre para progredir.

Minha rêverie *contratransferencial: Senti que minha "ilusão" sensorial (intuição, transformação em O) sobre alguém saindo e alguém entrando no consultório rendeu frutos. O analisando cooperativo saiu, e o resistente entrou. Eu "sonhar" seu sonho, suas associações e minha* rêverie *contratransferencial pareciam confirmar minhas suspeitas.*

Analisando: Doutor, isso é realmente ótimo, realmente amarra tudo. Eu gostaria de poder usá-lo como um dos meus escritores. Sinto que fiz um grande progresso aqui, apesar do fato de que às vezes quero apressar-me e sair, para não ser deixado para trás. Sentirei falta de estar aqui; acho que vou anotar meus sonhos enquanto estiver fora.

Minha rêverie *contratransferencial: Seu elogio à minha interpretação parecia hiperbólico e insincero. Senti que eu estava na presença do gêmeo hipócrita. Decidi não responder ainda, apenas esperar.*

Analisando: (continuando depois de uma pausa significativa) Ah, sim, queria lhe dizer que recebi minha fatura do Mastercard na segunda-feira. Meus gastos estão excessivos. Terei que pedir mais dinheiro para meu pai. O problema comigo é que quando vejo algo bonito e brilhante, não consigo resistir. Eu estava no shopping Century há algum tempo e vi esse belo computador da Apple. Custou muito dinheiro, mas eu precisava tê-lo.

Minha rêverie *contratransferencial: Eu acreditava que o analisando discretamente aceitara minhas interpretações (em uma sessão semelhante no passado eu gentilmente o chamara de "comensal secreto"), sentira-se confrontado e decidira mudar o foco narrativo de suas associações com o objetivo de me apaziguar, me tranquilizar que ele era um analisando bom e obediente. Eu estava agora lidando com o hipócrita complacente. Ele agora oferece pensamentos que tem razões para suspeitar que eu teria prazer em interpretar. Em outras palavras, eu tinha noção de que ele estava me propondo uma interação clichê, com um compromisso analítico em mente – ou seja, um "tratado" entre seu self que progredia e seu* self *contrário ao progresso. Eu acreditava nisso porque ele certo dia assistira a uma palestra que dei (sem meu conhecimento na época) sobre Aprender da Experiência, de Bion, em que Bion discutia a situação em que uma criança pode ter tido todas suas necessidades corporais atendidas por sua mãe, mas não suas necessidades emocionais. Essas crianças transferem então seu investimento emocional para objetos não humanos. Sinto que o paciente estava tentando me levar a fazer essa interpretação, para que pudéssemos estar na mesma equipe, entrar em um* enactment *e em um estado de* folie à deux.

Analista: Acho que você deseja que eu fique satisfeito com seu progresso na análise, com você, por tê-lo obtido, e comigo mesmo por conduzi-lo. O sonho sobre sua casa e as câmeras de vigilância me levam a crer que eles são os holofotes de uma fortaleza interior que protege um gêmeo-você da investigação analítica profunda. O você que fala agora comigo é o procurador dele, e, portanto, um agente duplo. Acredito que você inconscientemente ainda se esconde nessa fortaleza com seu gêmeo, para escapar de ser espancado pelas vozes cruéis dentro de você. É lá que você lambe suas feridas quando se sente agredido, aterrorizado e só. Você quer que eu seja para você um gêmeo protetor mais realista e potente.

Analisando: (Longo silêncio. Notei lágrimas. Ele estendeu sua mão direita para mim indicando seu desejo de que eu lhe oferecesse lenços: considerei isso um bom sinal) Acho que a única pessoa em quem confiei foi meu irmão gêmeo imaginário. Ele era meu ursinho de pelúcia que podia me manter seguro. Se o escuto corretamente, Dr. G, em algum lugar lá no fundo não confio em ninguém, nem em mim mesmo. Tenho que fingir com as pessoas, acho que mesmo com você, e no momento não sei que o estou fazendo. Lembro-me de como eu costumava fugir e me esconder em algum lugar onde ela não poderia me pegar. Eu me masturbava para me acalmar.

Minha rêverie *contratransferencial: Fiquei profundamente comovido com sua resposta. Eu acreditava que ele saíra da posição esquizo-paranoide para a posição depressiva, de -K para +K. Fiquei aliviado naquele momento, e então me perguntei se aquela "iluminação" analítica não seria uma manobra tática de seu* self *defensivo interior.*

Analista: Me pergunto se há uma ligação entre seu trauma, sua masturbação excitante e calmante e sua compulsão por ter casos com mulheres que não somente foram lesadas como você, mas também lembram sua mãe. E também me pergunto se não sou uma dessas mulheres com quem você deseja se juntar com entusiasmo para fingir que está a salvo de surras mentais.

Analisando: Você quer dizer que ainda estou tentando me entender com minha mãe e fugir dela ao mesmo tempo? Isso deve ter algo a ver com minha tentativa de escapar de J, exceto pelo fato de que ela é a mais inocente e verdadeiramente amorosa de todos. (Seguido de lágrimas.)

FIM DA SESSÃO

Discussão

A técnica já bem conhecida de Betty Joseph e seus pós-kleinianos contemporâneos tornou-se bem aceita e estabelecida. Ela se caracteriza pelo analista abordar o "aqui e agora" em uma linguagem aceitavelmente madura, não infantil, e tentando interceptar as maquinações transferenciais do analisando para conduzi-lo *a enactments*, que na base visam levar a impasses, equilíbrio psíquico e/ou estados de *folie à deux* – todos variantes de uma reação terapêutica negativa. No passado, analistas kleinianos, bem como os de outras escolas, focaram em interpretar o *texto analítico:* a narrativa linear, sequencial de associações livres do analisando. Com o aumento do valor de transferência – contratransferência irredutíveis e várias formas de intersubjetividade,[1] tem havido um movimento da prática psicanalítica do unipessoal para o bipessoal. Pode-se conceber essa diferença no foco da técnica como sendo a diferença entre a ordenada vertical e os eixos longitudinais do sistema de coordenadas polares. A técnica kleiniana tradicional, como defendida por Segal, pode incluir o foco de Joseph no aqui e agora, mas dará mais atenção à história, incluindo o histórico imediato – ou seja, o resto diurno. Sua técnica, portanto, pode ser considerada como sendo eminentemente linear. O termo que a descreve é *texto*. A técnica de Joseph é em grande parte vertical, e se concentra quase exclusivamente nas emoções geradas no momento presente. Sua técnica pode ser descrita como a análise do *processo*.

Prefiro oscilar entre esses dois estilos de escuta (três estilos, se incluirmos Bion) e, assim, participar tanto no imediatismo do aqui e agora como na phantasia inconsciente. Então eu os colocaria de lado, esperando para descobrir para qual técnica ou técnicas as associações do analisando acenam. Espero ter demonstrado a importância de oscilar entre esses dois estilos.

Gostaria de fazer ainda outro ponto. É minha convicção que o tempo todo em que o analisando "fala" texto linear, ele está de fato usando os componentes do texto como deslocamentos retrospectivos convenientes sobre como ele se sente no momento "aqui e agora".

Do ponto de vista do texto, pareceria que o analisando está planejando a equipagem dos seus objetos internos para sua ambivalente viagem para casa. Ele estava incomodado com a profundidade e tenacidade de sua regressão analítica, e sentiu que ela o estava emasculando *vis-à-vis* o confronto antecipado com sua mãe e a necessidade de ser um "adulto" no que diz respeito a cuidar da doença do seu pai. A doença deste pode ser o motivo pelo qual ele ficou irritado com a minha. Sua esposa também é um objeto com o qual ele se sente dedicado e regredido, mas agora ele precisa uma vez mais enfrentar ser adulto, em relação ao seu bebê que logo nasceria. Da perspectiva do *processo*, ele pareceu alertar-me para que eu recobrasse minhas forças, e agiu nesse sentido de forma quase militar, para me levar de volta ao cumprimento do dever. Ele desejava sair de férias com um eu interno forte para fortalecê-lo, e esse desejo parece ter vindo do irmão gêmeo analítico cooperativo.

Por outro lado, o analisando buscava tranquilizar-me que ele era dedicado a mim para defendê-lo contra algum perigo. Assim, a distinção entre o gêmeo contrário à análise e o gêmeo cooperativo tornou-se mais clara. O primeiro ligava-se ao *self* criança traumatizada que recusou a ajuda dos pais, por razões óbvias (legítimas), e tornou-se um eremita que se associava com mulheres do *demimonde* que tinham histórias parecidas como a sua. A linguagem com que eu me dirigia a ele era madura e "amigável ao analisando", e me abstive de usar palavras ou ideias de objetos parciais infantis primitivos. Acontecimentos de sua história pregressa foram trazidos para o imediatismo e "aqui e agora" da situação atual de transferência – contratransferência, em que cada um de nós estava sob pressão para detectar manipulação pelo outro.

Sessão

Contexto adaptativo: Essa sessão ocorreu no meio da semana, cerca de dois anos e meio mais tarde. Um elemento contextual muito importante é a necessidade do analisando ausentar-se da análise durante a semana seguinte inteira por questões relacionadas ao trabalho. Nesse meio tempo, trabalhamos extensamente sua história de ser repetidamente espancado por sua mãe. Ele tentava evitá-la o máximo possível durante sua infância, quando tinha que morar em casa. Desde muito jovem ele se escondia em seu quarto e se masturbava para acalmar-se. Explicou-me que ficava intrigado com sua obsessão de ter casos extraconjugais – com mulheres belas, mas emocionalmente perturbadas e com traumas de infância, especialmente considerando que sua esposa era tão maravilhosa, amorosa e bonita. Começamos então a trabalhar nas duas vidas que ele habitualmente vivia: uma aberta e outra secreta. Não foram muito eficazes minhas interpretações anteriores, em que me vinculei (a) com sua mãe, por "surrá-lo" com recordações forçadas analiticamente, e (b) com seu pai, que não o protegia das surras e dela. Imaginei que talvez minhas interpretações não fossem suficientemente apropriadas no momento.

Analisando: Meu trabalho nos filmes tem paralelos com alguns aspectos da minha vida. Sinto ter sido duas pessoas... A outra é muito, muito jovem. Na medida em que R (seu filho) cresce, ele fica ainda mais ligado à mãe, e me sinto deixado de lado por ela – como indo para um orfanato. O longa-metragem em que estou trabalhando tem a ver com crianças que são enviadas para um orfanato, o que também me lembra o filme "Orfanato", lançado há muitos anos. No filme, uma mulher que fora órfã cresceu e voltou para gerenciar o mesmo orfanato. Não lembro do filme antigo, mas no meu há uma história semelhante, os órfãos do passado ainda assombram o orfanato. Há também uma história, no filme no qual estou trabalhando, em que um menino muito pequeno está tão triste que literalmente desiste de si mesmo. Ele se imagina atirando-se dentro de um poço, no esquecimento. Mais tarde, ele é assombrado por um fantasma que o insulta e assusta. Às vezes eles brincam de esconde-esconde. Depois de um tempo, o fantasma ameniza seu comportamento e continua a brincadeira de esconde-esconde de uma forma mais amistosa, embora ainda incômoda e provocativa, mas continua se escondendo. Ele tem medo de todos, mesmo quando é brincalhão. "Você me quer? Então venha me encontrar!" ele gritava de forma brincalhona, mas desafiadora.

Minha rêverie *contratransferencial: O analisando dissera muita coisa. Embora tenha compreendido com suficiente clareza o tema manifesto, inicialmente achei difícil compreender o tema inconsciente. "Massageei" seu reconhecimento de ser um* self *murado e dissociado, bem como de encontrar-se em uma situação edípica inversa, em que se tornou, na fantasia inconsciente, o pai exilado, e seu filho, o orgulhoso senhor do corpo e afeição da mãe – no momento. Finalmente, fui capturado pelo "Você me quer? Então venha me encontrar!" Fiquei tão fascinado pelo que ele estava dizendo que me senti como um participante ansioso em um jogo atormentador. Ele estava tentando me incitar a jogar com ele esse jogo unilateral, provavelmente para evitar enfrentar a dor de seu isolamento auto imposto e sua culpa em relação à esposa e filho pela retomada dos casos. Essa foi minha deixa.*

Analista: Penso que a vida cotidiana parece ser seu orfanato, e você se esconde como um fantasma em seu poço protetor, onde você se exilou – e continua se exilando. O *self* exilado, aquele com quem acho que acabei de falar, está tentando me provocar e atormentar com "Você me quer? Então venha me encontrar!"... "Mas nunca encontrará!"

Analisando: Nunca me senti tão sozinho ou tão mal. Meu produtor comentou sobre como sempre pareço selecionar meninas selvagens para os filmes. Tenho tudo que preciso para viver: uma esposa maravilhosa, amorosa, um maravilhoso menininho alegre que me adora e sobe em cima de mim, estou avançando no meu trabalho – e ainda estou infeliz...(silêncio durante três minutos)...Tenho um assistente que trabalha para mim há muitos anos, e o respeito. De forma altruísta, o recomendei para um trabalho melhor que se adequava às suas habilidades. Meu filho ressoa com o eu que quer ser amorosamente cuidado e receber muita atenção. Bolo, ele exige. Ele quer o que quer e quando quer. Ele só quer estímulo.

Minha rêverie *contratransferencial: Estaria ele tentando compensar seus casos extraconjugais de maneiras obviamente altruístas? Ou ele está tentando me impressionar com sua contrição: estaria ele expiando para poder pecar novamente, como um bom católico no confessionário? O tema do egoísmo e altruísmo parece estar emergindo.*

Analista: Você diz que ressoa com seu filho demandante e com a mesma necessidade de estímulo. Estímulo é como ser amado, acalmado e satisfeito, o que você sente ter perdido quando criança e perde cada vez que tem que me deixar e deixar o "círculo familiar" analítico. Você estava me mostrando seu altruísmo com relação ao seu assistente. Também senti que o objetivo da sua generosidade era que eu a percebesse, para que pensasse bem de você, para compensar sua culpa pelos casos. Pergunto-me, porém, se não haveria ainda outra razão: o órfão você pode ter inveja da família feliz que agrada seu filho com estímulo, calma e bolo. Então talvez você também quisesse ser como seu filho inocente e amado, que poderia ter seu bolo e comê-lo. Você pode continuar seus casos, confessá-los para mim, sentir-se absolvido e entrar em estado de graça, e então fazê-lo novamente.

Analisando: Nunca tive a opção de ser egoísta quando eu era criança. Agora, como adulto, lido com isso de duas formas: por um lado, me mostro frugal e generoso. Acho que você poderia pensar que meus casos mostram meu egoísmo. (Três minutos de silêncio.) Tive um sonho no dia seguinte: *Houve uma festa de gala no aniversário de um dos astros do filme. Centenas ou mesmo milhares de pessoas estavam lá em um grande galpão. Ele chegou de helicóptero, com fanfarra. Todo mundo estava de um lado, do lado oposto do galpão, atrás de um trilho de corda. Eu queria cruzar e ficar do outro lado. Houve muita dança e chefs famosos em elaboradas estações de comida. Estava um caos, mas todos estavam se divertindo. Uma mulher quase bonita começou a flertar comigo. Ela era agressiva. Olhei para baixo e percebi que eu não estava usando minha aliança. Ela queria engravidar. Eu não podia falar com ela sobre estar grávida.*

Associações: Estou trabalhando muito, mas isso atrapalha meu trabalho aqui na análise. A análise é proteção para mim das minhas compulsões. Ah, sim, eu estava trabalhando até tarde ontem à noite e fui buscar uma pizza na sala de jantar. A coisa mais engraçada aconteceu. Uma mulher gorda me viu chegando e escondeu todas as pizzas.

Analista: Parece que você está lidando com questões de egoísmo, generosidade e altruísmo. Tenho a sensação de que um você deseja obter quem quiser, quando a quiser. Esse você quer que eu, que sei de todo seu sofrimento passado, lhe dê permissão para estar com ela, ou pelo menos reconheça que você está certo em satisfazer suas demandas. O você mais cooperativo quer desesperadamente que eu ajude a libertá-lo dessa obsessão, que parece ter controle sobre você.

Analisando: Você está certo! Você está certo! Mas como vou jamais me libertar?

FIM DA SESSÃO

Discussão

Egoísmo e suas ramificações parecem ser o "fato selecionado" da sessão. O analisando quer muito permitir-se amor familiar exclusivo com sua esposa e filho, e ele desesperadamente quer liberdade do confinamento em sua obsessão. Seu uso de mim na transferência – contratransferência inclui dois desejos contrastantes: o gêmeo contrário à análise procura me cooptar a seu serviço para conceder-lhe seus desejos egoístas, porque ele já sofreu o suficiente e agora tem direito a uma grande festa de mulheres. O outro gêmeo está bem ciente do valor de sua família atual e deseja protegê-la.

Nota

1. Veja a contribuição definidora de R. Blass (2008), onde ela realmente compara as técnicas textuais de Segal com a técnica de processo de Joseph.

12. Exemplo clínico 5: "bicicletas"

Apresentado por Shelley Alhanati, supervisionado por JSG

Esta apresentação de caso é um exemplo (ainda que da minha versão) da aplicação da técnica kleiniana padrão - com insinuações de Bion - no que diz respeito à análise de um homem que alternava entre as posições esquizoparanoide e depressiva, demorando-se largamente na primeira. A segunda e terceira apresentações demonstram mais a *rêverie* de Bion (1962b), que constitui tanto uma extensão como uma transmutação da técnica kleiniana. Shelley Alhanati fez sua formação em um instituto kleiniano em Los Angeles, seu analista foi analisado por Bion e ela frequentou o instituto superior do qual eu fazia parte. Ela utiliza sua própria função-alfa somatopsíquica inconsciente em um estado de *rêverie* com seus analisandos, de forma a ser capaz de transformar elementos beta (protoemoções cruas, incipientes, não mentalizadas) de seus analisandos em seu próprio O pessoal - ou seja, em suas próprias emoções pessoais correspondentes -, e de lá transformar novamente em conhecimento ("K") útil, tolerável, como interpretações para seus analisandos.

Para alcançar isso, Bion nos alerta que o analista deve "abandonar memória e desejo" (1962b, p. 30) – bem como compreensão e pré- concepção, e que deve estar ciente da sua ansiedade durante cada sessão de análise, pelo que Bion parece querer dizer que o analista deve estar sempre preparado para antecipar as intersecções implacáveis de O, tanto dentro do analisando como em si mesmo: o analista deve sentir a dor do analisando. Além disso, o analista deve estar preparado para "tornar-se" (não "se identificar com") o analisando, tanto quanto a mãe deve "tornar-se" o seu bebê, um ato inconsciente que transcende "compreensão" e identificação (Bion, 1970, pp. 26, 36).[1]

Apresentação de caso: "bicicletas"

É sexta-feira (quinta de cinco sessões na semana). O paciente, um homem, entra em meu consultório, se deita no divã e começa a sessão falando por cerca de 15 minutos de uma forma trabalhosa e detalhada sobre diferentes tipos de bicicletas antigas. Estou tendo dificuldade para dar sentido a isso. Estou entediada, e não consigo entender a relevância emocional que isso teria para qualquer coisa. De repente, percebo uma dor muito forte, muito intensa no meu ouvido. A dor ficou insuportável, e estou pensando se devo ou não interromper a sessão e sair da sala. Estou tentando pensar em como expressar isso para o paciente quando, do nada, ele diz: "*Quando nasci, precisei fazer uma cirurgia no meu ouvido. Dizem que gritei por horas.*" Quando ele diz isso, a dor no meu ouvido desaparece.

Há um longo silêncio.

Então ele começa a convulsionar e tremer.

Analista: O que está acontecendo?

Analisando: Estou me sentindo mal...minha cabeça está me matando...Estou suando...minha cabeça vai exploder...Nunca falei sobre a cirurgia...Nunca pensei realmente sobre isso. (Então ele dorme por cerca de 5 minutos.) Sonhei que minha mente estava toda confusa. Então você começou a falar comigo. Não me lembro o que você disse, mas me acalmou.

Analista: Minhas palavras foram tranquilizadoras para você?

Analisando: O som da sua voz. (Longo silêncio.)

[*Minha resposta contratransferencial:* No início, a atmosfera parece calma e reflexiva, mas depois de um tempo, começo a sentir-me desconectada e impaciente. Ele também parece estar ficando frustrado. Sinto que ele está desesperadamente tentando comunicar algo, mas não consegue me alcançar.]

Analisando: Feche os olhos.

[Minha resposta contratransferencial: fecho e descubro que sou colocada em contato com uma dimensão diferente da experiência. Começo a sentir a atmosfera na sala. Percebo como está frio, e começo a devanear sobre segurá-lo como um pequeno bebê, balançando-o, abraçando-o. No sonho, estamos flutuando em algum tipo de líquido, como se o ar do quarto fosse feito de óleo, como óleo de bebê ou algo assim. Decido tentar ver se esse sonho tem alguma relação com o que ele está tentando comunicar.]

Analista: Querendo ser segurado?

Analisando: (parece aliviado) Agora você entende...Sonhei que lhe pedi para sentar-se ao meu lado, e você sentou, e me segurou. Não sei explicar, mas estávamos meio desfocados, como um líquido.

Analista: Seu corpo fluindo para o meu e o meu fluindo para o seu – como se fossemos um.

Analisando: Sim, como se você fosse parte da minha alma.

Analista: E você uma parte da minha?

Analisando: Espero que sim.

Segunda-feira

(Trinta minutos de silêncio, o paciente se deita e coloca uma almofada sobre os olhos)

Analisando: Eu não sabia se era domingo ou segunda-feira.

Analista: Você não sabia se me veria hoje.

Analisando: Isso.

[Minha resposta contratransferencial: Não tenho muito a dizer, mas sinto que ele perdeu contato com algo que lhe permitiria comunicar-se comigo, e ele precisa que eu o ajude a encontrá-lo, então tento pelo menos colocar esse sentimento em palavras.]

Analista: Com medo de ter me perdido, esperando que eu vá encontrá-lo.

Analisando: Sim. Você poderia pegar esta almofada?

[Minha resposta contratransferencial: Hesito, me questionando se seria mais útil nesse momento interpretar ou atender seu pedido. Lembro-me de outros momentos em que o clima era semelhante a este, em que ele pareceu entrar em curto-circuito quando tentei interpretar, então decidi atendê-lo.]

Analista: (pego a almofada, ele começa a tremer; está claro que não consegue falar*)* Você tem medo?

Analisando: Sim, não consigo controlar o silêncio.

Analista: Não consegue controlar o meu silêncio?

Analisando: Não é isso.

Analista: Não consegue controlar o seu silêncio?

Analisando: Isso.

Analista: Querendo que eu tire a almofada que o silencia por dentro?

Analisando: Sim. Quando começa, não consigo controlar. Não sei por que estou me sentindo assim. Eu não estava me sentindo assim quando entrei. Não sei o que faz isso acontecer.

Analista: Talvez você comece a se sentir assim quando sente que me perdeu. Quando perde confiança na minha presença contínua, o silêncio reconfortante transforma-se em um silêncio angustiante.

Analisando: Sim, poderia muito bem ser isso. Começa quando me retiro, não sei o que faz com que eu me retire para dentro dessa forma.

Analista: Talvez comece a se retirar para dentro quando não pode ter certeza de que estou aqui fora; quer estar dentro de mim, mas então começa a sufocar dentro da almofada-silenciosa-eu dentro de você.

Analisando: (parece pensativo) Acho que você poderia estar certa.

Analista: [Em retrospecto, percebo que em certos pontos omiti o pronome "você". Acho que eu estava, inconscientemente, combinando a forma ao conteúdo em que a distinção "você/eu" desaparecia entre nós.]

Quinta-feira

(Paciente entra, deita-se, dobra sua jaqueta preta sobre seus olhos e fica em silêncio. Não sei dizer o motivo do silêncio.)

Analista: Permitindo que seus pensamentos se assentem?

Analisando: (balança a cabeça, indicando "não").

Analista: Tentando manter a luz fora?

Analisando: (balança a cabeça, indicando "não").

Analista: Sentindo o peso ou a pressão?

Analisando: Sim!! (Pressiona seu rosto contra a jaqueta.)

Analista: Pressiona seu rosto contra a jaqueta, como pressionando seu rosto contra sua mãe.

Analisando: (acena que "sim").

Analista: Querendo pressionar-se em mim?

Analisando: Sim. (Pressiona o pé contra as almofadas do sofá.)

Analista: Pressionando o pé dentro de uma mãe?

Analisando: Não.

Analista: Sentindo a textura?

Analisando: Sim.

[Minha resposta contratransferencial: Nesse ponto, começo a ter uma phantasia inconsciente sobre sua jaqueta, que é preta, e o cobertor no meu divã, que é roxo. Imagino que meu cobertor está coberto de sangue, e que ele está sufocando. Ocorre-me uma imagem em que estamos ambos flutuando sobre nossos corpos, como uma experiência extracorpórea – olhando para esta cena com nossos corpos cobertos de sangue. Sou então lembrada de que isso se assemelha à sua

experiência real de parto, em que tanto ele quanto sua mãe passaram por extensas cirurgias de emergência, e que seu pai, que é cirurgião, estava presente na sala de parto e realmente salvou sua vida.]

Analista: Como a textura áspera da barba de seu pai?

Analisando: Sim!! (balançando a cabeça com veemência)

Analista: Querendo ser confortado pela presença do seu pai. Precisando se sentir seguro e protegido.

Analisando: Sim!!

Analista: Com medo de ser deixado sozinho com uma mãe que está morrendo.

(Nenhuma resposta, nenhum movimento. Há um tipo de paralisia por aproximadamente 20 minutos).

Analista: Você está se retirando?

(Nenhuma resposta.)

Analista: Não mais parece seguro falar comigo?

(Nenhuma resposta.)

Analista: Temos que interromper.

(Analisando não se moveu; levou cerca de cinco minutos para se levantar.)

Segunda-feira

(Trinta minutos de silêncio).

Analista: (resposta contratransferencial: realmente nada tenho a dizer, mas começo a falar, como associando livremente). Com medo da morte?

Analisando: (acena que “sim”).

Analista: Com medo de me machucar se você se permitir nascer aqui?

Analisando: (pressiona os lábios muito firmemente).

Analista: Com medo de deixar qualquer palavra sair – como se as palavras fossem um bebê-você sendo pressionado para fora e nascendo de seus lábios.

Analisando: (acena que “sim”).

Analista: Como se as palavras fossem matá-lo ou a mim se for permitido que saiam.

Analisando: (nesse momento, ele falou com muita clareza): Sim.

Analista: Penso que nascer foi uma experiência extremamente traumática para você, e que uma parte de você sentiu ter morrido naquele dia.

Analisando: Sim.

Analista: Penso que você sentiu que matou sua mãe naquele dia, e uma parte sua tentou desfazer o dano e imaginou ter voltado para dentro dela, permaneceu não nascida e salvou a vida dela.

Analisando: Sim! (balançando a cabeça várias vezes).

Analista: E penso que um bebê-você está tentando permanecer não nascido aqui comigo, para me proteger.

Analisando: Sim.

Analista: Mas o você que morreu por dentro também espera que eu possa revivê-lo.

(Nenhuma resposta.)

Analista: (eu estava claramente errada nesta última parte, então tentei ajustar para adequar-se melhor): Que você possa renascer aqui comigo, e que sobreviverei a isso.

Analisando: Sim! (Concorda com veemência.)

Discussão de Alhanati

Em seu artigo "Órfãos do Real", James Grotstein (1995a, 1995b), que por acaso supervisionou este caso, descreve de forma muito pungente a experiência de alguns pacientes que tiveram um *despertar premature* do que ele chama "*manta protetora de inocência*", seja por uma hipersensibilidade inerente ao paciente, fatores perinatais, uma ruptura traumática ou o que quer que seja. Ele sente que esses pacientes nasceram prematura e traumaticamente para o "*Real*" ("O"), e assim nunca foram capazes de simbolizar, phantasiar inconscientemente ou de outra forma *criar* seus mundos subjetivos. (Isso assemelha-se ao conceito de Winnicott (1971) de magia e momento de ilusão.) Em outras palavras, esses pacientes foram privados de seu contato com a magia comum da infância.

Quero aqui dizer algo sobre supervisão. Não acho que eu poderia ter entrado nesse espaço com o paciente não fosse pela experiência paralela que eu ao mesmo tempo estava tendo em um nível inconsciente na supervisão. A pergunta, "Será que é você ou sou eu?" é irrelevante quando estamos trabalhando nessa dimensão. *Tanto* o paciente quanto eu estávamos sendo sustentados e contidos de uma forma muito profunda. Parecia que ambos estávamos nascendo e tomando vida por essa experiência. Sempre pensei nesse paciente como "nosso" paciente. No dia em que parei de ir à supervisão, o paciente sonhou que alguém tinha morrido.

Antes de ter essa experiência, eu realmente não tinha ideia de que as pessoas podiam mudar tanto. Mudou todo meu conceito do que é possível. Fazer contato por meio desses fenômenos em grande parte não verbais, muitas vezes estranhos, estimulados, em parte, pelo silêncio profundo, foi um fator crucial que facilitou o avanço para, primeiro, integrar os sentidos, tornar-se encarnado e, após, gradualmente, tornar-se vivo em relações humanas mais íntimas e dimensionais. Um tipo essencial de comunicação que ocorre entre a mãe e seu feto ou bebê recém-nascido pôde ocorrer entre o paciente, a analista e JSG, e um tipo mais profundo de sustentação estava ocorrendo. O prático juntava-se com o mágico.

Conclusão

Tentei apresentar um exemplo de caso em que o coração do trabalho estava sendo feito – e tinha que ser feito – no espaço entre as palavras, na música, na atmosfera, em nossos corpos.

Comentário de JSG

A experiência de supervisionar este e outros casos apresentados a mim por Shelley Alhanati foi um privilégio raro. Ela tem aquele dom da "segunda visão" trazida à nossa atenção por Winnicott (1956), em seu conceito de preocupação materna primária, e por Bion, em seus conceitos de *rêverie* materna (1962b) e transformações em O (1965, 1970), e que ajudou a lançar a revolução intersubjetiva na psicanálise – bastante diferente do desenvolvimento paralelo posterior que este movimento teve nos Estados Unidos. Alhanati trabalha perigosamente perto das fronteiras intuitivas, místicas, que parecem telepatia. Fui testemunha de muitas das suas fantásticas experiências clínicas nessa linha. Alguns indivíduos nascem assim? As experiências das quais Alhanati fala transcendem nosso conceito de transidentificação projetiva intersubjetiva (Grotstein, 2005). Seria esse um dom do qual a maioria das mães e bebês tem ciência desde muito cedo, como no conceito de Winnicott (1956) de "preocupação materna primária"? E isso geralmente submete-se então à repressão algumas semanas pós-parto? Essa forma de "telepatia" pode estar relacionada com a nova descoberta do "neurônio-espelho", que nos permite estar abertos em algum grau à vida emocional do outro (Decety & Chaminade, 2003; Eisenbud, 1946; Gallese, 2001).

O trabalho de Alhanati, que constitui uma aplicação dos conceitos de Bion de *rêverie* materna, continente/contido e transformações em O (Bion, 1962b, 1965, 1970), também deve ser visto à luz do trabalho pioneiro de Daniel Stern (2004) sobre o "momento presente", e o trabalho similar do seu grupo, o Grupo de Estudos do Processo de Mudança, de Boston. A técnica de Alhanati é espontânea. Ela não está ciente de estar usando técnica. Sensações corporais espontaneamente acontecem nela. Pode-se lembrar aqui de *Rêverie e interpretação,* de Thomas Ogden (1997a), em que ele também segue a técnica de *rêverie* de Bion, seguindo seu próprio fluxo verbal livre associativo, e do conceito de *"le sémiotique"*, de Julia Kristeva (1941a, 1941b)*: a linguagem* sensório-motora do processo primário.

Nota

1. Casos apresentados a mim por Shelley Alhanati enquanto eu era seu supervisor oficial no Centro Psicanalítico da Califórnia (PCC), há muitos anos.

13. Exemplo clínico 6

Apresentado por uma supervisionanda, supervisionado por JSG

Contexto adaptativo: criatividade bloqueada; mãe visita na próxima semana. Sessão de sexta-feira, quinta de cinco sessões na semana.

> *Analisanda:* Liguei para o banco hoje para ver de qual conta deveria fazer seu cheque. Eu planejava preencher seu cheque na sala de espera, mas então percebi que estava sem meu talão de cheques. Acho que terei que continuar cuidando isso...Pensei que estava sob controle, mas...o controle deslizou das minhas mãos. Há cerca de uma hora comecei a ficar agitada. Pensei em ligar para umas cinco pessoas diferentes, mas então pensei, ah, é sobre você, e é sexta-feira, e eu precisava comer. Liguei para John (o namorado que acabara de terminar com ela), mas então apenas desliguei. Realmente não gosto de sextas-feiras. E não gosto desse aspecto do trabalho. A conta – por que tenho

que pagar, afinal? A coisa de sexta-feira e sentir-se vulnerável. É tanto comparado com meu salário. Sinto-me privada. Cinco vezes não é suficiente, e duas vezes parecia demais. Agora, nada é suficiente.

Impressões de JSG: a indecisão sobre qual conta bancária utilizar para fazer o cheque para a analista transmite um estado de confusão, bem como certa relutância em pagar a analista – porque o dinheiro é real, e lembra a ela o dia em que ela tem que se separar da sua analista para o fim de semana – tudo sugerindo uma transferência infantil regressiva, com sua concomitante expressão de desejo por amor incondicional (livre) e ódio ao "desmame". O estado de confusão sugere que a analisanda entrou em um estado de identificação projetiva com a analista, a fim de evitar a experiência emocional da separação. "O controle deslizou das minhas mãos..." sugere mais identificação projetiva para dentro do controle, que está sendo clivado dela. Em outras palavras, ela está se clivando e projetando seu senso de competência e responsabilidade por si mesma em relação à análise e à analista dentro da analista, para que esta administre. "É sobre você, e é sexta-feira, e eu precisava comer" sugere um senso de urgência e frenesi; ela percebe que essa é a última sessão da semana analítica ("Pensei em ligar...para cinco pessoas diferentes") e contempla prolongada fome emocional e sentimentos de abandono no fim de semana. "Por que tenho que pagar, afinal?" confirma minha ideia anterior sobre uma transferência infantil, em que ela quer cuidado total sem responsabilidade ou consciência de separação (amor incondicional).

"É tanto (a conta) comparado com meu salário" transmite para mim a ideia de que a analista é gananciosa, e explora a analisanda: ela projetou sua própria carência infantil na analista, e agora um novo motivo emerge para ela ter esquecido o talão de cheques – impedir que seja explorada e avidamente esvaziada pela analista,

agora percebida como exigente. Seu sentimento de privação parece confirmar isso. "Cinco vezes não é suficiente, e duas vezes parecia demais" novamente confirma que ela está lidando com sentimentos de extrema carência transformados em cobiça (cinco vezes não é o suficiente), porque ela não aprecia nem digere mentalmente o que recebe da analista cinco vezes por semana. "Duas vezes era demais" sugere que ela novamente entrou em modo defensivo e projetou sua ganância carente na analista, após o que "Agora nada é suficiente" parece indicar a reapropriação da sua carência angustiante.

Até aqui, enumerei meu rastreamento de "hemisfério esquerdo" das associações no texto da analisanda. Agora, tento captar as mudanças afetivas da analisanda e minhas respostas. Estou em desvantagem, é claro, ao fazê-lo, porque não estava lá como seu analista: portanto, não estou no circuito emocional da analisanda. Detecto, contudo, que a analisanda estava petulante e reclamava. Senti que ela suplicava para que uma mamãe-eu não iniciasse ainda o "desmame" no sentido mais amplo, metafórico. Senti-me mal, responsável por seu desagrado, culpado por cobrar dela e por enviá-la despreparada para o fim de semana. Em outras palavras, tornei--me o continente e a identificação introjetiva complementar de seus ataques de protesto, que me deixaram ligeiramente culpado e preocupado com um bebê-ela que está assustado com o fantasma da solidão, ou com ter que ter qualquer responsabilidade por si mesma na minha ausência. Também senti que ela estava implorando para que eu a segurasse e acalmasse.

O que eu, JSG, poderia ter interpretado: "Parece que você está antecipando ansiosamente a separação da análise e de mim no fim de semana, em que você sente que será abandonada passando fome e sem ninguém cuidando de você. Os sentimentos são tão dolorosos que você parece clivá-los e atribuí-los a mim, que você acha que está tirando vantagem de você. Você também evita seus sentimentos de carência, renunciando à sua capacidade de lidar com isso como uma pessoa separada – 'o controle deslizou das minhas mãos' – resultando em você ser ainda menos capaz de lidar com a interrupção no fim de semana. O talão de cheques dolorosamente também lembra a você da nossa separação, e você então entra em um estado de confusão para evitar esse fato."

Analista: Você está confusa, incomodada com a cobrança?

Analisanda: Bem, na verdade acho que isso indica progresso. Como quando sinto falta de John *versus* a forma como eu não podia esperar para ficar longe de Anthony (ex-marido). Não é equilibrado, no entanto. É como dois extremos. Nossa conexão é muito diferente agora, e experimento sua presença de forma muito diferente. Agora é agradável, não quero que acabe. . . ou que John acabe. . . até mesmo Anthony experimento de forma diferente agora. Posso apenas dizer, "Porra, aí está a conta novamente". Não é no momento certo. (Ela olha sua bolsa novamente.) Liguei para o banco três vezes. É realmente desagradável! Devo ligar para John ou não? Estou dominada pela ansiedade. Mas se eu ficar em paz com isso. . . é apenas um sentimento ruim. Talvez da próxima vez eu saiba o que dizer ou fazer. Tentarei manter o foco.

Impressão de JSG: Suponho hipoteticamente que tenha ocorrido uma clivagem entre um bebê dependente que agora de repente emerge e progride em contato com um bom analista que ainda permanece (John) e um mau (Anthony, ex-marido, ex-analista?) – "como dois extremos" (polarização). "Sua presença é agradável e não quero que acabe": mas a consciência da conta repentinamente quebra o sentimento bom – em um momento ruim, quando ela está entrando na interrupção de fim de semana. "Devo ligar para John ou não?" sugere que a conta vinha entre ela e a analista e criava uma clivagem em seus sentimentos sobre ela. "Estou dominada pela ansiedade" – agora que ataquei meu vínculo com John (a analista). Mas então ela parece reconciliada com a perda da analista durante o fim de semana: "É apenas um sentimento ruim" – mas não o fim do mundo. "Tentarei manter o foco" soa como se ela tivesse concluído a restauração da ligação perdida com a analista e estivesse apaziguada para aceitar sua separação no fim de semana e honrar o pacto entre elas.

Do ponto de vista intuitivo do hemisfério direito, experimento a analisanda como cedendo um pouco e tentando entrar em contato comigo, o analista. Sinto-me aliviado, mas cauteloso.

O que eu, JSG, poderia ter interpretado: "Tanto a interrupção de fim de semana como a necessidade de você pagar meus honorários lembram-na de ficar só, sentindo-se dependente, vulnerável e separada de mim. É tão doloroso, aparentemente, que você parece ter inconscientemente me clivado em um possível bom analista ainda remanescente e um eu ex-analista (ex-marido). Mas parece que o eu bom desenvolveu um bom histórico com você, e você deseja agarrar-se aos seus bons sentimentos sobre aquele eu. Mas a ideia da conta – o custo de ser lembrada de estar separada e dependente ao mesmo tempo – parece difícil de aceitar. No entanto, você parece capaz de equilibrar os bons sentimentos com os maus, e assim permitir que a boa imagem permaneça. Como resultado, você sente que será mais capaz de manter o foco no fim de semana."

> *Analista:* Estou pensando nas três coisas importantes sobre as quais você está falando comigo. A conta, sexta-feira e a ausência de John. Penso que, para você, todas sinalizam as limitações no relacionamento. A conta lembra que nossa relação é um negócio, e isso significa que você me paga e não me vê no fim de semana; a sexta-feira sinaliza essa separação e limitação. John lembra para você a realidade das limitações nesse relacionamento *versus* a fantasia que você teve sobre ele.

Analisanda: Sim. Hmmm. Liguei para minha filha, somente consegui falar com sua secretária eletrônica. Mas talvez ela estivesse selecionando as ligações e não quisesse falar comigo. Liguei também para Leslie, mas acho que ela estava na análise naquele momento. Então, sim, você está certo. Há limitações em todos esses relacionamentos.

Impressões do JSG: A analista interpretou da sua maneira o que sugeri anteriormente, e a analisanda confirmou a interpretação em sua resposta, em que reconhece as limitações de relacionamentos. Sinto que a analisanda está concedendo sua necessidade de aceitar sua separação, mas não está feliz com isso. Ainda me sinto aliviado, cautelosamente e de forma hesitante.

Analista: É como se um aspecto seu experimentasse um aspecto meu, a análise, e esses outros que você mantém tão perto de você, como uma experiência de continuar sendo. . . sendo sustentado, alimentado. . . de nutrição em geral, e a sexta-feira sinaliza que tudo vai parar. Você deve querer continuar comendo, e uma parte de você sente que não será alimentada novamente por três dias.

Analisanda: Sim! Meu relacionamento com você e com John tem limitações. . . . Mas acho que todo mundo teve que esperar até a próxima mamada. A mãe de todo mundo tinha que ir ao banheiro ou tirar algo do forno. Passamos todos por isso? Se Leslie não gosta de alguma coisa, ela fala sem rodeios! E se Anthony quer saber algo, ele pergunta diretamente. Tenho toda essa vergonha e culpa, e sinto que tenho que ser a pequena Miss perfeita. Nesta década, nesta sala, posso finalmente dizer: "Não gosto da conta!" Parece errado não haver um cuidado oceânico. Talvez seja Deus. Talvez eu tenha procurado por Deus toda minha vida. Mas busco isso nas pessoas com quem me relaciono, incondicionalmente, sem esforço. Você deveria simplesmente saber telepaticamente quando eu preciso de você. Parece tudo errado. Você não está lá cem por cento do tempo, e tampouco se doa cem por cento, nem é cem por cento permissiva! Sinto que há culpa – alguém deve ser responsabilizado. Afastei você, fui desatenta, eu deveria ter sabido alguma coisa, tenho mau hálito, estraguei tudo, esqueci, eu estava com raiva e você sabia, você gosta de outra pessoa mais do que de mim. Sou mais problemática do que tenho valor, sou toda errada. Errei, perdi uma deixa, eu deveria ter sabido! (Muito perturbada.) Não é apenas que não estamos aqui juntas na sexta-feira e no sábado – ah, quero dizer no sábado e no domingo.

Impressões de JSG: Depois de reconhecer a interpretação de sua analista sobre limitações, ela tenta se reconciliar com a verdade inescapável de suas ocorrências normais, e é até mesmo capaz de estimar aqueles que podem aceitar separação e falar por si mesmos. Mas então retorna ao seu tema principal: a necessidade de amor absoluto e incondicional. Ela sente-se enganada por não ter recebido tal amor, e repete sua angústia e protesto em relação a isso na transferência. Ela também racionaliza de forma solipsista (narcísica) o motivo por que sua analista recusa a ela esse amor incondicional – porque "sou toda errado. Estraguei tudo", e assim por diante. Em seguida, ela comete um deslize de fala, que pode indicar que ela está perdendo a própria sessão de sexta-feira, que ocorre naquele momento, por causa do seu protesto.

Sinto-me mais próximo da analisanda agora. Sinto que ela está envolvida. Sinto sua dor pela crença de que prematuramente perdeu o contato físico e emocional com a mãe. Sinto o impulso de querer que ela salte no meu colo e de segurá-la.

O que eu, JSG, poderia ter interpretado: "Acredito que você se sente dividida entre um desejo de cooperar comigo e aceitar a separação *durante o fim de semana, por um lado, e uma relutância em fazê-lo, porque significa perder para sempre suas almejadas esperanças de compensar a sintonia* incondicional com a mãe – neste caso, uma mãe-eu –, que você sente nunca ter recebido. Você parece estar em tanto conflito que psiquicamente perdeu a sessão de hoje, na qual ainda está envolvida. Poderia isso já ter ocorrido com você?"*

Analista: Pode haver alguma verdade nesse deslize que você acabou de fazer. É verdade que você está aqui sendo muito honesta consigo mesma hoje, mas talvez uma outra parte sua sinta que, ao concentrar tanto do seu tempo da sessão de sexta-feira em sua ansiedade pelo fim de semana, você de fato esteja perdendo a sessão de sexta-feira.

Analisanda: Bem, eu certamente perdi minha manhã. O fato de que espero que tudo seja tão previsível É minha mãe!! Toda sua vida, ela foi o relógio pontual. Parte de mim horroriza-se com essa vida, mas parte de mim busca isso e espera o mesmo. Me AJUDA saber quando verei alguém. Eu não gostava da falta de clareza de John...nunca saber quando a próxima ligação ou visita seria. Acho que é por isso que gosto de qualquer encontro do tipo Doze Passos: começam pontualmente, são os mesmos passos e as palavras nunca mudam. Um cronômetro é iniciado, daí você começa, então para, a cada três minutos um cronômetro inicia, é muito previsível. Minha mãe só gostava de comida que lhe fosse familiar. Mas eu provo de tudo, e estou dançando de novo – sou diferente dela.

Impressões de JSG: A analista tratou de forma eficaz as associações anteriores da analisanda, que reconhece ter perdido a sessão em que estava de manhã. Em sua série de associações que segue, contudo, ela lança luz sobre seu relacionamento inicial e contínuo com o que parece ser uma mãe compulsiva que, como a analista, é meticulosa sobre quando pode ser vista e quando não pode. Ela revela que se tornou projetivamente identificada com a personalidade dessa mãe. Ela então revela seu passado aditivo, por sua alusão aos "Doze Passos". Durante a referência negativa à mãe – e, talvez, por sugestão, à analista –, ela muda para um aspecto positivo, confiável da meticulosidade. Ela, então, favoravelmente se compara com a mãe, que só gosta de comida que lhe é familiar (não pode suportar a separação e as diferenças). Suspeito que a analisanda acaba de projetar seu medo de separação em sua mãe, na verdade em sua analista-mãe, e tornou-se agora o self-analista que pode tolerar as diferenças e que agora está livre para dançar.

Continuo a sentir a proximidade da analisanda. Sinto sua angústia por não ser sustentada.

O que eu, JSG, poderia ter interpretado: "Acho que você continua ansiosa por estar separada, e agora está tentando lidar com isso de outra maneira. Estávamos falando sobre seus desejos frustrados de ser compensada com amor incondicional, e sobre como sentimentos de separação acabam com suas esperanças de ter essa compensação. Parece que você sente que a meticulosidade de sua mãe em relação ao tempo pode ter sido um fator que roubou de você uma bela experiência de momentos atemporais com ela – e comigo, aqui, agora. Então, no momento seguinte de suas associações livres, a mãe se torna a você que não pode suportar a separação sob a forma de diferenças (em termos de alimentos), e você se torna a mãe-eu que alcança separação e liberdade suficientes para dançar. Uma troca pode ter ocorrido."

Analista: Talvez você esteja se perguntando qual grau de diferença de separação é permitido entre você e sua mãe. Falo sobre o acordo inconsciente entre você e sua mãe, quanta separação/alteridade é permissível.

Analisanda: É como o que você sempre salienta aqui, como me obrigo a gostar dos outros. Não ser como você é perigoso, e ser como ela me horrorizava. Então, estarei ainda me apegando às partes dela que deixei? Minha mãe também gostava de dançar. (Longa pausa.) Fico querendo perguntar para você algo sobre minha mãe e eu. (Longa pausa.) O quão ruim você acha que foi a ruptura?

Impressões de JSG: A última parte da interpretação que sugeri anteriormente agora parece incorreta, mas a analisanda parece confirmar que está ciente de ter entrado defensivamente em estados de identificação projetiva com sua mãe no passado e com a analista-mãe no presente. Por fim, ela está preocupada com ter havido ou não uma ruptura na relação de apego-ligação com a mãe em sua infância. Suspeito que ela agora está se sentindo sem esperança, talvez porque tenha habitualmente escolhido identificação projetiva (tornar-se outra pessoa e "destornar-se" ela mesma como um self *separado, em desenvolvimento) –, embora compelida a isso, ela pode acreditar, por causa de uma mãe indisponível.*

A analisanda está agora realmente buscando e repetindo uma série de antigos traumas de negligência, e implorando que a analista (analiticamente) não a abandone. Sinto-me mais próximo dela do que nunca.

Analista: Ruptura?

Analisanda: Com o vínculo e apego e a separação. Sinto que algo foi quebrado. Parece que foi muito ruim. A mãe de todo mundo tem que ir ao banheiro...Não tenho certeza de que sei o que estou lhe pedindo. Quero que você diga, "Sim, foi muito ruim", ou "Não, todos passamos por isso, esta é apenas sua versão."

Impressões de JSG: Aqui, fiquei favoravelmente impressionado por quão determinada estava a analisanda em seu trabalho de tentar alcançar significado. Ela aparentemente reviveu um momento de sua vida inicial, agora profundo, quando perdeu a esperança. Ela parece estar pedindo à analista para tranquilizá-la de que ela e sua depressão são analisáveis, e que a analista está apta a fazê-lo. Agora a analisanda está tratando a questão relativa à sua esperança de poder confiar na análise e na analista.

O que eu, JSG, poderia ter interpretado: "Acho que você acabou de atingir uma noite escura de sua alma que ressoa de volta à infância, ao seu self *mais profundo, e antecipa o fim da sessão e a interrupção no fim de semana. Você se pergunta se serei capaz de analisá-la – ou seja, de suportar sua dor com você e permanecer conectado. Você se preocupa que eu repita o que sente que era o padrão de sua mãe, mas em outro nível pode estar preocupada que, assim como você abandona a si mesma para evitar dor, possa me perceber fazendo o mesmo que você faz para você: abandonar".*

> *Analista:* Quando criança, você perdeu o corpo da sua mãe quando seu pai queria que você saísse da cama deles e fosse para um quarto separado, perdeu o seio da sua mãe quando o médico disse a ela que você estava engordando, e ela abruptamente parou de amamentá-la. Acho que toda a análise e desagrado da sua mãe com seu corpo ao longo da sua vida ajudaram-na a criar uma história que poderia explicar para você mesma sua experiência dolorosa de perda precoce.

Impressões de JSG: Uma história passada importante acaba de ser revelada. A reconstrução da analista das razões putativas para a alegada ruptura da ligação com a mãe agora é compreensível. As associações que traziam essa revelação constituem o "fato selecio-

nado" da sessão, porque essa revelação dá união e significado coerente a todas as outras associações. Minha opinião é que essa alegada história passada está sendo repetida agora na transferência – contratransferência. A analisanda acredita de forma autóctone (solipsista, narcisista) que a analista escolhe seu marido, "pai", a ela durante o fim de semana, porque ele é mais bonito ("cabelo", na próxima associação) e que ela, a analisanda, é uma criança tão gananciosa (em sua avaliação) que a mãe-analista não pode de forma alguma satisfazê-la, então desistiu de tentar.

Analisanda: Ah!! Então o cabelo ruim foi o peito perdido! Achei que eu perdera porque cheirava mal, ou não fazia cocô na hora certa, ou porque perdi minha jaqueta. Da mesma forma, tentei manter John: tendo o cabelo certo e a disposição certa e sendo muito organizada.

Analista: Todos inventamos histórias para dar sentido à nossa experiência.

Analisanda: Acho que é isso que eu queria que você dissesse, que é a minha versão, e que todos temos nossas versões.

Impressões de JSG: A analisanda pareceu bastante aliviada por a analista ter permanecido analista e analisado seu questionamento ansioso sobre a possibilidade de uma ruptura no vínculo, em vez de tentar confirmá-la. Reconstrução do passado, quando feita, deve emergir de interpretações sobre as "interpretações" do analisando (phantasias inconscientes, crenças) sobre o que pode ter ocorrido em certo momento.

Acredito que a analisanda está aliviada. Sua analista-mãe não a abandonou. Sinto que elas estão em bom contato uma com a outra, e que ocorreu uma progressão de P-S para D.

Observações adicionais

Eu não era o supervisor original neste caso. O leitor observará que em minhas "Impressões de JSG" associo livremente em relação às associações livres da analisanda, e começo a desenvolver uma árvore de inferências que será formada (confirmada e/ou descartada) pelas associações continuadas da analisanda. Muitos dos meus "pensamentos selvagens" terminarão na "sala de edição", enquanto outros serão confirmados e permanecerão. O leitor notará que alguma história passada foi apresentada na medida em que surgiu no decorrer da sessão. O leitor está na mesma posição em que eu estava. Li a sessão sem memória, desejo ou pré-concepções – na tradição de Bion – e, assim, permiti que o passado fosse "*re-apresentado*" no momento analítico presente.[1]

Espero ter demonstrado a importância da continuidade e sucessão da linha de associações da analisanda, e como elas constituem um "colar de significado" compacto: minha versão do "fato selecionado", bem como as mudanças repentinas na noção de *self* da analisanda, ocasionadas por clivagem e identificação projetiva. O psicanalista e/ou psicoterapeuta lendo minhas interpretações pode considerar que elas são muito longas. Em primeiro lugar, estou tentando apresentar o que acredito ser uma *interpretação completa*, que inclui: (a) a máxima ansiedade inconsciente, ou sensação de perigo do momento – ou seja, o "objeto analítico", (b) as defesas e/ou impulsos colocados para afastar essa ansiedade ou experiência de perigo, (c) as consequências psíquicas de empregar essas medidas defensivas e (d) a delimitação da phantasia inconsciente específica que serve como causa explicativa inconsciente da ansiedade e/ou perigo. Todos os componentes anteriores devem ser considerados à luz (e) do contexto adaptativo da sessão. Além disso, é preciso lembrar que, durante cada sessão, a analista ou terapeuta deveria (f) buscar nas associações o paradeiro da "criança inconsciente" (a "criança eterna ou *sujeito* do inconsciente"), que está sempre buscando o objeto com esperança, bem como eludindo o objeto por ódio ou medo.

Minha interpretação pode também incluir apenas partes do que escrevi. O tamanho de uma interpretação não é a questão principal. Seu poder de convicção e derradeira completude, sim. Completude – ou "devida diligência", como é conhecido no mundo dos negócios – é, no meu modo de pensar, a obrigação do analista/terapeuta como continente, a fim de conter o conteúdo que se apresenta como incontido.

Microanálise de JSG das primeiras nove associações

Contexto adaptativo: criatividade bloqueada; mãe visita na próxima semana. Sessão de sexta-feira, quinta de cinco sessões na semana.

Analisanda:

1. "Liguei para o banco hoje para ver de qual conta deveria fazer o seu cheque. Eu planejava preencher seu cheque na sala de espera, mas então percebi que estava sem meu talão de cheques."

A analisanda relata um *enactment* em que negligenciou ou esqueceu de levar seu talão de cheques para a sessão analítica para pagar os honorários da analista no momento esperado.

2. "Acho que terei que continuar cuidando disso...Pensei que estava sob controle, mas...o controle deslizou das minhas mãos."

A analisanda está conscientemente ciente de que se tratou de um *enactment*.

3. "Há cerca de uma hora comecei a ficar agitada. Pensei em ligar para umas cinco pessoas diferentes, mas então pensei, ah, é sobre você, e é sexta-feira, e eu precisava comer."

Ela percebe que esta é uma sessão de sexta-feira, a última de cinco sessões da semana. Por causa disso, antecipa passar fome durante o fim de semana.

4. "Liguei para John (o namorado que acabara de terminar com ela), mas então apenas desliguei."

Ela percebe que está tão ansiosa com a interrupção que deseja entrar em contato com um ex-namorado para preencher a lacuna, mas depois decide não fazê-lo.

5. "Realmente não gosto de sextas-feiras."

Ligar para seu ex-namorado pode ter sido um *enactment* contra o pacto analítico: tentar tolerar a ansiedade durante a interrupção. Em seu *enactment*, ela estava em P-S. Ao reconhecer que estava ansiosa porque era sexta-feira, entrou em D.

6. "E não gosto desse aspecto do trabalho. A conta – por que tenho que pagar, afinal?"

Sua pergunta vai ao cerne da questão, o "fato selecionado" da sessão até então – o ódio de qualquer lembrança de separação, que a sessão de sexta-feira e os honorários representam. Ela anseia por amor incondicional, e sente que as regras do setting analítico tiram isso dela.

7. "A coisa de sexta-feira e sentir-se vulnerável."

8. "É tanto comparado com meu salário. Sinto-me privada."

Ela não somente sente que o amor inconsciente é tirado dela; ela também está sendo privada pelos honorários, que podem representar sua ganância projetada na analista como altos honorários.

9. "Cinco vezes não é suficiente, e duas vezes parecia demais. Agora, nada é suficiente."

A analisanda está em contato com seu senso de enorme carência.

Comentário de JSG

Neste capítulo, somente fiz a "análise gramatical" das primeiras nove associações da analisanda. Cada associação, como mencionei anteriormente, constitui um cosmos independente de associações infinitas, sincretistas, das quais apenas um número limitado – ou talvez apenas uma – pode encaixar-se como um cadeado ou chave às associações anteriores e sucessivas. Tentei demonstrar como a própria ordem da sequência das associações gera significado progressivo, em expansão e em aprofundamento ao texto.

Nota

1. Apresso-me a acautelar o leitor de que levo em conta a história do analisando para que eu possa tomar conhecimento dos dados contra-analíticos. No entanto, uma vez que a história seja compreendida, recomendo esquecê-la, e permitir que retorne na medida em que o reprimido retorne na transferência.

14. Exemplo clínico 7

Apresentado por uma colega

Contexto adaptativo: quinta de cinco sessões. Bloqueio criativo (a paciente é escritora); mãe visita na semana seguinte.

> *Analisanda:* Este poderia ser um ótimo dia – seminário de escrita, caminhada, ver meus netos –, mas tenho medo de abrir mão da minha dor e paralisia. Não consigo me livrar disso! Tive um sonho ontem à noite, mas não consigo lembrar dele. Quando acordei, pensei que era um sonho importante, que eu deveria contar a você. Então ele evaporou, e não consigo recuperá-lo. Talvez eu estivesse fazendo algum tipo de terapia em outras pessoas. Eu era terapeuta, e era algum tipo de terapia estranha, algo primitivo como um grito primal. Não sei por que, uma imagem peculiar que não faz sentido. As pessoas quase como se estivessem em uma caixa, deitadas de lado, todas negras.

Analista: O que essa imagem traz à mente?

Analisanda: Uma espécie de posição fetal, tão primitiva e tão, não sei, sexual ou vergonhosa. Talvez eu sinta que todos esses sentimentos que tenho sentido são tão infantis e primitivos, absurdos e vergonhosos – mergulhando em sentimentos da infância. Estou tão frustrada. Eu queria ser notada, queria apoio. Eu era ignorada, ou ridicularizada, ou simplesmente estúpida, a forma como meus medos assumiam o controle, como quando eu treinava corrida de obstáculos no ensino médio. Eu não conseguia saltar sobre o obstáculo. O professor de ginástica e o treinador ficavam irritados e frustrados. Eu conseguia fazê-lo antes, mas não quando eles estavam lá. Minha confiança e empolgação evaporavam. Era como se emergisse algo das profundezas e arrancasse minha empolgação...a substituindo por medo e autoaversão.

Pensamentos privados de JSG: Parece que as experiências da analisanda estão sendo escravizadas, e seus comportamentos e pensamentos controlados pelo que parece ser um superego poderoso e desdenhoso. Ela parece estar dizendo, "Poderia ser um bom dia, mas por que tentar? Não há esperança, de qualquer maneira". Ela tem medo de abandonar sua dor e paralisia. Isso soa como algo além de apenas masoquismo ou depressão. Soa como uma batalha em curso que está sendo travada em seu mundo interno entre ela e um superego crítico. Em seguida, é relatado um sonho em que ela é uma terapeuta fazendo alguma forma de terapia. Ela menciona um "grito primal", e algumas pessoas negras ou enegrecidas deitadas de lado em uma caixa ou cercado. Ainda não tenho uma boa noção do que está acontecendo, mas suspeito que a "terapia" que ela está conduzindo é diferente de análise, e é dolorosa e destrutiva. Estou captando algo sobre inibição grave, mas ainda não está claro se as experiências da analisanda são inibidas, inibidoras e/ou ambas. Por outro lado, estou ciente de que esta é a quinta e última sessão analítica da semana. É possível que o aspecto negativo da analisanda esteja tentando desencorajar sua analista-mãe e deixá--la desanimada durante a interrupção no fim de semana? Ou seja, que ela esteja, em uma fantasia inconsciente concreta, tentando depositar seu self *decepcionado e decepcionante dentro da analista-mãe que se afasta, de modo a evadir a separação e controlá-la com suas queixas?*

Analista: Você sente-se agora diante de um obstáculo em sua pintura. Talvez tenha medo de que eu fique com raiva e envergonhada caso você não consiga superá-lo.

Analisanda: Talvez, mas eu incluiria Jake (coordenador do seminário). Sinto-me paralisada. Não há razão para isso. Por que sou tão diferente agora? Onde está toda a energia e emoção que eu tinha no ano passado? Minha energia enchia salas e empolgava pessoas, incluindo Jake. Agora sinto-me murcha, e envergonho-me pela maneira como me sinto. E envergonho-me por ter medo. Não quero escrever. Quero retirar-me e ser um bebê. Quero que alguém apareça e me tire disso, me encoraje até que vá embora. Tenho medo de ser abandonada nesse estado, deixada para apodrecer. Quero que a mamãe e o papai venham e digam...anseio ouvi-los dizer: "Você é inteligente, talentosa e capaz. Estamos orgulhosos de você. Faça mais coisas maravilhosas!" Se alguém tivesse dito: "Você é inteligente. Você se sai tão bem!" Mas não havia ninguém. É tão difícil quando você existe em um vazio. Ninguém ao seu lado. Como você pode ser como as outras crianças se não há ninguém ao seu lado? É uma maravilha que eu tenha aprendido a andar, a falar. Aprendi copiando as pessoas, observando-as, observando os outros na sala de aula, professores, adultos. Eu tentava aprender principalmente a evitar qualquer atenção negativa.

Pensamentos privados de JSG: Agora está mais claro que a analisanda se sente inibida, quase ao ponto de paralisia, e sente grande vergonha por seus sentimentos de desamparo, e também por sua participação involuntária e inconsciente nisso. Quando afirma desejar que alguém apareça e a tire de seu estado de paralisia, começo a pensar que ela projetou, a partir de alguma ansiedade ainda desconhecida, seu senso de autoridade e agência (como uma "procuração") em um objeto interno (organização patológica?) e está presa nesse objeto em sua fantasia inconsciente. Além disso, me pergunto se a analisanda se sente presa porque está projetiva e introjetivamente identificada com a analista, para quem ela está tentando armar uma armadilha com suas queixas. "Quero retirar-me e ser um bebê" soa não somente como resignação desesperada, mas talvez também um desejo conflitivo ainda mais profundo de regredir a um estado infantil e ser cuidada.

Interpretação proposta por JSG: "Percebo como você se sente mal por seu estado de paralisia, em que se sente como uma vítima indefesa que perdeu contato com seus talentos valiosos, e o quão dolorosamente envergonhada você se sente por sua condição. Pergunto-me, no entanto, se não poderia haver outra criança-você inconsciente que se sente tão desesperada e envergonhada por seus sentimentos de dependência dela-de você (de mim), e então a compara com o que você acredita ser um analista-eu adulto, competente. Você pode estar inconscientemente competindo comigo, internamente me atacando com inveja e transformando-me, assim, em uma vítima enegrecida, presa com você em seu buraco negro, em vez de ser capaz de deixar-me livre e criativo para a interrupção durante o fim de semana. Então quanto mais deficiente você se sente, mais me torno deficiente."

Analista: Me pergunto qual atenção negativa você teme receber de mim.

Pensamentos privados do JSG: A temida retaliação da analista!

Analisanda: Temo ser muito exigente. Eu não deveria precisar vê-la todos os dias. Você ficará entediada com esta pessoa infantil que não progride. Você já tentou, ano após ano, e ainda estou em um buraco negro malcheiroso, sem sair, sem tentar. Você ficará farta da minha negatividade. Você dirá que se não posso dizer nada positivo, então não diga nada. Tudo o que tenho a oferecer é minha negatividade...é quem sou...um menos.

Pensamentos privados de JSG: Recebo uma pista, com sua afirmação: "Você já tentou, ano após ano, e ainda estou em um buraco negro malcheiroso", e também por suas alegações de ser uma paciente-criança muito exigente, de que ela está empregando a defesa depressiva (Grotstein, 2000) para combater e triunfar sobre a analista-mãe, por ser uma perdedora. A defesa (não a posição) depressiva é o reverso da defesa maníaca, e caracteriza-se pelo triunfo, desprezo e controle do analisando sobre o objeto com o qual se identifica, sendo vítima ou mártir – ou seja, prejudicar o self *equipara-se a triunfar sobre o objeto com o qual se identifica. Para mim, essa parece ser a configuração transferencial operante neste momento. Mas quando se pensa sobre experiências autodestrutivas, pensa-se inevitavelmente em inveja inconsciente: talvez a analisanda esteja sendo cronicamente sabotada por seu superego invejoso, cuja origem pode estar em seus ataques invejosos passados aos seios (criativos) da sua mãe quando criança. Em outro nível, no entanto, as declarações da analisanda parecem soar falsas. Talvez ela esteja tentando coagir a analista a tranquilizá-la quanto aos seus sentimentos positivos em relação a ela – que a aliança terapêutica está intacta.*

Analista: Acho que você tem medo de que eu seja como sua mãe e pai...a envergonhe por sentir-se negativa, seja impaciente quando você sente isso.

Analisanda: Sim! E fique brava quando não consigo recitar meu discurso, fazer meu dever de casa. Quase cheguei a pensar que era isso que as pessoas esperavam de mim. As pessoas não gostavam de mim quando eu não fazia nada, mas teriam gostado menos se eu fizesse diferente. Assim eu não mereci qualquer atenção, não competi com ninguém. Eu sempre poderia dizer que eu era pior. Eles diriam que eu não era digna de atenção, que eu não existia.

Analista: (falou algo sobre outra pessoa competitiva).

Analisanda: Minha mãe era a mulher mais linda que eu conhecia, e era tão inteligente. Ela sempre tirava A na escola, nas melhores escolas privadas. Eu frequentei as mesmas escolas, tive os mesmos professores. Seus professores diziam coisas ruins a meu respeito. Eu não deveria competir com ela. Eu era uma menininha linda e inteligente, mas tão infeliz e tão carente. Ela precisava de toda atenção e admiração. Se ela se sentisse bem, a casa parecia mais segura. Mas na maior parte do tempo ela não se sentia bem.

Pensamentos privados de JSG: A experiência inconsciente de inveja da analisanda agora veio à tona de forma inegável. Agora podemos equiparar a mãe bela e egoísta à analista. A analisanda projetou em sua mãe seus próprios sentimentos de egoísmo (mesmo se ela estivesse projetando na realidade). A analisanda era uma menina linda e inteligente que, por inveja, idealizou sua mãe para esconder sua inveja, e projetou sua beleza e inteligência nela, só para invejá-la ainda mais e, posteriormente, instituir a defesa depressiva para controlá-la e triunfar sobre ela. Sua mãe tornou-se o repositório da criança que precisa de admiração.

Interpretação proposta por JSG: "Pergunto-me se a análise, ao expor seus profundos sentimentos de dependência infantil, não faz com que você experimente uma crescente discrepância entre, por um lado, uma você menor e ainda mais dependente e, aparentemente, menos competente e, por outro, um eu maior e aparentemente mais realizado e confiável. Talvez, quando ofereço interpretações que parecem ajudá-la, você acredite que estou 'exibindo' minha superioridade, o que pode fazer com que você se sinta envergonhada por comparação. Se é verdade que você se sente dessa maneira, então posso entender como você pode buscar corrigir a diferença de uma forma inconsciente, clandestina. Quando você não tem êxito e sente que me decepcionou, pergunto-me se você não triunfou secretamente sobre mim, usando minha analisanda - você - como refém."

Analista: Deu muito trabalho manter um senso de segurança em casa. Você teve que manter guardada grande parte do seu *self*.

Analisanda: Sim! É tão evidente quando ela está na minha casa. Ela grita, "Por que você está sempre tão absorvida em sua maldita escrita?!" Ela quer que eu esteja disponível para ela! O pior aconteceu: virei bonita, e ela envelheceu e ficou cheia de rugas. Sou mais rica do que ela. Tenho o marido que ela queria. É perigoso. Ela disse uma vez que eu tinha tanta sorte de ter alguma coisa para fazer, porque ela não tem nada. Tirei tudo da minha mãe, suguei a vida da minha mãe. Ela é um cadáver vivo, uma figura trágica, sem ninguém para amá-la. Ela está esperando para morrer!

Analista: Pergunto-me se você teme que, se seguir em frente com sua escrita, sair mais para o mundo, isso me afete de alguma forma.

Pensamentos privados de JSG: A analisanda confirma a interpretação da analista, que tinha a ver com um aspecto supostamente real de seu relacionamento com a mãe no passado e que continuava no presente. Embora eu acredite que a paciente esteja relatando um aspecto real e doloroso de seu relacionamento com sua mãe, acredito que ela também esteja projetando aspectos infantis, invejosos de si mesma em sua mãe, que é agora o continente de sua própria posição invejável, e também das emoções invejosas e narcísicas da analisanda. Esses aspectos, que pertencem à mãe, devem ser trabalhados quando o analisando atinge a posição depressiva – isto é, pode tornar-se suficientemente separado e individualizado de sua mãe, de modo a ser capaz de distinguir o que pertence a quem. Quando ela cita sua mãe dizendo: "É perigoso. Ela disse uma vez que eu tinha tanta sorte de ter alguma coisa para fazer, porque ela não tem nada. Tirei tudo da minha mãe, suguei a vida da minha mãe. Ela é um cadáver vivo, uma figura trágica, sem ninguém para amá-la. Ela está esperando para morrer!", eu escutaria isso não somente como a verdade do que a analisanda ouvira, mas também como uma revelação de sua crença do que é verdade; não apenas porque sua mãe diz, mas porque a analisanda tem razões inconscientes para acreditar que é fantasmagoricamente verdadeiro que ela "esvaziou" o talento e beleza de sua mãe, e reapoderou-se deles para si mesma.

Assim, ela não pode usar sua criatividade porque foi roubada, e ela tem medo da retaliação da mãe (analista). Consequentemente, existem agora três razões para a limitação da analisanda: (a) um ataque à sua criatividade por um superego invejoso devido à identificação projetiva em sua mãe de sua própria inveja da beleza e criatividade dela, introjetada como um superego invejoso; (b) os resultados de um ataque ganancioso contra a beleza e criatividade de sua mãe, roubados para si mesma – com receios de represálias; e (c) o uso de uma defesa depressiva em que ela simula se identificar com o agressor-superego, mas secretamente projeta frustrar a mãe-analista-superego, decepcionando-a.

Interpretação proposta por JSG: "Penso que deve ser ainda mais difícil para você tolerar o que parece ser sua mãe petulante, irritante e acusatória, não apenas porque é desagradável superficialmente, mas também porque você pode inconscientemente percebê-la como um aspecto de si mesma, assim como dela. Como uma você permanece nela, é difícil distanciar-se dela, ficando somente irritada, e não perseguida."

> *Analisanda:* Sim! Se não preciso mais de você, você ficará com raiva. Talvez você não tenha dinheiro suficiente. Talvez eu não seja capaz de expressar minha gratidão adequadamente. Outro virá e tomará meu lugar. Você me esquecerá.

Pensamentos privados de JSG: A analisanda acabou de confirmar a interpretação que propus. Sua autonomia incitará a ira do analista, por quê? – porque sua autonomia fora inconscientemente roubada dela pela analisanda como criança (na fantasia inconsciente). A analisanda parece ciente de ter inconscientemente se apropriado da autonomia da mãe-analista sem pagar o preço exigido de gratidão ou apreciação. Além disso, ela teme que a analista a substitua – por identificação projetiva. Na medida em que a analisanda alcance autonomia e separação, ela projeta na analista que esta também irá separar-se dela, e mostrar sua própria autonomia tendo outro filho (analisando). Pergunto-me agora se a analisanda tinha irmãos mais novos.

Interpretação proposta por JSG: "Creio que agora podemos ter uma ideia de algumas razões pelas quais você pode se sentir paralisada e não pode exercer seus dons artísticos. É como se você sentisse que inconscientemente os roubou da sua mãe-eu, sem pagar nem com valorização ou reconhecimento, o que você acredita que irrita uma mãe-eu. Além disso, se você obtiver sucesso por conta própria, você sente que eu a condenarei ao ostracismo. Você não poderá voltar para casa, e eu a substituirei por outra criança-analisando."

> *Analista:* Acho que você está com medo de que, se superar o obstáculo, eu ficarei com raiva e me afastarei.

Analisanda: Talvez você envelheça e, como minha mãe, fique sem vida em uma cadeira de rodas.

Analista: Você teme que sua necessidade de mim me esgote.

Analisanda: Sim! Tirei a vida da minha mãe. Ela tinha tudo o que queria, mas sempre tive juventude em relação a ela. A coisa horrível foi eu ter me tornado mais bonita do que ela. Sua beleza era a única coisa que lhe dava valor. O que aconteceu com seus amigos? Nenhum marido mais. Primos gananciosos que a controlam e ao seu dinheiro. Somos como duas faces de uma ampulheta. No início, ela tinha tudo. Ela perdeu tudo, e eu ganhei tudo. Ela está vazia. Tudo o que tenho a esgotou. Na medida em que amadureci, ela envelheceu. Na medida em que me tornei mais bonita, ela tornou-se menos.

Analista: Pergunto-me se você teme que sua raiva em relação à sua mãe por todas as falhas dela a tenha exaurido.

Analisanda: Sim. Acho que ela foi punida... minha raiva...A raiva do seu marido. A maior traição foi quando nos reunimos (encontro de irmãos) e dissemos que ela era uma mãe ruim.

Analista: Você começou a sessão dizendo que poderia ser um bom dia, mas que você estava com medo de abrir mão da sua dor e paralisia. Parece que uma parte sua precisa sentir-se mal pela mãe/eu.

Analisanda: Ela está vindo me visitar na Páscoa. Ficará na minha casa. Demitiram sua acompanhante de anos, que roubava dinheiro dela. Ela era boa, ganhou muito dinheiro, às vezes roubava dela. A tratava com gentileza. Quem consegue aguentar alguém que lhe chama de cadela preta? Falei com minha prima ontem – aquela conturbada, sabe? Ela me disse que contrataram outra mulher para substituí-la. Acho que minha mãe será abusiva, e a acompanhante responderá de forma abusiva também, baterá nela.

Analista: Talvez uma expressão de sua raiva em relação à sua mãe.

Analisanda: Oh, sim.

Analista: Voltando ao sonho. Você era a terapeuta. Acho que você teme que sua necessidade pela mãe-eu e sua raiva em relação à mãe-eu estimule ressentimento e abandono. Você se torna sua própria terapeuta, a fim de cuidar de si mesma.

Pensamentos privados de JSG: Até agora, as associações da analisanda parecem seguir em linha com o que propus anteriormente. A última interpretação da analista, no entanto, trouxe uma nova perspectiva sobre o sonho da analisanda relatado mais cedo, em que ela era terapeuta. Eu não tinha pensado nisso, mas faz muito sentido.

Analisanda: Eu sei. Sei que eu deveria colocar você para dentro, internalizá-la, mas temo sugá-la até que você fique seca. A imagem. Eu a coloco para dentro, e o que resta . . . você é uma casca. Toda criança sente isso. Talvez venha da amamentação, tomar da mãe, sugá-la até que fique seca. Ela fica menor, e eu, o bebê, fico maior, como um vampiro.

Analista: O medo de que você me secará vem de uma convicção de que tenho uma oferta muito limitada.

Analisanda: Sim! Minha mãe certamente tinha uma oferta muito limitada. Ela não tinha o suficiente para si mesma. Ela nunca se sentiu protegida, amada, popular, rica, suficientemente segura.

Analista: Você teme o mesmo em relação a mim. Teme que você não possa dar amor e gratidão suficientes para me sustentar.

Analisanda: Sim! Passei a pensar em mim mesma como negativa, tão cheia de sentimentos negativos, tão cheia de veneno.

Analista: Você mantém esses sentimentos para si mesma. Eles se tornam mais poderosos internamente, e você sente que são venenosos. Você mantém dentro de si seus temores de que suas necessidades irão me secar e que a sua raiva irá me explodir.

Analisanda: E se eu for reconhecida como escritora?! E se eu tiver uma carreira? Você terá ciúmes de mim?! Minha mãe tinha tantos ciúmes de mim! Tenho medo de que qualquer pessoa tenha inveja de mim!

Analista: Fale seus pensamentos sobre como eu teria inveja de você.

Analisanda: Você não iria gostar se eu tivesse uma carreira, se fizessem resenhas do meu trabalho. Você não iria gostar se eu me fortalecesse, se eu não precisasse continuar vindo a você. Se eu publicasse, você pensaria que sou ingrata. Jenna disse uma vez que mais forte do que os dentes de uma serpente é a língua de uma criança ingrata. Tudo era veneno na minha família, raiva e inveja. Nada de promover o desenvolvimento, nada de orgulho pelo crescimento. Crianças esmagadas, não queriam que o filho tivesse o que tinha. Não queriam que o filho tivesse mais.

Analista: Parece que uma das razões pelas quais você foi incapaz de saltar sobre o obstáculo é o temor de que eu me ressinta do seu crescimento, sua força, sua evolução, e o temor que eu murche, se você não precisar mais de mim.

Analisanda: Sim, sim, sim.

Analista: Hoje é sexta-feira.

Analisanda: Estou com medo de partir para o fim de semana. Parte de mim adora. Terei tempo com minha filha e netos, mas não vou vê-la por dois dias inteiros. Me pergunto como você irá passar este fim de semana...provavelmente trabalhando.

Você parecia cansada na segunda-feira. Provavelmente trabalhou todo fim de semana.

Analista: Você teme que eu me ressinta de seu fim de semana agradável, que minha vida seja somente trabalho, toda ocupada, quase nada mais (esgotada, sugada, drenada).

Analisanda: Sinto-me tão culpada. Você trabalha tanto pelos outros, e tudo que faço é tomar, tomar, tomar.

Analista: Com medo de que sua necessidade de mim me drene.

Analisanda: Sim! Você estará aqui quando eu voltar? Você se ressente de mim, da minha versão feliz. É tão difícil acreditar que você esquia. Não consigo imaginá-la de calça jeans. Somente a vejo em roupas profissionais. Temo que você seja obscura, sem nada agradável nos finais de semana.

Analista: (não tomei nota do que eu disse).

Comentário de JSG

A analista interpretou habilmente e com sensibilidade todos os temas que sugeri anteriormente. Ela conhecia sua analisanda, e eu não. Ela lidou com os necessários aspectos "psicoterápicos" primeiro, e os aspectos analíticos posteriormente, de forma adequada. No início, eu disse que a história real, relatada ou evento atual problemático deveria ser abordado quando o analisando alcança a posição depressiva (o que pode ocorrer transitoriamente em qualquer sessão analítica). Eu gostaria de modificar essa declaração agora. Acredito que o analista pode lidar de forma proveitosa com o senso de realidade do analisando desde o início – porque é aí que o analisando está emocionalmente situado no momento. Então, na medida em que a sessão progride, o analista pode dizer para o paciente, ou silenciosamente, para si mesmo, como a analista fez neste caso: "No entanto, ao mesmo tempo e em outro nível...".

Agora volto para minha afirmação de que os efeitos da realidade devem aguardar que o analisando atinja a posição depressiva. Na minha experiência na análise de trauma, ou seja, do impacto real da realidade, passada ou presente, acredito que o analista deve, em última instância, aguardar que o analisando atinja a capacidade de se tornar suficientemente separado de seus objetos - retirar para dentro do objeto suas identificações projetivas que fizeram com que ele se confundisse com o objeto, de modo que seja então, e somente então, capaz de defender seu próprio caso contra o objeto que realisticamente ofendeu - o objeto original ou, mais tarde, o analista.

15. Exemplo clínico 8

Apresentado por uma colega

Contexto adaptativo: Continuação do Exemplo clínico 7. Terceira de cinco sessões. A analisanda está escrevendo vigorosamente depois de um longo período de seca. Esta semana, depois de uma longa demora, ela deu sequência aos contatos com agentes literários. Parece estar prestes a publicar seu trabalho. (A analista, sem o conhecimento da paciente, prepara-se para ministrar um curso sobre sonhos.)

Pensamentos privados do JSG: O leitor irá, sem dúvida, recordar a sessão previamente relatada desta analisanda. Por isso, peço ao leitor para suspender sua memória e fazer de conta não só que esta é a primeira vez que encontra as associações desta analisanda, mas que esta é, paradoxalmente, novamente a primeira sessão de análise! Este estado de espírito é necessário ao analista, de acordo com Bion, para permitir que venha à tona o desconhecido sempre emergente, O.

Analisanda: Parece que eu não tenho nada a dizer, não consigo pensar em nada para dizer (incomum para ela). (Longa pausa.) Ah! Tive um pequeno sonho: estou em uma casa de veraneio. Falta alguma coisa, mas estou eximida de culpa. Não sei o que estava faltando. Talvez algo como mobilidade. Não faz qualquer sentido.

[Associações espontâneas]: Jim (marido) recebeu uma renovação do seu cartão de estacionamento para deficientes. Podemos estacionar em locais sem pagar, pagando pouco em outros. É muito conveniente, mas me sinto um pouco culpada. Vamos sair para jantar esta noite com Janet. Ela fica me importunando para contribuir para a sua causa (caridade). Me irrita. Não quero dar nada a ela, mas talvez eu devesse. (Discute todas as doações anuais que faz.) Eu dou. . . dólares todo ano, que é muito! Tenho as minhas causas, e ela tem as dela, mas talvez eu devesse. Quero continuar nossa amizade. Temos tantas casas. (Ela discute o esforço e custos de manutenção de muitas casas.) Mas vale a pena. Amo as férias de verão com meus filhos, meus netos! (Ela, rindo, lembra o significado de "casa de verão ou férias" e seu frequente aparecimento em seus sonhos ao longo do último ano, mais ou menos. Viemos a entender que representa a paciente, a "mãe/seio" excessivamente generosa/abundante que quer, mas não consegue, reduzir o excessivamente abundante fluxo de leite.) Dei a L (filho) e à sua esposa $ 1.000 para cada um para celebrar o aniversário de casamento deles. Eles me disseram nesta semana que seu fim de semana vai custar $ 1.500 cada, e pediram mais dinheiro. Não sei o que fazer. Estou irritada. Acho que $ 1.000 é suficiente, mas eu poderia dar-lhes mais. Minha filha precisa de um carro novo. R (enteado) ganha $ 130.000 por ano. Damos-lhes muito dinheiro todo ano para roupas, terapia, estudos, adicionais, mas não parece ser suficiente. Não sei se eu deveria comprar-lhe um novo carro.

Pensamentos privados de JSG: Não pude deixar de pensar, depois de ouvir o restante das associações iniciais, que o silêncio inicial da analisanda pode ter sido devido a um desejo de reter dirigido ao analista. Ela parece complacente quanto a ter riqueza, mas parece ansiosa em relação àqueles ao seu redor que estão necessitados – sua amiga, seus filhos e seu analista –, que podem explorá-la. Pode-se suspeitar que ela acredite ter inconscientemente "roubado" sua riqueza de um objeto de quem ela dependia, e aguarda agora retaliação.

Analista: No sonho, há uma escassez de alguma coisa, mas você está isenta.

Analisanda: Conversei com D ontem (um jovem que reside em um pequeno bangalô na propriedade da paciente em troca de ajuda no cuidado com a propriedade). Ele está por baixo. Seu mercado (artista gráfico *freelancer*) secou. Não sei como ele vai pagar pela comida e seus demais gastos. Fiquei tão triste quando falamos. Sinto-me culpada por ter tanto.

Analista: Você está isenta de problemas financeiros. Você dá muito generosamente aos outros, mas ainda se sente culpada.

Analisanda: Tenho agora mais dinheiro do que minha mãe, minha pobre mãe doente (a mãe é bastante rica).

Pensamentos privados de JSG: A fonte da ansiedade persecutória (mal-estar) da analisanda no que diz respeito à sua riqueza está se tornando mais clara. Propus anteriormente sua possível phantasia de ter avidamente roubado a mãe da sua riqueza emocional. Agora percebo a possibilidade de a paciente sentir rivalidade em relação à mãe e projetar sentimentos de rivalidade dentro dela para que ela, a analisanda, sinta-se triunfante.

Analista: Penso que todos os suprimentos que você trabalhou tão duro para obter, suas realizações recentes, sua carreira prestes a decolar, trouxeram de volta seus medos de ser punida pela "mãe interior". J (marido) tem poucos suprimentos e inveja você. Sua mãe tem ainda menos suprimentos. Você está isenta dessa escassez e teme que isso estimule sua raiva e retaliação invejosa.

Pensamentos privados e interpretação proposta por JSG: O analista está correto, creio eu, mas penso que eu teria sido mais ousado e sugerido à analisanda que seus sentimentos de isenção são provisórios, e que ela sente que seus próprios sentimentos de carência e rivalidade (inveja), outrora rejeitados, estão agora voltando para assombrá-la sob o disfarce de sua amiga, marido e filhos.

Analisanda: (segue um longo monólogo a respeito dos ataques de fúria de sua mãe enquanto crescia...sobre sua beleza, menosprezo das necessidades, suas realizações, seus relacionamentos, e assim por diante; mais recentemente, ataques à devoção da paciente à sua carreira): Minha mãe é uma aranha – uma aranha mortal com uma língua venenosa. Ela está toda encolhida em uma cadeira de rodas em Chicago e ainda tem poder sobre mim. Não consigo acreditar em quanto poder ela ainda tem. Talvez eu coloque o rosto da minha mãe em todos esses "não tem".

Pensamentos privados do JSG: Além dos temas que abordei nas observações anteriores, agora estou detectando uma força na voz da analisanda incitando a analista a alinhar-se com ela e protegê-la contra seu monstro-mãe, que é o outro lado da analista na transferência.

Interpretação proposta por JSG: Me pergunto se o poder de sua mãe que você teme não é o poder com que você inconscientemente a investiu – como se sua mãe soubesse de algo sobre o que você acredita ter feito a ela em sua phantasia inconsciente.

Analista: É difícil para você para estabelecer limites. Você dá muito generosamente aos outros pela convicção de que será amada somente se permanecer a mãe toda-generosa. Quando você estabelecer um limite, você teme ser vista como a mãe punitiva e que retém. É difícil para você acreditar que, quando estabelece limites, você é suficiente para ser amada.

Analisanda: Ah... há mais no sonho: *Havia uma piscina na casa. Minha mãe estava lá. Eu queria nadar, mas a piscina estava vazia. Quando ela estava de costas, eu enchi a piscina e liguei o aquecedor. Entrei na piscina – era maravilhoso. Contratei uma babá para patrulhar os lados da piscina.*

Analista: Você contratou uma babá para patrulhar os lados da piscina.

Analisanda (ri): Aposto que é você. Você está me ajudando a estabelecer limites, e estou ficando melhor. Minha tia pediu X mil dólares para enviar a filha para a faculdade. Eu já havia dado a ela milhares de dólares. Sua filha pode receber uma bolsa de estudos, mas ela ainda vem a mim. Não darei a ela mais dinheiro. (Pausa.) Eu não queria contar isso para você, mas o analista da minha filha cobra mais do que você. Tenho medo que você aumente seus honorários.

Analista: Você está com medo que eu a sugue até secá-la, a menos que você me dê mais. Parece arriscado ter prazer e sucesso, a menos que minhas costas estejam viradas.

Analisanda: Bem, eu me preocupo sobre como você se sentirá quando eu finalmente expuser. Como você se sentirá quando eu me tornar uma artista de sucesso? Você trabalha tão duro o dia todo, todos os dias. Não fico no meu estúdio tantas horas. Seu carro é bom, mas parece velho. Meu palpite é que ele tem cerca de nove ou dez anos.

Analista: Você teme que a mãe-eu inveje você, se ressinta por tudo o que você tem, e, com raiva, exija mais e mais de você.

Analisanda: Aqui vamos nós mais uma vez.

Comentário de JSG

O conflito está agora inequivocamente sendo encenado na transferência. Como um analista com formação clássica, eu estaria ciente das raízes da rivalidade entre a analisanda e sua mãe como tendo origem sexual, no complexo de Édipo patriarcal (objeto total), como elaborado por Freud. No entanto, como kleiniano, mantendo em mente o exposto, eu estaria mais propenso a considerar que as raízes dos seus impulsos de rivalidade remetem ao seu relacionamento invejoso com os seios da sua mãe (objeto parcial). Ganância é certamente outro fator. No entanto, apesar de kleiniano e, portanto, mais propenso a dar prioridade às phantasias inconscientes do analisando, eu também percebo que o comportamento real da verdadeira mãe para com seu bebê e criança – e também com o pai – tem muita relação com nossa compreensão de como a ganância, a rivalidade e outras condições dolorosas tornam-se permanentes, em vez de desaparecer com boa continência (Bion, 1959, 1962b).

16. Exemplo clínico 9

Apresentado por uma supervisionanda, supervisionado por JSG

Contexto adaptativo: A analisanda vem quatro vezes por semana, geralmente terça, quarta, quinta e sexta-feira. Tive que mudar seu horário. Esta é a segunda de quatro sessões na semana. Estarei fora da cidade amanhã (quinta-feira), apenas por um dia, para fazer uma viagem rápida. A analisanda deita-se no divã.

> *Analisanda:* Hoje é meu último dia de verão. Acho que terei que ver como isso tudo vai se ajustar, e se conseguirei fazer tudo o que realmente quero fazer.
>
> *Analista: (comentários contratransferenciais do analista para JSG:* Quando estava vindo aqui hoje para vê-lo, vivenciei a mesma sensação de estar cansada que tive na semana passada com ela. Antes, quando me preparava para vir, quando falamos sobre isso

na semana passada, eu lhe disse que falei para ela: "Você provavelmente preferiria simplesmente adormecer aqui em meus braços e não ter que enfrentar a ansiedade de começar a faculdade e ajustar tudo à faculdade." Ela sentiu isso – bem, fiz referência a isso porque ela fez referência ao fato de ter sentido isso na sexta-feira, e fiz referência ao fato de que ela queria dormir em meus braços, não ter que enfrentar a interrupção, e a ansiedade sobre iniciar a faculdade e ajustar tudo.)

Analisanda: Não sei se isso vai me causar mais stress ou se é realmente o que quero.

JSG: Acho que foi direito ao ponto. Ela disse: "Não sei se isso vai me causar mais stress." Eu teria, então, proposto essa interpretação: "Acho que sei o que você quer dizer em relação ao stress em termos de sua agenda, mas me pergunto, em outro nível, se você não está falando também sobre o conflito de ir para a 'escola analítica', assim como para a faculdade, o que representa crescer e sair de casa e ir para longe da mãe e do pai." É um conflito no mundo externo, e é outro conflito no mundo interno.

Analista: (também tenho que pensar sobre isso, para ser capaz de falar em um nível diferente, comentar o que ela disse, mas dizer em um nível diferente: o conflito de crescer, de sair de casa ou estar aqui comigo e entrar mais em contato com o *self* bebê): "Você não tem certeza se a análise vai lhe causar estresse ou trazer conforto."

Analisanda: (assentiu, concordando): Não fui ao jantar de *Shabbat* na sexta-feira à noite, mas meus pais foram. Escrevi uma nota muito legal para que minha mãe desse para meu irmão, explicando por que não fui. Minha mãe ligou no dia seguinte e disse que foi muito bom, muito discreto, que eles apenas entraram, permaneceram sentados durante os serviços de *Shabbat* e, então, jantaram. Não foi como eu esperava.

Analista: Bem, o que você esperava?

Analisanda: Pensei que seriam apenas eles quatro olhando um para o outro, com N (seu irmão mais velho viciado em drogas) na mesa, não tendo nada a dizer, ou apenas direcionando tudo para ele.

JSG: "Ela está indo para a faculdade e N, o irmão mais velho, torna-se o irmão mais novo. Ela vai para a faculdade, deixando sua pretensa posição privilegiada nos braços da mamãe."

Analista: (Sim, sinto sua rivalidade, sua inveja de seu irmão. Ela voltou a falar sobre N). Ele tem responsabilidades no jantar de *Shabbat* no centro de desintoxicação, como empilhar cadeiras e descartar coisas. A mãe perguntou-lhe como ele estava, e ele disse que estava indo bem. Ele perguntou sobre ela, o que ela contou de forma muito sarcástica. Ela realmente gostou disso – como se fosse tudo sobre ela. "N perguntou sobre minha mãe, o que ela estava fazendo, e minha mãe realmente gostou disso." Mas a maneira como ela falou, era como – é isso que minha mãe ama, sabe. Ela disse que "a mãe quer que eu pergunte sobre ela e mostre que me importo, e não quero lhe dar isso, porque é o que ela quer".

JSG: "Essa também é a maneira de falar em um nível mais profundo no mundo interno sobre sua ida para a faculdade, agora tendo obrigações, aproximando-se do seu irmão mais novo, e agora ela projetou seu próprio desejo de ser cuidada na mãe, que precisa ser cuidada."

Analisanda: Escrevi em uma nota para eles que eu não queria vir nessa sexta-feira, quando meus pais estavam lá. Eu iria para o *Shabbat* esta semana, mas agora recebi um aviso de que eles irão. Vi-os duas vezes este fim de semana, meus pais. Fui na casa deles na terça-feira e na segunda-feira, e eu estava carregando um antivírus no meu computador, então peguei meu computador e estava fazendo isso lá. Meu pai estava fazendo algo com a TV no outro quarto e me pediu ajuda. Ajudei, mas quando acabamos ele me perguntou, bem, como você está, o que está acontecendo? Por que você não se senta e conversamos? Agradeci a ele por perguntar, mas disse que não, não posso. Tenho que voltar a fazer isso, eu estava fazendo algo e preciso sentar na frente do computador para terminar. Minha mãe, que estava comprando mantimentos para o jantar, chegou em casa, e a primeira coisa que ouvi ela dizer para ele foi, J percebeu o novo móvel? Não acredito que ela faria uma pergunta tão estúpida. Ela disse, eu o ouvi dizer: "Pedi para que ela me ajudasse, e ela não me ajudou." Ela disse: "O que J disse sobre nosso novo console de TV?" Essa era a primeira coisa que ela queria saber. Então os ouvi na cozinha, e ouvi meu pai dizer que ele queria que eu ficasse lá com ele, e que eu havia dito não.

Analista ("Ela nunca diz 'não' para eles, mas sentiu que eles realmente gostavam dela naquele momento").

JSG: Em outras palavras, acho que isso tem a ver com a criança sendo abandonada – ela projetou a criança neles, e eles estão sendo abandonados porque ela está indo para a faculdade. Ela tem que se endurecer para ser uma criança indo para a escola, e não se permitir sentimentalismos. Ela se torna a adulta pseudomadura que está indo para a faculdade e deixando o bebê para trás com eles, e não quer ter nada a ver com o bebê. Eles (como o bebê-ela projetado) parecem estar tentando seduzi-la de volta para a primeira infância – ou seja, aceitar seu self *infantil regressivo.*

Analisanda: Estou tão feliz que a coisa de J acabou. Acho que ele voltou para São Francisco hoje. Não soube de H, tampouco liguei para ele. Não nos falamos há uma semana, desde o último sábado, nem por e-mail. Acho que vou ver quando chegar lá, mas estou com raiva pela forma como ele me tratou. É como o que estávamos discutindo sobre K e H serem figuras que rejeitam. Acho que procurei por eles.

Analista: Penso que eles representam partes suas que rejeitam.

JSG: "Acho que você está certo, porque ela acaba de rejeitar sua parte bebê em seus pais. Agora eles retaliam, assim como K e H, ao rejeitá-la, o que também é a sombra da sua rejeição a ela na próxima quinta-feira. Em outras palavras, sua ausência na sessão de quinta--feira torna-se o fator organizador. Ela então identifica-se projetivamente com você como aquele que parte (para a faculdade), e projeta (abandona) seu self *bebê em seus pais e irmão."*

Analista: (pensamentos privados: Isso acontece algumas vezes, sua ambivalência em relação à análise e seu desejo de que eu assumisse um papel mais ativo com ela. Senti que ela estava querendo que eu assumisse um papel mais ativo em manter seu comprometido com o processo. Ela me faz perguntas e quer que eu responda, para ser tipo a mamãe que lhe diz o que fazer.)

JSG: Acredito que a analista está preocupada aqui com o reconhecimento de que a analisanda desenvolveu uma transferência que demonstra uma forma narcisista ou patológica de dependência – em que a analisanda está negando seu próprio senso de responsabilidade (função executiva) por si mesma e o está projetando na analista. Agora seu aspecto infantil pode tratar a analista como uma babá ou empregada, que tem a obrigação e a responsabilidade de cuidar da analisanda – sob controle desta última.

Analisanda: Tive dois sonhos no fim de semana. O primeiro foi sexta-feira à noite. *Sonhei que estava em Nova Iorque com H, e tudo estava como era. Senti que precisava falar com ele sobre a*

> *maneira como ele vinha tratando meus sentimentos e seus próprios sentimentos, mas eu estava relutante.* Acordei me sentindo bem, o que é confuso para mim.

> *Analista:* ("Acredito que ela estava falando sobre sua análise e o trabalho da relação primitiva, a conexão comigo e a continência, e agora estava reagindo à perda de ver meu rosto, e como a comunicação parece diferente para ela, com as separações e rompimentos.")

JSG: "E agora ela está indo para a faculdade. Então talvez você deva refletir que, como uma ela-H, ela não está reconhecendo seus sentimentos. A ela-H não está reconhecendo seus sentimentos infantis, que já projetou em seus pais. Mas ao mesmo tempo há uma ela que se sente mal com isso e quer ser reconhecida, mas está sob a ameaça de ir para a faculdade. Ela precisa cessar seu self *bebê, carente, que sente. Ela sente que não está pronta para ir para a faculdade, então ela precisa se endurecer."*

> *Analista:* ("Seu segundo sonho foi que ela tinha ido a Nova Iorque, *para o casamento desse seu amigo, e que L tinha engordado muito e tinha cortado o cabelo.* Ela disse: acordei me dando conta que era um sonho sobre eu mesma, e não L – talvez que iria acontecer comigo algo que eu não esperava.")

JSG: Talvez ela esteja sentindo ansiedade de separação ao deixar sua casa indo para a faculdade, e isso também é como crescer, se casar e assim por diante – quanto mais nega seus sentimentos infantis, mais eles a alcançam de forma inesperada, como sentir-se gorda – o bebê carente, fora de controle revela-se em seu sobrepeso. Então o cabelo está se casando com sua beleza adulta e revelando que ela é apenas uma criança pequena desqualificada – que não está pronta para se casar e estar no mundo adulto.)

Analista: ("Então ela disse: 'Fui para a praia com O no sábado.' [O é outra paciente minha. Elas eram amigas, o que eu não sabia até o início da sua análise].")

Analisanda: Sabe, quando nos juntamos há tanta obsessão por comida, almoço, o que vamos almoçar, o que vamos jantar, e isso só atiça todas as minhas ansiedades sobre alimentação. Lembra, quando eu estava no colégio fiquei muito, muito magra, e fiquei realmente obcecada com meu corpo e meu peso e foquei totalmente nisso, e fiquei muito ansiosa, e na faculdade continuei assim, e então comecei a deixar para lá; quando estou com O, como quando estávamos na Itália, esse é o foco – a comida.

Analista: ("Então eu disse algo sobre ela estar com medo de que iria me devorar e explodir.")

JSG: Minha opinião sobre isso é que ela ainda está falando sobre o tema principal, sair de casa e ir para a faculdade; portanto, quanto mais ela tenta negar a existência de seu self *bebê, mais este continua voltando, seja a menina no sonho que era casada, mas sofria por ter cabelos feios, ou seus pais, com suas exigências infantis, ou agora O, com sua obsessão infantil por comida. Ela parece sentir que crescer significa se livrar completamente do bebê-criança e se tornar totalmente adulta, e não se manter em contato com o* self *bebê carente saudável enquanto cresce.*

Analisanda: Então tive um terceiro sonho: Sonhei que a avó de S (outra amiga) matou alguém. Não sei de onde veio isso, mas S, a mãe dela, O, e eu vimos um filme no sábado à noite – aquele "Do Castelo", ou algo assim. Acho que o pai mata a mãe, ou algo assim. Não sei de onde veio isso. Vimos esse filme, talvez tenha sido isso que estimulou o sonho. Sim! Que a avó de S era uma assassina. Não sei por que eu pensaria isso. Ela é uma mulher tão amável.

JSG: "Bem, me pergunto se ela está falando sobre matar a criança. Ela está matando seus objetos internos e seus objetos de dependência, a fim de se tornar adulta. Tudo considerado, estou concluindo que essa analisanda regride facilmente na transferência, mas está passando por uma separação crescente entre o que pode constituir um self *'pseudoadulto' e um* self *infantil firmemente enraizado, que parece ansioso por assumir quaisquer traços de autonomia."*

17. Exemplo clínico 10

Fragmento de uma sessão do caso de um colega

Contexto adaptativo: O paciente é um homem casado, em análise há muitos anos, três vezes por semana, no divã. Ele vem na terça, quarta e quinta-feira. Esta sessão é em uma terça-feira, a segunda semana após uma longa interrupção de verão. Suas férias com frequência ocorrem em períodos diferentes das minhas. Esta sessão ocorre em sequência ao seu cancelamento da sessão da quinta-feira anterior, e antecede uma sessão que será perdida na semana seguinte por coincidir com um feriado judaico. Ele faz um longo trajeto para meu consultório de sua casa, e um trajeto ainda mais longo do meu consultório para seu escritório. O paciente cancelara a sessão na quinta-feira passada devido ao mau tempo, que no passado fez com que ele se atrasasse muito para chegar tanto na sessão quanto no trabalho. Nas duas sessões anteriores à quinta-feira cancelada, ele revelou que iniciara um caso amoroso durante as férias de verão, e imaginara substituir a análise por tempo com sua namorada.

Terça-feira (primeira de três sessões na semana)

[Ele parece tenso e hesitante quando o encontro na sala de espera. Vejo-me pensando se ele vai querer partir depois de todos esses anos.]

> *Analisando:* (fala de forma vacilante, com muitas pausas): Me desculpe por cancelar na última quinta-feira. Quando acordei havia uma enorme tempestade. Foi inesperado, fiquei meio confuso. Sinto agora esse vazio. Tenho medo de que você fique com raiva de mim por não ter vindo. (Longa pausa.) Comecei a me questionar. Foi resistência? Havia realmente uma tempestade? [Descreve o que soa para mim como confusão sobre o que seria ou não real.] No momento em que cheguei ao trabalho, a tempestade havia passado. [Aqui ele continua, parecendo questionar se sua percepção da tempestade era real ou imaginada, mas ele tranquiliza a si mesmo.] "Todos no trabalho estavam falando sobre a tempestade."
>
> *Analista:* O que você estava pensando quando viu a tempestade?
>
> *Analisando:* Sobre o tráfego, e como seria difícil chegar ao trabalho, chegar até aqui. Estava cansado. Mais tarde, pensei que eu fizera certo. Não havia nenhuma maneira de eu ter chegado aqui e depois começado a trabalhar a tempo.

JSG: O analisando estivera ausente da análise, previra estar ausente novamente na semana seguinte, e cancelara a sessão anterior devido a uma tempestade alegada – embora provavelmente autêntica. Eu entenderia a "tempestade" como representando a força intrusiva de suas emoções acumuladas por não terem sido processadas na análise. E entenderia que sua confusão devia-se à sua entrada em identificação projetiva, em phantasia inconsciente, com seu analista, a fim de compensar suas emoções assustadoras de estar separado e sem disponibilidade de seu analista.

Interpretação proposta por JSG: "Acredito que seus sentimentos da interrupção no fim de semana ficaram empilhados sobre todas as outras ausências, aquelas que acabaram de passar e aquelas que se aproximam na semana que vem. Suas emoções dolorosas, de carência, acumularam-se e se tornaram uma 'tempestade' dentro de você. Como eu não estava disponível, você fez o melhor que podia, buscando, por segurança, desaparecer em sua imagem de mim. Acho que talvez você tenha cancelado a última sessão não só por causa da tempestade real, mas também porque você encontrou a 'cura' para a tempestade emocional dentro de você desaparecendo – mas também pode ter ficado preocupado que, vindo aqui, se abriria e, em seguida, ficaria aberto e desprotegido novamente durante a ausência na semana que vem."

Analista: O que acho que deve ter tornado isso confuso é que você esteve falando sobre o sentimento de que poderia ter o caso com L, mas este tinha que ser mantido separado da análise.

Analisando: Quinta-feira foi a tarde em que vi L. Outra maneira de separar os dois era faltar à análise. Decidi que eu não queria fazer aquilo da quarta-feira à noite com ela. Pelo menos por um tempo.

[Na semana anterior, ele pensara em passar as noites de quarta-feira com L, dizendo à esposa que iria passar a noite na cidade para chegar na análise de manhã cedo, e então cancelar seus compromissos de quinta-feira para ficar com L. Quando ele dissera isso na semana passada, me senti um pouco magoado e irritado. Ele poderia ter seu caso se quisesse, mas por que deveria ser isso ou a análise?]

Analista: O que pesou nessa decisão?

Analisando: Meu relacionamento com L, e como quero que ele seja. Ainda está sendo construído. Foi estranho quinta-feira com ela. Ela está triste e solitária. Ela disse que eu estava hesitante em relação a ela. E eu estava. Você e eu temos falado sobre minha necessidade de cuidar de uma mulher. Minha mãe. Senti isso com L. Então vamos sair às quintas-feiras para jantar, mas não vou passar a noite com ela. Isso é suficiente para mim neste momento. Ajustar as coisas com ela, ver o que acontece. Tenho essa sensação de que, com L, vou me envolver com alguém cujos problemas são maiores do que os meus. (Pausa.) Mas se elas não tivessem problemas, por que teriam um caso? (Pausa.) (Ele para seus pensamentos sobre L e pergunta sobre o calendário, confirmando que haverá uma sessão perdida na quinta-feira da semana seguinte para o Rosh Hashaná.)

JSG: Minha interpretação anterior não incluiu o caso com L, já que eu estava analiticamente inconsciente dele: isto é, mesmo que o analista tenha informado no início, não fazia parte ainda das associações do analisando. Agora que veio à tona, eu alteraria minha interpretação anterior, acrescentando o seguinte:

"Me pergunto se ter um caso com L em vez de vir à sua sessão de análise não foi uma forma não só de encontrar um alívio rápido, emergente, erótico, como a masturbação seria para uma criança, mas também pode ter lhe oferecido a oportunidade de se livrar de seus sentimentos inquietantes de dependência, e ser capaz de depositá-los em L."

Analista: (Ofereço-lhe a possibilidade de uma sessão na sexta-feira de manhã, em vez de quinta-feira.)

Analisando: (Ele pensa sobre a oferta, a agenda, e diz que, embora quisesse aceitar minha oferta, é muito difícil, e por isso a recusa.) É um saco levantar tão cedo para vir aqui.

Analista: [Pensando conscientemente que ele não expressa realmente sua raiva ou insatisfação comigo de forma suficientemente direta]: Você levou muito tempo para perceber isso, ou não falou sobre isso diretamente. [Eu também estava pensando que talvez muito de seu afastamento e "atordoamento" tenha sido um protesto ou expressão de descontentamento irritado, passivo. Em retrospectiva, esse comentário pareceu abrupto, e eu gostaria de tê-lo mantido para mim mesmo.]

Analisando: Pensei que estava falando sobre isso. (Pausa.) Ah, a propósito, minha irmã está em análise há três ou quatro anos. Ela não respeita seu analista, nem se sente conectada. Ela fez análise antes, no passado, em (outra cidade), e correu bem. Não acho que o problema seja com ela. Acho que sua crítica em relação a ele está correta. Ela estava reclamando sobre isso para mim, e eu disse que ela deveria fazer uma consulta. Sugeri que obtivesse uma indicação com você. Seu analista quase nunca oferece a ela nada de novo para pensar; qualquer coisa esclarecedora. Ela primeiro consultou-o em função de alguns problemas com um de seus filhos. Ele recebeu brevemente a criança em terapia, e depois começou a receber minha irmã em terapia e, após, análise. Tenho a ideia de que ele só queria criar um paciente pela sua própria necessidade de ter alguém em análise.

Analista: [Escuto seu monólogo em relação à irmã como uma resposta à minha oferta de um horário]: Sabe, há poucos minutos ofereci compensar na sexta-feira a sessão de quinta-feira da semana que vem que você perderá, e agora você está me contando sobre um analista que está negligenciando e se agarrando à sua paciente, tentando usá-la para suas próprias necessidades egoístas.

Analisando: Opa! Não acho que seja você quem está se favorecendo. Foi legal da sua parte oferecer o horário na sexta-feira. Sempre tenho esse conflito sobre o que *devo* fazer, mas não quero fazer. Sei que seria melhor para a análise se eu viesse na próxima sexta-feira, mas chegarei em casa muito tarde na quinta-feira por causa de L, e então vou querer ver meus filhos. Não quero ter que me levantar às 5:30 para chegar aqui na sexta-feira. Na quinta-feira passada, quando cancelei, me perguntei: "Estou fazendo algo ruim para você? Existe alguma alegria nisso para mim?" (Longa pausa.) Vou faltar à sessão de terça-feira na semana seguinte à próxima. É quando minha mulher fará sua (pequena) cirurgia.

(Pausa [durante a qual me percebo consciente de que ele, estranhamente, ainda não pagou a última conta].)

Comentários particulares de JSG: O analista oferece ao analisando uma sessão para compensar uma ausência, que este rejeita com "É um saco levantar tão cedo para vir aqui" – aparentemente, uma rejeição rude à oferta do analista, e uma crítica ao valor da análise, que é "um saco". Segue uma troca, na qual o analista parece satisfeito com a aparentemente nova abertura do analisando em relação à expressão de seus sentimentos negativos. Este último responde à declaração do primeiro com uma referência à experiência analítica supostamente ruim de sua irmã com um analista que está supostamente mantendo-a cativa em função de sua própria necessidade.

Interpretação proposta por JSG: "Me pergunto agora se, além de estar se despojando, de forma protetora e projetiva, daqueles sentimentos dolorosos, carentes e não atendidos, você não buscou alívio adicional os depositando em seu analista-eu, que está agora desvalorizado em sua mente – então agora a análise realmente 'é um saco', e parece justificada sua decisão de não vir. Você também pode acreditar que o 'saco' só vai piorar, uma vez que ainda não pagou o que me deve."

Analisando: Fui a um Bar Mitzvah de família no último sábado. Minha esposa não foi à festa mais tarde naquela noite. Eu estava feliz que ela não foi, mas me senti solitário, triste. Outros casais estavam lá juntos, dançando, e eu estava sozinho.

Analista: [Estou ciente de que essa história de preferir estar sozinho e, em seguida, sentir solidão, segue a conversa de cancelamentos e sua recusa da sessão de sexta-feira.]

Analisando: Além disso, tenho a sensação de que, embora L seja agradável, ela não é "a eleita". Não estou apaixonado por ela. (Silêncio.) Me pergunto, é minha mãe? Sou eu? Penso na velha canção, "Se você não pode estar com a pessoa que ama, ame aquela com quem você está." Ufa! Estou pensando que é difícil ficar satisfeito aqui. Ufa! (Pausa.)

Analista: Você pode explicar isso?

Analisando: É o sentimento desejoso, dolorido, faminto. Desejando ser preenchido, eu acho. (Silêncio.) Ganhar doces, como na sala da minha secretária. Ela tem um prato de doces sobre a mesa, e meus pacientes vão lá para pegar doces.

Analista: Soa como um terrível dilema. L não parece ser a pessoa certa, mas você recebe algo concreto dela: sexo, contato físico. Posso parecer mais como a pessoa certa, mas o que você sente receber de mim pode parecer mais evasivo, não o que você está procurando ou precisa.

Analisando: O que posso receber de você?

Analista: Exatamente!

Analista: (longo silêncio, pontuado por movimentos lentos de rotação no divã, grunhidos e suspiros) [Pergunto-me se o sobrecarreguei com interpretações demasiado diretas, que talvez pareçam homossexuais. Eu estava tentando chegar na *concretude* da sua experiência de necessidade, e pensando, um símbolo pode dar conta da necessidade de algo concreto?]

Pensamentos privados do JSG: Acho que os pensamentos privados do analista estão corretos.

Interpretação proposta por JSG: "Tão logo você se livra de seu self *dolorosamente carente e o deposita em L e em mim, você fica triste, solitário, e talvez culpado por ter traído aqueles de quem você depende, seus 'companheiros adequados', sua esposa e eu, e então retornam os sentimentos desejosos, doloridos, famintos."*

Analisando: Aaaaai. Este sentimento no peito.

Analista: A dor?

Analisando: Sim. (Pausa.) Aaaaai. É difícil ficar aqui.

Analista: [ele está começando a ficar "aéreo", o que tem sido um problema significativo para a análise por cerca de três anos]: Acho que você pode estar reagindo ao que eu disse sobre estar sendo difícil sentir que você tem a pessoa certa e ao mesmo tempo o tipo certo de transação com ela.

Analisando: É porque é difícil sentir ou que não acontece?

Pensamentos privados de JSG: Acho que ele pode ter ficado aéreo – ou seja, reentrado em um estado de identificação projetiva – quando retornaram seus sentimentos dolorosos, carentes.

Interpretação proposta por JSG: "Me pergunto se você não ficou aéreo em função do ciclo que experimenta ao sofrer seu sentimento de carência, então livrar-se dele naqueles de quem você depende, então se sente vazio de self*, tendo se livrado de tanto de você mesmo, então se sente culpado, e então sente tudo novamente, e fica novamente aéreo. Pergunto-me se os sentimentos são realmente dolorosos, pois essas quebras nas sessões lembram a você ainda mais o quão aparentemente cruel a análise é ao lembrá-lo deles – ou mesmo* *recrutálos –, e, ainda assim, o quanto ela é importante para ajudá-lo a compreendê-los e resolvê-los. Pergunto-me se você não me odeia por minha participação nisso, e se seu ódio não faz com que você deprecie a análise e a mim. Um analista depreciado pode ser como uma dor no peito, e como você pode fazer progresso analítico quando não consegue apreciar o que recebe da análise e de mim, para que possa apreciar sozinho dentro de você?"*

Nota: A interpretação tomou a forma de um arrolamento, que revelava o ciclo das consequências da aproximação-evasão do analisando ao se relacionar com o seio analítico.

Analista: É um bom ponto. É difícil sentir, ou será que não acontece?

Analisando: Eu estava aéreo. O que foi que você disse? (Longa pausa.) Há essa sensação de dividir as coisas entre você e L e minha esposa.

Analista: Aham. (Longa pausa.) Não colocar todos os ovos na mesma cesta?

Analisando: Sim, mas é real.

Analista: Real?

Analisando: Recebo algo diferente de cada um de vocês. Com minha esposa é a família; com L, sexo e diversão; e aqui, trabalho na conexão. Não há confusão em termos do que posso obter de cada um de vocês. Cada um de vocês é limitado. Posso sentir isso. (Ele segue um pouco, e então retorna para sua irmã). No começo eu estava pensando que não estou me sentindo competitivo em relação à minha irmã. Que é legal que ela tenha me pedido ajuda, e que seria OK se ela fizesse uma consulta com você. Estamos nos dando bem agora. (Pausa.) Hmmm. Se ela fizesse uma consulta com você, eu sentiria que ela está se intrometendo na minha vida? Competindo? Não senti isso.

Analista: É provavelmente importante tomar nota disso, dado o quão competitivo seu relacionamento com ela pareceu no passado. Sua oferta que ela faça uma consulta comigo para tentar ajudá-la deve ser um gesto importante. [Estou pensando aqui que seu gesto com sua irmã pareceu-me genuíno, e que marcaria um esforço de reparação importante da sua parte. Também estou ciente do quanto poderia ser um apaziguamento ou uma oferta reparadora para mim, para compensar a sessão perdida e a recusa de compensá-la.]

Analisando: Também me senti bem por não ter essas questões com você. E que eu sabia sobre o que estava falando com ela; que eu tinha algo a oferecer. (Pausa.) Minha mãe e seu marido estavam no Bar Mitzvah, e eu não queria vê-la. (Mãe e pai se divorciaram quando ele estava na faculdade, e ambos se casaram de novo posteriormente.) Tive essa sensação de que não receberia nada dela. (Silêncio.)

Analista: Nosso tempo acabou por hoje. Nos vemos amanhã.

Pensamentos privados de JSG: O que eu perdera antes na sessão foi a tendência do analisando de clivar seus objetos. Estas últimas associações mostram graficamente como ele os divide e deve dividir-se de forma correspondente, para adequar-se a eles. O que é de importância dominante, no entanto, é que, ao clivá-los, ele os está usando como objetos de conveniência, e não como objetos de carência emocional, cuja relação com ele pode ser avaliada, e de quem ele pode ganhar. O que está faltando é seu compromisso emocional.

Interpretação proposta por JSG: "Você se queixa de que sua esposa não satisfaz suas necessidades conjugais. Talvez isso tenha muito a ver com os aspectos desvalorizados de si mesmo que você colocou nela, e que ela então se torna aos seus olhos. O mesmo parece ser verdade comigo. Talvez até mesmo com L. Você parece ter que dividir suas necessidades de dependência e, separadamente, colocá-las em diferentes agentes – como se fossem serviços rotineiros que poderiam ser atendidos separadamente por atendentes, sem valorização emocional ou troca de ou com você. No fim do dia, você recolheu sua roupa na lavanderia, mas se sente vazio e sozinho, porque não pertence emocionalmente a ninguém. Você tem medo de admitir que precisa de alguém, sua esposa em um nível e eu em outro, porque se sentiria preso, pequeno, impotente e vulnerável. Você não se atreve a valorizar o amor daqueles que cuidam de você, então não consegue se autovalorizar emocionalmente, dentro de si mesmo."

[Mais uma vez, reconheço que minhas interpretações (propostas) parecem longas. Na prática, eu poderia apresentar pequenas partes de cada vez. O que estou apresentando aqui é um modelo genérico para uma interpretação completa: em geral, e não obstante o tamanho, quanto mais completa a interpretação, maior o alívio para o analisando – porque estou revelando para ele que a fonte das minhas interpretações são suas associações.]

18. Exemplo clínico 11

De uma colega

Contexto adaptativo: Análise de cinco vezes por semana. Sexta-feira, 7 de junho: última da semana, e quando saio de férias (a analisanda estava 15 minutos atrasada).

> *Analisanda:* Por que estou atrasada? Estou tentando fazer com você o que você vai fazer comigo? Na verdade, dei uma corrida de 45 minutos na praia, e depois almocei com uma velha amiga em Veneza. Ela estava muito chateada porque seu marido quer o divórcio. Consegui dar a ela alguns conselhos gerais, incluindo o nome de um bom advogado, e me senti muito bem por isso. Ela comentou sobre como eu era diferente, e que ela admirava como segui em frente.
>
> *Analista:* Penso que é muito mais fácil e satisfatório falar com sua amiga a partir de uma posição de experiência, ser capaz de

dar a ela dicas úteis e estar em posição de saber, do que vir aqui e examinar a você que precisa de ajuda e que não sabe tudo.

Pensamentos privados e interpretação proposta por JSG: A analisanda parece ser experiente, então foi capaz de antecipar o que acreditava que sua analista diria, dizendo primeiro. Eu teria interpretado as associações sobre sua amiga que está sendo deixada pelo marido como segue: "Me pergunto se sua chegada tardia é sua maneira de se divorciar de mim, já que você sente que estou me divorciando de você, não somente pela interrupção no fim de semana, mas pelas férias. Um divórcio ruim parece merecer outro."

Analisanda: Quero falar sobre duas coisas. Meu arquivo está danificado. Na verdade, está congelado. Assim que comecei a escrever a história, ele congelou. Tenho que pedir ajuda. Tenho que enfrentar o que fiz. Por que eu faria isso? A outra coisa é – M está brincando na casa de G. Tenho mais quatro horas. Os pais de G disseram que não mais permitirão que ele brinque em parques públicos, provavelmente por causa de todos os recentes sequestros e acidentes com crianças. Tenho sérios problemas com isso! Mas eles têm um quintal enorme, o tipo de quintal em que as crianças podem correr mesmo. Eles não precisam do parque, na verdade. Meu quintal é muito pequeno. As crianças podem brincar lá, mas não correr. Sinto-me muito crítica em relação a essas pessoas, e não entendo realmente o porquê.

Pensamentos privados de JSG: Acredito que depois de seu cenário de "divórcio", que representou uma rebelião modesta contra a partida próxima da analista, a analisanda retomou contato com seu autêntico self *dependente, afirmando que seu "arquivo" estava congelado e que ela precisava pedir ajuda. "Tenho que enfrentar o que fiz" soa como um reconhecimento autêntico e um pedido de ajuda. "Por favor, não me deixe", ela parece estar dizendo para sua analista. O fato de que M estava brincando na casa de G, e de que os pais de G não mais queriam levar seu filho ao parque, sugere para mim que a analisanda está generalizando o cenário de abandono. Ela está sendo deixada sozinha sem ninguém cuidando dela, vulnerável a sequestradores e acidentes, e não se sente afortunada (apenas um pequeno quintal para brincar).*

Interpretação proposta por JSG: "Acho que seu self *dependente voltou de seu 'divórcio' e agora está dizendo: 'Por favor, não me deixe sozinha no meu pequeno quintal! Não me jogue fora no frio. Todos parecem ter com quem brincar, e você está partindo para brincar com sua família. Eu te odeio!'"*

> *Analista:* Acho que você está me dizendo que é crítica em relação a eles porque eles parecem ter tudo o que precisam (como têm um quintal, não precisam do parque). Você, por outro lado, não parece ter tudo o que precisa, então ser crítica iguala o jogo, ou até mesmo faz com que você se sinta superior a eles [inveja].

> *Analisanda:* Acho que sinto que eles podem proporcionar algo que eu não posso. Minha crítica interna a eles me incomoda. Por que isso ocorre?

> *Analista:* Acho que você deve se sentir muito crítica em relação a mim, que posso partir para onde eu quiser, sem qualquer explicação real. Pareço ter tudo o que preciso e posso partir e deixá-la, e se você me critica em sua mente, não há, obviamente, tanto para precisar. Quem precisa dela, afinal? Acho que esse tipo de desvalorização por inveja congela seu arquivo.

Pensamentos privados de JSG: A analista corretamente abordou a questão da inveja da sua analisanda. Também acredito, porém, que a analisanda estava experimentando o outro lado da inveja – ou seja, vergonha. Vergonha por ser tão pequena, indefesa e indesejável –

ninguém queria brincar com ela. Por que outra razão a analista a teria deixado?

Analisanda: Acho que faço muito isso com L. Ele parece tão autossuficiente, às vezes, que me sinto deixada de fora. Fico muito irritada, e começo a alfinetá-lo. Eu estava correndo perto do S (um hotel), onde L e eu tivemos nosso primeiro encontro. Eu gostaria de me casar lá, gostaria de pensar realmente sobre isso. Estou sentindo novamente alguns dos sentimentos que surgiram em relação ao meu casamento anterior com F. Eu estava realmente em pânico antes de me casar com F! Agora sinto – novamente, quer dizer, bem, é isso! Isso é realmente assustador. Eu não estou tão em pânico como estava antes, mas tenho medo que ele queira que eu trabalhe em tempo integral, como ele fazia em S. Prefiro ficar pobre a trabalhar em tempo integral. Aconteceu algo ontem à noite que realmente me incomodou. Eu estava sozinha e não tinha feito quaisquer planos para vê-lo. Liguei para o celular de L e disse: "Por que não levo jantar para você?" Ele não ligou de volta. Não falei com ele até esta manhã! Eu iria brigar com ele por telefone, mas decidi não brigar. Afinal de contas, eu poderia ter ligado para a casa dele, mas não liguei. Acho que em certo momento fiquei realmente bem com a ideia de apenas ir dormir.

Analista: E em outro nível, penso que você está com raiva de mim por estar inacessível, mas por alguma razão evitou expressar isso. Acho que você também está protestando pela quantidade de trabalho que sente que é necessário fazer aqui.

Pensamentos privados de JSG: Acredito que a interpretação da analista estava correta. A analisanda reconhecera sua inveja de L, como representante da analista. Ela parece querer dizer que sua ligação para o telefone celular de L não era legítima, especialmente quando ele não atendeu e ela não ligou para seu telefone de casa, embora pudesse ter ligado. Não sei se ela está se referindo a pegar atalhos, e não está falando sério sobre entrar em contato com L. Acho que a situação se resume a isto: a analisanda não quer ser abandonada com seus sentimentos vergonhosos e invejosos, mas também se ressente por fazer parte da dupla analítica, por todo trabalho duro que é necessário – a questão que a analista corretamente identificou.

Interpretação proposta por JSG: "Sinto que você está ansiosa porque vou deixá-la com seus sentimentos vergonhosos de pequenez e de não ser desejada, sem ninguém para brincar, mas acho que também é difícil para você pedir a minha ajuda por medo do que vou lhe pedir – ser uma parceira analítica trabalhando integralmente, ser responsável pela criança analítica na minha ausência. Por razões que ainda não conhecemos, isso parece ser difícil para você, então você só entra em contato pela metade (ligando para o celular de L, mas não para sua casa), e rasteja sozinha para dentro de você mesma."

> *Analisanda:* Talvez porque meu sentimento de estar com raiva sua é descabido. L me pediu para verificar quando ele poderia viajar após sua operação. Vi-me dizendo como estava surpresa que ele ainda não tivesse checado. Acho que isso é ser crítica. Crítica furtiva. Não o acusei de ser negligente ou irresponsável de forma direta, mas deixei implícito. A história sobre seus planos de férias é que ela não sabe para onde H vai com seu pai, antes das férias dela com ele, então ela não sabe se ele precisará descansar antes de pegar outro voo, e assim por diante. A necessidade de sigilo ou privacidade de F é tão irritante. Não sei a duração da sua viagem, e não sei como planejá-la.

> *Analista:* Novamente devo dizer que acho que você também está falando sobre a minha próxima viagem. Talvez você sinta que é irresponsável, da minha parte, não dizer o que farei e

para onde vou. Talvez você não saiba como se planejar para a ausência.

Pensamentos privados de JSG: Embora concorde com a interpretação da analista, também suspeito que a raiva da analisanda em relação a L, por sua passividade e aparente irresponsabilidade pelo bem-estar dela pode ser uma forma de sua irritação com um aspecto de si mesma, agora alojado em L, em sua mente. Suas demais observações parecem mais claramente transferenciais.

Analisanda: Mmm. Acabei de ir à terapeuta do meu filho. M terá alta em breve! Parece que ela não tinha um plano definido, mas seu período no acampamento pareceu um momento tão bom quanto qualquer outro. Então ela vai parar o tratamento pouco antes da ida dele para o acampamento, e ela quer que ele retorne quando começar a terceira série. Gostei mais dela hoje. Talvez seja porque me sinto melhor comigo mesma. E talvez seja porque não estou tão ansiosa quanto às minhas próprias habilidades como mãe. Ela estava me dizendo como gostou de M, e como era fácil para ela, pois sempre o levei no horário e me envolvi bastante. Não consigo abrir o arquivo do meu livro. Vou buscar ajuda. O arquivo congelou quando tentei salvar algo. Mas estou ciente de que eu poderia escrever de qualquer maneira. Não preciso realmente do arquivo para escrever. Algo parece ficar sempre no caminho.

Analista: Você quer criar algo, e algo misterioso fica no caminho. Algo também está no caminho da sua análise. Penso que o que está em seu caminho é sua baixa autoestima, que pode fazer com que você ataque à análise e a mim. Quando abre seu arquivo analítico e sente que ele tem valor, acho que sua inveja aparece e a congela – para o processo de seguir em frente.

Pensamentos privados de JSG: Acredito que a analisanda aceitou a interpretação da analista e pareceu mais disposta em relação a ela, como reconheceu estar mais disposta em relação à terapeuta do seu filho. Ela volta a falar do arquivo de computador congelado, mas dessa vez parece menos frustrada – ela consegue escrever mesmo assim. Há esperança. A analista chama atenção – corretamente, acredito – para a inveja, que é o agente que "congela", mas eu teria, adicionalmente, chamado atenção para como ela ganhara com a interpretação anterior e encontrara esperança de poder contornar o arquivo congelado.

> *Analisanda:* Estou lendo um livro sobre Martha Stuart. Ela parece tão poderosa e incansável. Eu me canso. Veja o que ela criou; veja seu império! Sinto que não criei nada.

Pensamentos privados de JSG: Acredito que essas associações constituem uma resposta negativa direta à analista, que só chamou atenção – novamente – para sua inveja, e não para seu progresso a partir da interpretação. Na minha opinião, ela está usando a "defesa depressiva", o inverso da defesa maníaca, em que introjeta o objeto, identifica-se com ele e ataca o objeto internamente como uma identificação consigo mesma.

> *Analista:* Parece que você idealiza Martha Stuart e se compara com ela, e sente que não é nada em comparação, ou então você desvaloriza alguém – eu, por exemplo – e sente que não tem qualquer valor por identificação; se não tenho valor, então você tampouco tem.

Pensamentos privados de JSG: A analista estava correta quanto à desvalorização, mas não conseguiu, creio eu, mencionar a ansiedade causadora. Para repetir o que já disse anteriormente neste texto, acredito que, com algumas exceções legítimas, toda interpretação, no melhor da capacidade do analista, deveria identificar a ansiedade, dor, ameaça ou perigo que poderia ter iniciado a defesa (incluindo impulso). Dito isso, no entanto, há muitas ocasiões em que o analista pode conceber a ansiedade, mas optar por não indicá-la, para "poupar o analisando", por assim dizer, e desviar sua consciência de sua culpa para com seus objetos, impedindo-os assim de se aproximar da posição depressiva.[1]

Analisanda: Sinto-me mal comigo mesma. Não tenho a menor capacidade de discernimento. Não tenho discernimento suficiente para continuar, quer o arquivo esteja congelado ou não.

Pensamentos privados de JSG: É evidente agora que foi criada uma ruptura na situação transferência – contratransferência. Trata-se de uma perturbação que precisa ser consertada.

Analista: Penso que os sentimentos de inadequação e a frustração pela inadequação surgem quando você pensa que não sabe tanto quanto eu. Você tem pensamentos e sentimentos que podem originar meu *insight*. Mas você sente que não é uma Martha Stuart, e seus pensamentos congelam.

Pensamentos privados e interpretação proposta por JSG: A analista está ainda forçando a interpretação da inveja. Eu teria dito: "Acho que você respondeu de forma positiva à minha interpretação anterior, esperando poder contornar o congelamento real de seu arquivo. Mas não levei isso em conta quando reinterpretei que sua inveja era o agente que congelava seu arquivo, e mais uma vez você perdeu a esperança."

Analisanda: Sim. Nunca pensei sobre isso dessa forma. Estou de certa forma matando o que escrevo, antes mesmo que saia. Então não tenho a oportunidade de trabalhar o material e melhorá-lo. Eu estava pensando agora sobre a terapeuta de M. Por que eu estava tão confortável hoje? Eu não estava crítica em relação a ela da forma como geralmente sou. Eu estava ouvindo o que dizia para ela, dizendo-lhe isso e aquilo; fazia sentido o que eu dizia. Senti-me perfeitamente bem de estar lá.

Analista: Talvez você não estivesse se sentindo competitiva em relação a ela porque M está parando, ou talvez por ela estar elogiando você.

Pensamentos privados de JSG: Talvez, mas acho que não. Acho que a analisanda está se identificando com a analista-como-agressora, em termos de "Nunca pensei sobre isso dessa forma." Mas então ela procura defender-se da analista-como-superego-crítico mostrando que progrediu, e o demonstra no que diz respeito à melhoria das suas relações com a terapeuta do seu filho.

Analisanda: A razão pela qual eu ficava desconfortável com ela é porque *sou* terapeuta. Sempre me pergunto o que ela pensa de mim como mãe, sabendo que também sou terapeuta. Hoje ela disse que gosta de mim e que sabe que me preocupo, e que o levo à consulta na hora certa. Coisas assim. M não valoriza o que faço por ele, porque toma como certo. Estou sempre disponível. Acho que ele só perceberia se eu fosse embora. M estava escrevendo para seu amigo por correspondência que também vem de uma família divorciada. O menino estava listando todas as coisas especiais que seu pai fazia por ele, e perguntou para M, "O que seu pai faz com você que é especial?" M disse: "Nada, ocasionalmente filmes", e então pensou sobre como seu pai o coloca na cama todas as noites. É tão comum que ele toma como certo.

Pensamentos privados de JSG: A analisanda diz: "M não valoriza o que faço por ele, porque toma como certo. Estou sempre disponível. Acho que ele só perceberia se eu fosse embora." Acredito que M representa a analista, por quem ela não se sente valorizada.

Analista: Acho que você também está me dizendo que não valoriza particularmente a ajuda que recebe de mim; você me toma como certa, porque é tão comum – quatro vezes por semana. Talvez na semana que vem você perceba, porque não estarei.

Pensamentos privados de JSG: A analista optou por apontar a analisanda como ingrata, e não a ela própria, e continua a criticando. Ela afirma, de forma que me parece hipócrita e defensiva: "Talvez semana que vem você perceba, porque estou partindo" ("Tudo bem para você!!"). Acredito que ocorreu um enactment-*ruptura contratransferencial que precisa ser corrigido pela analista.*

Analisanda: Pensei que você tinha uma emergência familiar.

Pensamentos privados de JSG: Acredito que a resposta da analisanda foi forçada pelo passo em falso da analista.

Analista: Uma emergência familiar provaria que não tenho uma vida perfeita.

Pensamentos privados de JSG: A analista persiste em sua atitude defensiva. Acredito que sua contratransferência negativa pode dever-se ao emprego, mais cedo, pela analisanda, da "defesa depressiva",[2] *que, em phantasia inconsciente, prendeu a analista dentro dela, onde está sendo internamente perseguida.*

Analisanda: Não, não – não provaria isso. Para mim, significaria que você tem uma família – uma família unida. Significaria algo bom. Ainda combinaria com uma imagem idealizada. Talvez eu tenha alguma tristeza relacionada com a questão "isso é tudo o que existe"? Quero somente um grande estrondo? Acho que crises me lembram que estou viva. Então se você está em crise, isso também é bom, porque é emocionante em alguns aspectos. Se a vida é suficientemente cheia, não é necessário pensar. Se não tenho que pensar, não sou deixada com um monte de solidão.

Analista: Parece que você está tentando dar uma interpretação positiva para qualquer cenário, para evitar sentir-se mal.

Pensamentos privados de JSG: A analista parece sentir-se ainda ferida e defensiva, e continua crítica em relação à analisanda.

Analisanda: (silêncio) Eu estava falando com a terapeuta de M sobre comunicações de F. Ele só se comunica por fax ou e-mail. Assim, ele pode dizer o que quer dizer e é isso! Ele pediu para levar M a uma festa no sábado – buscá-lo às 8 da manhã e levá-lo. Esse é meu dia com ele, e se eu não levar M para a festa, não haverá razão para ir. É a festa de F para M. Perguntei a M, "Você quer que eu vá?" Ele disse que não sabia se eu tinha sido convidada. Perguntei-lhe novamente, e ele disse que queria que eu fosse. Eu já tinha tentado falar para F que M queria que eu participasse da festa. Bem, fiquei sem resposta. Todas minhas perguntas ficaram sem resposta.

Pensamentos privados de JSG: Agora estou mais certo do que nunca que a analisanda se sente rejeitada pela sua analista e está suplicando por um reparo. Suas últimas associações parecem uma clara indicação de uma comunicação ruim, unilateral, arbitrária – na verdade, uma falha de comunicação.

Analista: Em um nível, você está pensando sobre a maneira como F se comunica. Acho que você também está dizendo que muitas vezes me comunico com você como se fosse através de um fax ou e-mail. Se tem a ver comigo, com meus planos, só digo o que quero dizer-lhe, e suas perguntas ficam sem resposta.

Pensamentos privados de JSG: A analista está certa pelas razões erradas: ela está perdendo o rastreamento microscópico do texto.

Analisanda: Isso é verdade! Tenho muitas perguntas, mas sei que você só vai transformá-las e fazer com que sejam sobre mim. Não adianta fazer minhas perguntas. Como – é época de formaturas? Você está casada com alguém que tem filhos crescidos e está indo para a formatura deles em Brown? Ou você foi diagnosticada com algo que precisa tratar? O filho de L está se formando na quinta série, e a mãe dele me fala que M e L não deveriam ir à formatura ou participar das férias dele e de L.

Comentário de JSG

A analisanda está chamando atenção para a natureza arbitrária e unilateral da comunicação da analista com ela, e está tentando ser razoável em relação ao assunto. Com toda justiça à analista, acredito que ela pode estar sofrendo um ataque clandestino (inconsciente) inesperado pela analisanda – a defesa depressiva, que, por sua vez, foi a maneira da analisanda de se defender contra o que ela pode ter sentido como uma atitude de desprezo da analista em relação a ela. Conheço muito bem a analista deste caso, e a considero competente a ponto de ser superdotada, não apenas como analista, mas também na sua capacidade de intuição e empatia. Acredito que por conhecê-la, justifica-se minha suspeita de que ela foi vítima de *enactment* inconsciente da transferência – contratransferência.

Isso traz ainda outra ideia. Descobri, a partir de minhas experiências com atuações inconscientes da transferência – contratransferência, que existe um "supervisor" inconsciente e altamente sensível e sensitivo nos analisandos, que é capaz de avaliar se o analista está correto e está rastreando corretamente as associações do analisando e a transferência – contratransferência, emocionalmente e em termos de conteúdo – ainda que se permita uma vantagem considerável à escola e estilo pessoal idiossincrático do analista. É como se o inconsciente do analisando fizesse jogos: ele sabe o que precisa ser tratado, mas pode apresentar apenas partes do quebra-cabeças, para que o analista complete. Mais especificamente, esse "supervisor" é altamente sensível à natureza do envolvimento do analista com o analisando - ou seja, honestidade, preocupação com o analisando e preocupação com a verdade. Esses são os parâmetros das "transformações em O, e de O em K" (Bion, 1965, 1970; Grotstein, 2000, 2004a).

Notas

1. Estou em dívida com Albert Mason por esse conselho.
2. A "defesa depressiva" é o inverso da defesa maníaca, e é uma internalização dela. Ela não deve ser confundida com a posição depressiva (Grotstein, 2000, p. 172).

19. Exemplo clínico 12: psicoterapia psicanaliticamente informada

Apresentado por um supervisionando, supervisionado por JSG

Contexto adaptativo: (a) Feriados de Natal e Ano Novo chegando. (b) Discussão na sessão anterior sobre terapia duas vezes por semana. (c) Em breve se formará na universidade.

SETTING: Uma vez por semana.

Paciente: Tive uma reação estranha agora, não sei como compreendê-la. Deve ter sido a cafeína. Meus braços estavam tremendo, e eu estava com a cabeça leve. Talvez eu tenha bebido muito rápido. Isso nunca aconteceu antes. Não sei como compreender o que ocorreu. (Pausa.) Não tenho certeza sobre o que falar. Ah, sim, há uma coisa! Eu queria perguntar se podemos marcar nossa sessão semana que vem na segunda-feira, e não na terça-feira.

Impressões do JSG: Lembro-me repentinamente (espontaneamente) de sessões anteriores com essa paciente, que ela frequentemente pede mudanças nas sessões. Na ocasião, formei a opinião que ela poderia estar demonstrando ansiedade claustrofóbica.

Terapeuta: Diga-me por que você gostaria de fazer essa mudança.

Paciente: Eu queria fazer o seguinte na terça-feira: compras de Natal, passar tempo com um amigo da faculdade e participar na decoração, com minha mãe.

Impressões do JSG: Sua resposta parece confirmar minha hipótese sobre claustrofobia. Minha inclinação seria discutir com ela a questão da mudança na sessão, mas talvez mais tarde, quando eu puder contextualizar meu comentário com o tema da sessão.

Terapeuta: Sim. Tudo bem.

Paciente: Perfeito. (Silêncio.) Tenho estado ok, mas andei deprimida, e chorei ontem à noite sem motivo. Eu estava conversando com A (namorado), e ele perguntou por que eu estava chorando. Eu disse a ele que talvez fosse o último trabalho que eu concluía. Talvez tenha sido uma liberação de tensão. Foi estranho ontem. Dormi o suficiente, mas estava me arrastando. Meus músculos dos olhos estavam doloridos. Foi difícil manter os olhos abertos ontem à noite, e essa estranha reação à cafeína hoje. Talvez tenha sido o último compromisso da faculdade hoje. Talvez tenha sido isso. Acho que tenho passado muito tempo com a minha mãe. Preciso do meu espaço. Decidi ir para o México por uma semana durante as férias. Ontem à noite foi a conversa com A. No dia anterior houve uma festa em que minhas tias ficavam me perguntando sobre o futuro. E agora? Que trabalho? Você comprou um terninho novo para entrevistas? Perguntas muito intensas. Ainda faltam seis meses para a formatura. Mais cedo naquele mesmo dia minha mãe escreveu cartões de Natal. Ela assinou o nome dos meus pais e o meu, mas não o do meu irmão, porque ele é casado. Ela disse que agora é problema *dele*. Brinquei que nunca me casaria, para não ter que fazer meus próprios cartões. Minha mãe disse: "Ah, não, ano que vem você fará os seus, você é adulta agora." E hoje o professor estava falando sobre finais e formatura. Ainda temos seis meses.

Impressões de JSG: Quando a paciente afirmou: "Preciso do meu espaço", ela confirmou minha hipótese de que se sente claustrofóbica. Parece que o desejo da paciente de alterar os horários das sessões relaciona-se com conceder a ela alguma noção tranquilizadora de controle sobre sua vida, que agora ameaça sair do controle. Ela está prestes a se formar na universidade e iniciar sua carreira. Isso também significa sair de casa e se tornar uma "adulta" autodeclarada, que "não pode voltar para casa".

Interpretação proposta por JSG: "Acredito que as interrupções de férias evocam para você as interrupções permanentes – da casa dos seus pais, da infância e de mim, seu terapeuta. Acho que você está tentando parar o tempo, porque ainda pode haver uma menininha dentro de você que não se sente pronta para ficar por sua conta. Então você procura se esconder, hibernar dentro de uma mãe-eu – quase como se você estivesse inconscientemente retornando para o ventre, e depois se sentisse presa dentro e quisesse escapar para poder ter seu espaço."

Terapeuta: Fale-me um pouco mais sobre a reação à cafeína.

Paciente: Quando tomei café às 7 da manhã, me senti normal. Mais tarde, na aula, me senti realmente acabada. Então, quando estava vindo para cá, fiquei ansiosa. Mas fiz outras coisas no caminho para cá. Parei na loja no caminho.

Terapeuta: Vou dizer o que penso.

Paciente: (interrompe o terapeuta): Sei o que você vai dizer. Vai ser sobre mim, sobre minha mãe, e provavelmente também sobre você.

Terapeuta: Você começa com a reação estranha à cafeína, e então pede uma mudança no horário da terapia. Você pede a mudança para que possa passar mais tempo com sua mãe. Você diz que tem estado deprimida e tem chorado, e racionaliza as lágrimas como uma liberação de tensão, porque o período escolar está terminando. No entanto, você prossegue e diz que é muito difícil manter os olhos abertos, e que seus olhos doem. Você menciona proximidade com sua mãe e as férias. Acho que isso tem a ver com a crescente compreensão sobre a dor de uma possível separação. É muito doloroso para você manter seus olhos abertos para a compreensão. Você se sente apressada para crescer por sua família, sua mãe, seus tios e seu professor, ao mesmo tempo que há uma você que deseja permanecer perto da sua mãe e continuar a ser um *self* pseudoadulto. Acho que você está me dizendo que as férias estão chegando e você está enfrentando a difícil decisão de escolher entre a mãe e o namorado, a mãe e as férias, e a mãe e eu. O pensamento de perder tempo com qualquer um destes está provocando ansiedade. Acho que foi isso que a atingiu quando você caminhava até meu consultório. Você estava a caminho da terapia, que está fazendo você reconhecer a dor dessa separação.

Comentários de JSG: Achei esta uma interpretação bem afiada e maravilhosamente construída. Sua estrutura é o que chamo de "rebobinamento" – conceito que ensinei a esse terapeuta e que consiste em "rebobinar" de volta para o início da sessão e repetir a sequência de associações do paciente, para mostrar como a própria sequência torna-se uma narrativa de significado instigante e reveladora.

Paciente: Acho que você está certo até a última parte. Agora, em relação à mudança de terça-feira para segunda-feira, eu queria pensar em uma razão suficientemente boa. Eu queria dizer que era por qualquer outro motivo que não a minha mãe. Sou hipersensível em relação ao meu tempo com minha mãe. (Silêncio sorridente.) Você é muito bom. Você me conhece muito bem, sabe o que estou tentando fazer. Não quero me relacionar menos com minha mãe, nem quero me relacionar mais com ela. Quero evitar vê-la demais.

Terapeuta: Essa é a "dor nos olhos". Também penso o seguinte: Temos falado sobre terapia duas vezes por semana. É difícil para você vir duas vezes por semana. Acho que a ideia de não fazer terapia por duas semanas provocou sua ansiedade hoje quando você vinha para cá, se perguntando se eu concordaria com a mudança. Você não quer chegar mais perto, tampouco quer se relacionar menos comigo.

Paciente: Você está certo sobre tudo isso. É tudo muito interessante. Muito disso tem a ver com o seguinte: quero sua aprovação. Minha necessidade é fazer você sentir que estou mudando, quero ser uma paciente sua que teve êxito. Mas estou me debatendo. Não sei como. Não sei como não ser próxima da minha mãe. Tenho claro qual é o problema. Sou muito próxima da minha mãe. Mas sinto que não posso mudar. Não consigo mudar para mim, não consigo mudar para você. Sei que é ridículo. Em um mundo perfeito, eu não me importaria com o que você pensa, mas me importo.

Impressões de JSG: O terapeuta novamente rastreou a paciente com habilidade e chegou ao cerne da questão: sua relação parasitá-

ria com a mãe, que se deve à identificação projetiva maciça de suas funções adultas de enfrentamento em sua mãe. Isso posteriormente faz com que ela se sinta presa, por um lado, e imatura e incapaz de lidar com o mundo adulto, por outro.

Terapeuta: Fale-me sobre isso.

Paciente: Isso não importa para mim. O que me importa é fazer uma mudança, mas estou presa no mesmo lugar. Existem duas partes: uma quer mudar, e a outra está com os braços cruzados e não quer mudar. Sim, você está certo. Fiquei por duas semanas nervosa em relação a pedir a mudança para você. Na semana passada perguntei para você: como eu mudaria. Você não me deu uma resposta. Estou feliz que você não deu, eu não estava pronta. No passado, tentei me afastar da minha mãe com um ex-namorado. Ele quase podia substituir minha mãe. Meu namorado atual certamente não pode substituir minha mãe. Mas parte de mim quer fazer isso agora com você. É o momento perfeito. Não tenho outra pessoa. Terei que confiar em mim mesma. Posso aprender a ser feliz sozinha, a sentir-me mais segura sozinha. Quero mudar por conta própria, em vez de preencher o vazio com outra pessoa. Quero fazer isso aqui com você. Quero entender com você.

Terapeuta: Parece que você está agora muito esperançosa e positiva em relação à terapia.

Paciente: Não sei se duas vezes por semana será suficiente. Não quero transformá-lo na pessoa que vai me proteger. Isto se tornará mais intenso. Você se tornará uma parte maior da minha semana. Me pergunto se duas vezes por semana será suficiente. Não quero que você substitua minha mãe, porque isso eventualmente vai acabar.

Impressões de JSG: O terapeuta fez um trabalho muito bom. Seu arrolamento e posterior interpretação abriu espaço para o surgimento dos sentimentos dela de aprisionamento claustrofóbico em sua mãe e no terapeuta, que enfraquecem sua capacidade de amadurecer. É de especial interesse a consciência da paciente de que ela precisa de sessões mais frequentes, apesar do perigo de sofrer ainda mais dependência infantil e claustrofobia.

20. Exemplo clínico 13

De um colega

Contexto adaptativo: Primeira sessão de três, após um intervalo de quatro dias.

Analisanda: (chega visivelmente irritada e joga sua jaqueta no sofá): Estou levemente irritada hoje, na verdade bastante irritada, então talvez eu faça seu cheque para me acalmar nesse tempo. (Pega seu talão de cheques, escreve sacudindo a cabeça e coloca o cheque na minha mesa.) Fiquei com dor de cabeça vindo para cá. Tomei alguns analgésicos que realmente ajudaram. Estou no meio de quatro projetos, três dos quais não vão bem. Quer dizer, há muita confusão – subvenções sendo escritas e concedidas, mas com a condição de que o dinheiro seja utilizado de uma forma diferente daquela proposta na subvenção. Odeio estar em projetos que simplesmente não são bons – quer dizer, sei que sou muito importante para esses projetos, e posso fazer mais do que qualquer outro. Sei que sou boa, apenas preciso de mais. É um maldito trabalho explicar o que é importante, não magoar as pessoas, não fazer com que se sintam burras, e ao mesmo tempo fazer com que meu ponto de vista seja compreendido.

Analista: Então você vem aqui e sente que tem que fazer o mesmo maldito trabalho comigo, fazer seu ponto de vista ser compreendido, muito cuidadosamente, e ainda obter algo de mim. Você reclama por estar no meio de quatro projetos.

Analisanda: Para não mencionar ser divertida! Sim, não é de admirar que eu fique irritada vindo aqui.

Analista: Você carrega tanta antecipação – ou melhor, convicção – de que não será atendida, que eu não estarei disponível para você.

Analisanda: (sorri): Sim, isso faz sentido, na verdade faz sentido em todas essas situações em que me encontro repetidamente. (Parece intrigada... Pausa.) Me lembro que na graduação, na Costa Leste, eu tinha dois amigos homens, dois amigos judeus. Nos divertíamos muito juntos, falávamos muito sobre nossas ideias. Eles compreendiam as coisas. Nunca tive isso novamente com qualquer pessoa. Eles eram tão brilhantes, e éramos surpreendentemente criativos juntos. Mas aqui, quando fico animada, eu falo, falo e acabo intimidando as pessoas, as deixo confusas, e então me sinto estúpida e fracassada, e principalmente arrogante.

Rastreamento do significado do texto por JSG: A analisanda está evidentemente angustiada – talvez por não ter tido acesso à análise e à analista durante a interrupção no fim de semana. Ela está no meio de quatro projetos, sendo que somente um deles tem potencial.

Percebo os números 3 e 4. Ela vem três vezes por semana. Ela estaria pedindo para vir quatro ou quatro se refere ao número de dias na semana em que ela não vem? Ela estaria reclamando de uma carga muito grande que a analista deixou para ela cuidar durante todo o fim de semana, e estaria pedindo para voltar a quatro vezes por semana, ou mesmo cinco?

As pessoas da subvenção parecem estar desapontando-a, por renegar suas responsabilidades fiscais, e parece também que a estão usando de forma inadequada. Ela também parece estar afirmando vigorosamente sua autoestima. Ela diz: "Sei que sou muito importante para esses projetos, e posso fazer mais do que qualquer outro. Sei que sou boa, apenas preciso de mais. É um maldito trabalho explicar o que é importante, não magoar as pessoas, não fazer com que se sintam burras, e ao mesmo tempo fazer que meu ponto de vista seja compreendido". Estaria ela afirmando seu valor como protesto à analista (oficial de subvenções) por sentir-se explorada por ela durante a interrupção no fim de semana, pois sente que a analista prefere estar com seus próprios filhos durante o fim de semana e, ainda por cima, ela tem que pagar pelo tratamento, e está clamando "injusto"? Outra característica das associações que chamaram minha atenção foi ela mencionar o quanto havia gostado de estar perto de amigos inteligentes (para quem sua "curiosidade" era bem-vinda?), seguido pelo uso de palavras tais como "arrogância" e "estupidez". É de se questionar – como Bion (1967b) nos adverte a fazer quando nos deparamos com a tríade "arrogância", "estupidez" e "curiosidade" – se a analisanda teria vivenciado uma catástrofe infantil, e foi deixada com um objeto interno "super"egoico obstrutivo, implacável, que se coloca contra suas boas relações de objeto e ataca seus vínculos com elas. Certamente não interpretaria agora, mas manteria essa conjectura imaginativa em mente para uso posterior. Eu teria me sentido suficientemente con-

fiante nesse momento, no entanto, para interpretar tudo o que eu disse antes destas últimas reflexões.

Rêverie *de JSG: No início da sessão, me senti como uma mãe--analista culpada, cujo bebê havia sido negligenciado. Ela projetou sua raiva em mim para que eu me sentisse culpado, a culpa sendo uma forma derivada de continente-contido – ou seja, para criar uma relação passivo-agressiva de controle comigo. Ela então fez com que eu me sentisse inadequado quando me informou (estou usando a mim aqui no lugar do analista real) que tratou com sucesso sua dor com analgésicos. "No meio de quatro projetos" faz com que eu me sinta ainda mais culpado por obrigá-la, pela minha ausência, a ser a "babá" da criança analítica. É tudo o que ela podia fazer para adaptar-se à proliferação de suas emoções desacompanhadas enquanto eu estava fora. "Apenas preciso de mais" constitui um apelo pungente para que eu mostre a ela meu amor incondicional, para que eu repare os danos aos seus sentimentos. Mas ela tem medo de magoar – o que faz com que eu me sinta ainda mais culpado, pois ela não pode confiar que sou capaz de lidar com seus sentimentos negativos com equanimidade.*

Analista: Imagino que você fica muito ansiosa quando se entusiasma, que se desconecta da sua emoção e se torna intelectualmente convincente.

JSG: Note "desconexão": um ataque a vínculos e ao self?

Analisanda: Sim, então me perco e balbucio, e acabo por sentir-me péssima, mandona e arrogante.

JSG: Minha premonição parece estar emergindo e quase sendo validada. Ela também está dizendo que sente que não pode expressar seu entusiasmo à analista, que ela agora percebe como uma figura superegoica ameaçadora, o que faz o analista-eu sentir-se culpado e incompreendido.

Analista: Você se sente muito vulnerável ficando conectada à sua excitação.

Analisanda: Sim, isso combina com as coisas da minha mãe!!! (Mudança dramática no humor, se inclina para trás. Pausa.) No fim de semana, saí com H (marido). Fomos a um restaurante não tão barato. Sabe, isso é incomum para mim. Ele até pediu uma garrafa de vinho. Calculei todos os gastos na minha cabeça. Ajudou o fato de ele ter ganhado um jantar grátis, pois o serviram muito tarde. De qualquer forma, permiti que isso acontecesse. Na verdade, não bebi muito, mas passamos uma noite muito agradável. (Parece mais vulnerável.) Então, para completar, fomos para outro lugar mais tarde, como um lugar deserto, sobre o qual eu andava curiosa fazia bastante tempo. Quer dizer, ambos pedimos uma sobremesa, eu escolhi, e H pediu até mesmo um conhaque. Essa foi a primeira vez que fizemos algo remotamente parecido com isso. (Parece muito vulnerável.) Eu até disse para H que andava ansiosa para sentar ao lado dele. (Pausa.) Quer dizer, é triste que isso seja especial, mas foi. (Olha para mim, e eu apenas sorrio.) Quer dizer, eu realmente gostei e comi minha sobremesa. Comi tudo. (Pausa.) *[História de anorexia.]*

JSG: "Coisas da minha mãe" sugere que, em seu relacionamento com sua mãe, sua excitação e curiosidade naturais haviam sido frustradas por uma mãe invejosa ou deprimida, que pode, sem dúvida, ter sido um continente negativo (projeção reversa das emoções dolorosas de sua filha de volta para ela). Também começo a pensar sobre vício.

Analista: Sabe, estou pensando sobre o início da nossa sessão, sua irritabilidade ao chegar aqui hoje. Agora penso que você estava muito ansiosa para me contar sobre isso.

Analisanda: Sim, eu estava, estou...Sabe...isso *está* ligado, confie em mim. Não estou fugindo dos meus sentimentos. Temos essas revistas no escritório, *People's Magazine,* porcarias como essa [fala sobre como lida com o conflito em relação a isso com seus colegas], mas tinha também *Psychology Today,* e vi o título, algo como "A luxúria pode durar", ou algo assim, e claro que me interessei muito. Então havia um artigo sobre o amor entre pacientes e terapeutas. (Ruboriza.) Era um artigo tão ruim! [justifica longamente sua perspectiva.] Mas o que eu sei? (Lê meu rosto cuidadosamente enquanto fala sobre isso.) É tão banal e unidimensional, a maneira como falam sobre isso. Alguém menciona até mesmo que, em alguns lugares, você pode casar dois anos após o término do tratamento – como se fosse esse o problema. Tão estúpido, reduzir tudo à questão do incesto. Não sei o que você pensa sobre *Psychology Today,* mas de qualquer maneira é um artigo muito limitado. (Ela olha diretamente para mim, e depois cobre o rosto, lágrimas correndo.) Eu gostaria de poder ter contado ao Dr. D (terapeuta anterior, que deixara o país) sobre este fim de semana.

JSG: Acredito que ela está expressando seu desejo de espelhamento e aprovação pelo analista-eu, querendo que eu fique orgulhoso dela, mas se protege de aproximar-se muito por medo de ficar vulnerável ao "abuso de intimidade", como aconteceu com seu terapeuta anterior.

Analista: Você gostaria que o Dr. D pudesse conhecê-la dessa forma.

Analisanda: (chora silenciosamente, cobrindo o rosto): Sabe, eu era tão boa, nunca fiz algo inapropriado, exceto uma vez quando pesquisei o nome da esposa dele no Google. Nunca o persegui, ou implorei por ele. Você sabe como foi difícil!!!??? (incomumente aberta em relação aos seus sentimentos, parece que algo se abriu.) E eu iria querer algo de volta. (Mais lágrimas.)

Analista: (sentindo-se muito comovida e inclinando-se para frente).

Analisanda: (move-se para trás e se retrai): Aceitação e riso. . . como quando ele comentou: "Estou tentado a lamber você." (Ela ri desajeitada, levanta-se – é o fim da sessão –, coloca sua jaqueta ainda falando, se vira.) Nos vemos amanhã.

FIM DA SESSÃO

Comentário de JSG

Esta sessão pungente começou com um protesto oculto contra a crença da analisanda, em sua phantasia inconsciente, de ser ao mesmo tempo excluída e explorada. Os contextos adaptativos são o fim de semana e a mudança na frequência das sessões, de quatro para três. Ocorreu uma transformação na sua relação emocional com sua analista quando a analisanda deixou de ser uma pária impaciente e passou a revelar seu desejo de contato íntimo com ela. Ela "incestualiza" – ou seja, sexualiza – sua dependência, e lhe parece difícil reconhecer isso diretamente. Sua afirmação anterior – "isso combina com as coisas da minha mãe!!!" – sugere que ela teve más experiências quando bebê e criança com sua mãe. Ouvimos sugestões de que ela sofreu de anorexia. Também é sugerido vício. Suspeita-se de uma catástrofe infantil. Em termos de técnica, acho que eu teria escutado suas queixas empaticamente – como a analista fez –, e então teria interpretado sua ansiedade em relação aos seus sentimentos vergonhosos, bem como raivosos e de protesto, por ter sido abandonada no fim de semana e por ter perdido sua quarta sessão. Eu teria ligado esses sentimentos aos seus outros sentimentos de sentir-se incompreendida, diminuída e explorada pela analista. Ela tem que fazer um cheque para pagar a analista, que não lhe oferece seu amor incondicional (gratuito). Eu também teria interpretado que ela pode ter medo de revelar seus sentimentos amorosos e carentes, porque tem ansiedades em relação a "cruzar a fronteira": que suas necessidades de amor são tão poderosas que ela oprimiu e comprometeu seu analista anterior, e pode fazê-lo novamente com a atual – como revelado pela situação real em que seu analista anterior parece ter querido que ela e ele ignorassem o limite analítico. Eu teria abordado essa questão sobre ela não ser capaz de confiar em mim – seu analista atual – por medo de sua capacidade (através de identificação projetiva) de me sobrecarregar, como ela pode ter sentido que sobrecarregou seu analista anterior. Me vejo derretendo em sua direção, e sinto-me aliviado da minha culpa e vergonha emprestadas.

(Note que minhas interpretações do que acredito serem suas phantasias inconscientes de nenhuma maneira a culpam pelo infeliz trauma com seu analista anterior. A culpa de fato é claramente dele. O inconsciente da analisanda pode ter outra opinião, no entanto.)

21. Exemplo clínico 14

Análise de um sonho em uma sessão analítica

Breve história pregressa

O paciente é um produtor de cinema casado de 43 anos, que estava em análise fazia pouco mais de um ano quando este sonho ocorreu (ele foi mencionado em alguns estudos de caso anteriores). É importante mencionar, em relação à história pregressa, a lembrança de ter sido repetidamente espancado por sua mãe. Os pais se divorciaram quando ele tinha 10 anos. Ele teve uma série infindável de casos sexuais tórridos com várias atrizes e, às vezes, prostitutas. Esse comportamento acabou rapidamente ao iniciar a análise e compreender o quanto isso representava sua raiva em relação à sua mãe – bem como seu desejo velado por ela.

Contexto adaptativo: A esposa do paciente acaba de ficar grávida, e ele em breve se ausentará por uma semana por motivos de trabalho. Esta é a segunda das cinco sessões da semana. [Cada elemento do sonho e atividade/ação no conteúdo manifesto foi identificado com uma letra; estas são exploradas posteriormente.]

Analisando: Tive um sonho estranho ontem à noite. Eu estava *fazendo* (a) *um documentário sobre* (b) *água. Lembro-me de um* (c) *parque industrial degradado com edifícios ou barracas com* (d) *telhados de metal corrugado.* (e) *Começou a chover. Tinha* (f) *uma mulher mais velha lá – uma* (g) *prostituta. Fui pegar minha* (h) *câmera, que, estranhamente, tinha a forma de um* (i) *ferro.* (j) *Não consegui encontrá-la.* (k) *A prostituta não era comum. Ela era* (l) *"exclusiva", como uma* (m) *namorada: estava lá só para mim. Fiquei fascinado com seus* (n) *seios.* (o) *Eu não tinha dinheiro suficiente para pagá-la.* (p) *Tive que retornar e fazer o documentário.*

Associações do sonho

Analisando: Acordei do sonho e comecei a lembrar-me de todos os (q) casos que tive desde que me casei. Busquei alguns deles (r) de forma quase delirante. (s) Uma parecia se destacar. Ao visitar minha esposa, que trabalhava então em Nova Iorque, liguei para essa menina. Ela era (t) diferente de outras prostitutas. Ela era muito jovem (19) e agia como se fosse uma namorada, e não uma prostituta. Na verdade, ela realmente começou a desenvolver sentimentos por mim e parou de cobrar. Procurei por ela na internet hoje apenas para ver se ela ainda estava por aí. Está. Ela largou a prostituição e voltou para sua família em Nova Jersey, e entrou no negócio da família por um tempo. Mas, aparentemente, voltou à prostituição. (u) Li o que seus clientes publicaram na internet sobre ela. Foi estranho ler seus relatos. As experiências deles com ela foram semelhantes à minha. (v) Isso me lembrou do meu caso com R. Ela participou certa vez de um filme em que era casada com um homem muito mais velho. (w) O homem fez amizade com um homem mais jovem, que colocou sob seus cuidados, como se fosse o mentor do jovem. O jovem e a esposa se tornaram amantes (x), e ambos tiveram um final ruim no filme.

Analista: Água?

Analisando: (y) A piscina de uma vizinha estava fazendo barulho durante toda a noite e quase me acordou. [(z) Piscina *da vizinha?]* Ah, meu Deus, sim. (Ontem o paciente me disse que a casa de sua vizinha estava à venda. Ela recentemente fora sua amante e estava se mudando do bairro para casar.)

Desconstrução do sonho

Uma das funções do trabalho onírico (função-alfa) é codificar ou criptografar (transformar) os estímulos evocativos (O) que ameaçam o sono do analisando (y, z), sejam esses estímulos físicos (motor da piscina) ou psíquicos (a vizinha com quem ele recentemente tivera um caso). O trabalho onírico visa codificar (transformar) os estímulos evocativos (O) que estão ocorrendo *simultaneamente* (eixo vertical da Grade – Bion, 1977), e realocá-los em sequências narrativas esteticamente transformadas em um *eixo horizontal* – de forma a ligar os estímulos potencialmente perturbadores (O), os mitificando em phantasias inconscientes.

- "Fazendo um documentário" (a, p) e "câmera no formato de um ferro" (h, i) → concessão voyeurística, a fim de ser visualmente incluído na cena primária. "Ferro" pode se referir a uma mãe e/ou esposa que passa roupa (domesticidade?) e também ao analista, que, espera-se, irá "fazer passar" (resolver) suas preocupações.

- "Som do motor da piscina da vizinha", "água" e "chuva" (b, e, y, z) → a lembrança dolorosa de um caso com alguém que vivia muito perto dele – e seu alívio por ela estar se afastando.
- "Parque industrial degradado" (c), "telhados de alumínio corrugado" (d) → ventre e vagina da mãe e da esposa – tudo sugestivo de suas preocupações em relação à gravidez de sua esposa e muitas outras associações relacionadas do passado, bem como do presente.
- "Uma mulher mais velha" (f) – "prostituta" (g, k, l e m) seu desejo retroativo de que sua mãe fosse sua "prostituta", isto é, traísse seu pai e ofertasse a ele amor incondicional, que é encenado por deslocamento em seus casos proibidos.
- "Os seios" (n) entram em jogo por causa da gravidez de sua esposa. Ele teme perder acesso exclusivo aos seios por causa da rivalidade fraterna com seu futuro filho.
- "Eu não tinha dinheiro suficiente para pagá-la" (o).

Todas as categorias "alfa"-"bet(a")izadas anteriormente se encontram no eixo vertical (metafórico). A tarefa da interpretação é *narrativizá-las* com função-alfa avançada (Bion, 1962b) em um eixo horizontal (metonímico) – sob a forma de uma interpretação. A interpretação constitui os resultados do desfazimento ou reversão do trabalho onírico.

Interpretação do sonho (reversão do trabalho onírico) (função-alfa)

Analista: Seu sono foi ameaçado pelo "motor da piscina" da sua vizinha, que se relaciona com o som da água e da chuva em seu sonho. "Vizinha" sugere a ex-amante, e seu alívio por ela estar deixando o bairro. Você mencionou que estava interessado nos seios da prostituta. Sua esposa está grávida de um pequeno ser que ameaça tirar a atenção e os seios dela de você, então você busca conforto nos seios da prostituta, a quem você não pode pagar. A prostituta sou eu, que você gostaria que fosse como aquela que, por fim, parou de cobrar de você para mostrar o amor *dela*: *meu* amor. O ferro: as coisas passando, se resolvendo, mas um ferro simbolizaria também cuidar da casa – talvez a mãe. O nome dela era como o meu. Fazer o documentário parece ter conotações voyeurísticas: um esforço para controlar com seus olhos a sexualidade proibida. O parque industrial sugere o ventre de sua esposa e de sua mãe, com os telhados de metal corrugado, como a vagina. A referência a R e ao filme em que ela era casada com um homem mais velho sugerem sua angústia por ter sido deixado de fora da relação sexual mãe-pai quando jovem, e talvez atualmente comigo e minha companheira, quando você sai da análise para ir à locação. Você não só se sentiu deixado de fora da relação pai-mãe, você também se sentiu deixado de fora da intimidade com sua mãe quando criança. [Histórico: ele não foi amamentado quando bebê. Sua mãe, segundo ela própria, sofreu depressão pós-parto. Sua irritabilidade depressiva resultou em muitos episódios em que repreendeu e maltratou fisicamente o analisando.]

Analisando: Acho que você está certo. Sou grato a você por ter me salvado, e ao meu casamento.

Alguns pontos dignos de menção sobre análise de sonhos

Freud (1911e) recomenda que devemos tratar a interpretação dos sonhos de forma similar às outras associações livres do analisando durante a sessão (pp. 92-94). A versão (comunicação pessoal) de Bion desta sugestão é que aquilo que normalmente chamamos de "sonhos" ocorrem durante o sono, e são transformações visuais de elementos oníricos compostos de deslocamentos de objetos externos e internos. Além disso, Bion acredita que todo processo de percepção – os processos pelos quais observamos objetos – inevitavelmente envolve alterações transformadoras da nossa experiência do estímulo do objeto – e, portanto, trata-se de um sonho. A partir das concepções de Freud e Bion concluo que, se a análise de sonhos deve ser considerada isomorfa em relação à análise das associações livres (e que o sonho relatado é apenas outra associação, que constitui um elo em uma cadeia com outras associações), então: (a) cada sessão analítica constitui um sonho, e um sonho que é relatado na sessão torna-se um "sonho dentro de um sonho"; (b) se o que precede é verdade, então todos os objetos relatados nas associações livres do analisando, especialmente os externos, são virtualmente apenas deslocamentos (significadores), sem exceção, de aspectos do mundo interno do analisando, e não devem receber o status de equivalentes a pessoas que interagem. Tratam-se de "elementos oníricos" anônimos.

O sonho é uma articulação da importância do *contexto adaptativo* (Langs, 1976a, 1976b, 1981a, 1981b) ou *resto diurno* (Freud, 1900a), como uma expressão das preocupações atuais quanto ao efeito psíquico da "mudança catastrófica" iminente (Bion, 1970). A função do sonho é garantir o sono e a atenção consciente durante o dia. Um sono reparador é a função de uma organização onírica inefável ("o sonhador que sonha o sonho", Grotstein, 1979, 1981b, 2000), uma *Presença viva, daimon* (no sentido grego antigo) ou homúnculo, que emprega as capacidades estéticas, perceptivas e cognitivas do indivíduo para tecer uma narrativa linear que temporariamente refreia as ansiedades (O) do indivíduo e as coloca em um "aposento pronto" para pensamento adicional via organização e reflexão.

22. Exemplo clínico 15

Albert Mason

Os exemplos clínicos 15-18 constituem uma "vitrine" para a demonstração de técnicas psicanalíticas comparativas dentro do espectro kleiniano → pós-kleiniano → bioniano. Convido o leitor a prestar muita atenção não apenas às intervenções destes analistas, mas também às sutilezas do pensamento deles sobre seus casos.

As breves apresentações de casos neste e no próximo capítulo ilustram como trabalha um kleiniano clássico. Albert Mason fez sua formação no Instituto Britânico de Psicanálise e foi analisado por Hanna Segal. O leitor rapidamente reconhecerá que seu trabalho pertence à obra kleiniana clássica. Eu, pessoalmente, fui muito influenciado por ele, que foi meu primeiro supervisor kleiniano e tornou-se, após a partida abrupta de Bion, meu analista. Os dois casos que seguem são de seu trabalho ainda não publicado, "Transferência".

Uma mulher de 28 anos de idade entrou rapidamente em meu consultório no início da manhã de uma segunda-feira, após uma interrupção de fim de semana. Ela estivera em análise por seis meses, e viera originalmente temendo a repetição de um surto psicótico que ocorrera sete anos antes. Entrou rapidamente na sala, de uma forma que lhe era incomum, e, depois de deitar-se, começou a falar antes mesmo que eu chegasse à minha cadeira. "Está agradável, silencioso e tranquilo aqui, e você parece feliz em me ver", ela disse, "mas você engordou!"

Sem mais delongas, começou a falar sobre um sonho que tivera na noite anterior à sessão:

> *Eu estava em um barco pela manhã, me aproximando de uma ilha através de uma névoa. Nessa ilha viam-se à distância duas belas colinas redondas. O barco estava indo muito devagar, e decidi nadar, para que eu pudesse chegar lá mais rápido. (Pensei em sua entrada rápida em meu consultório, e no fato de que ela não esperara que eu me sentasse para falar.) Mergulhei na água, cortando sua superfície. Quando voltei do mergulho, vi dois meninos gêmeos no topo das colinas, com adagas em suas mãos. Eu agora sabia que não deveria ir para lá. Pensei que eu poderia ser morta.*

Esperei não mais do que um ou dois minutos para ver se a paciente tinha alguma coisa a acrescentar, ou quaisquer associações com o sonho: "Você adormeceu?", ela perguntou abruptamente. Comecei a falar, provocado a dar uma resposta banal, como "Você tem alguma ideia sobre o sonho?", quando ela interrompeu com, "Quando você é sarcástico assim, não consigo ouvir uma palavra que você diz!"

Ocorreram-me então dois detalhes da história da paciente: (1) Ela fora desmamada após duas semanas – porque, segundo sua mãe, "amamentar não combinava com ela" –, e sofria de vômitos persistentes e não ganhava peso. (2) Dos dezesseis até mais ou menos os vinte anos tivera um distúrbio alimentar, que se transformou em anorexia grave. Nesta sessão, parecia estar emergindo um padrão, ligando o sonho da paciente, sua história, *seu enactment* na sessão, o contexto da sessão (segunda-feira de manhã) e a transferência. Acredito que qualquer um desses elementos pode ser interpretado de uma infinidade de maneiras, e que devemos esperar que surjam vários temas coincidentes que nos concedam o luxo da evidência, a partir da qual podemos formar algo chamado uma interpretação. A separação do objeto primário desta paciente parecia gerar sentimentos insuportáveis de ansiedade, privação ou fome, o que resultava na paciente projetar-se em seu objeto. Uma consequência dessa defesa, demonstrada pela vinheta anterior, era paranoia. Sentimentos de separação e privação eram estimulados pelo intervalo entre as sessões de sexta e de segunda-feira, representado em seu sonho, em que as colinas estavam distantes e o barco demorava para alcançá-las.

O sentimento insuportável parecia estar relacionado com a separação de um objeto bom, como a paciente inicialmente me percebia: calmo, tranquilo e acolhedor (eu estava feliz em vê-la). Ela não podia esperar – ou seja, conter seus sentimentos de impaciência –, pois o barco era muito lento. Ela entrou no meu consultório rapidamente, me provocou a responder prematuramente à sua pergunta "Você adormeceu?", e me interrompeu quando falei. Sua projeção em seu objeto foi ilustrada no sonho por seu impaciente mergulho na água, cortando sua superfície, assim como ela mergulhou na minha mente com sua pergunta abrupta, momentaneamente interrompendo minha capacidade de me distanciar e refletir sobre o material.

A paranoia produzida por suas intromissões bruscas tomava muitas formas. No sonho, as colinas redondas se metamorfosearam em mamilos que eram masculinos, ou seja, penetrantes e perigosos (os gêmeos com punhais). Historicamente, ela vomitara o leite de sua mãe quando criança, e era fóbica em relação à comida quando adolescente. O seio e todos seus derivados posteriores tornaram-se perigosos. Minha interpretação também se tornou transferencialmente cortante (sarcástica), e ela não conseguia ouvir o que eu tinha para dizer. Meu alimento para o pensamento sofreu o mesmo destino que o leite de sua mãe e as colinas no sonho.

Klein recomendava que uma interpretação se dirigisse ao ponto de máxima urgência, ou à ansiedade mais grave que se apresentava. Aqui, senti que seria necessário tratar em primeiro lugar a paranoia da paciente, pois essa paranoia teria distorcido todas as outras interpretações e teria resultado na paciente sentir-se mal compreendida, no melhor cenário, e atacada, no pior. Então interpretei: "Deve ser muito assustador que subitamente alguém de quem você gosta ou precisa pode passar a machucá-la". Eu também poderia apontar que fora isso que ocorrera aqui entre nós. A paciente ficou visivelmente mais calma, e falou sobre como era frequente homens de quem ela havia gostado a decepcionarem ou enganarem. O papel desempenhado pela paciente nessas relações abortivas poderia gradualmente, ao longo de um período de alguns meses, ser revelado, usando a dinâmica ilustrada pela vinheta. Assim como a paciente originalmente se intrometera no seio e em mim, transferencialmente, também seu comportamento ciumento, possessivo e intrusivo com homens fazia com que eles se sentissem presos e controlados, vindo a romper o relacionamento.

Desejo transmitir com esta vinheta alguma ideia de como penso e trabalho e como uso a transferência. Tento prestar *muita atenção no aqui e agora da sessão* – no que o paciente está dizendo, por mais trivial ou não relacionado que possa parecer –, por acreditar que *cada comentário sobre a realidade,* seja sobre o tempo ou o estacionamento lotado, *contém conteúdo e phantasia inconsciente.* Com sua descoberta da terapia do jogo, Klein trouxe à nossa atenção que o *que quer que uma criança faça* (e isso se aplica igualmente à parte infantil da personalidade adulta) *é também um reflexo do seu mundo interior de phantasia, e nunca é aleatório ou sem sentido* (grifos nossos). Também presto atenção às ações dos pacientes: como eles chegam, usam o divã, pagam os honorários, chegam tarde ou cedo. Presto atenção ao que o paciente faz com o quadro analítico, pois o quadro é, inconscientemente, sinônimo do analista.

Comentário de JSG

Marquei em itálico alguns dos pontos principais de Mason. Pode-se ver como ele escuta a ansiedade máxima inconsciente da paciente na sessão, e como ele a interpreta em termos de relações infantis de objeto parcial com objetos do passado e com o analista no presente, recontextualizando a história pregressa da paciente com uma nova ênfase na transferência aqui e agora. Vê-se também como ele usa suas próprias emoções como instrumento analítico. Gostaria de falar mais sobre como ele, enquanto kleiniano, demonstra como vê a reconstrução. Na análise freudiana clássica, o analista poderia dizer (como me foi ensinado): "Eu (o analista) lembro a você seu pai" [movendo-se do presente para o passado]. Um kleiniano diria: "Quando você fala de seu pai, acho que você também está falando sobre mim agora" [movendo-se do passado para o presente.]

23. Exemplo clínico 16

Albert Mason

Gostaria de dar outro exemplo clínico para demonstrar essas ideias.

O paciente em questão, "Richard", começou a sessão falando sobre sua negligência com o trabalho e seu fracasso para cobrar dos clientes. Lembrei que ele ainda não havia feito meu pagamento, o que era muito incomum tão tarde no mês. Ele disse que tinha esquecido. "Eu sei, eu sei" – querendo dizer que ele sabia que não havia sido acidental, e acrescentou sarcasticamente, "Você não poderá comprar um peru para sua linda família, e sua esposa vai se perguntar para onde foi seu dinheiro." A implicação aqui era que eu estaria fazendo algo ilícito. Richard seguiu então dizendo que havia telefonado para John, seu ex-amante, para desejar-lhe um feliz feriado de ação de graças, e "acidentalmente" discara o número da casa dele, em vez do número do seu trabalho. Previsivelmente, a esposa de John atendeu o telefone, e não era difícil de imaginar a ruína do fim de semana do ex-amante que se seguiu a isso.

Comecei a interpretar que ele não suportava seu ciúme da minha esposa e da esposa do seu ex-amante, mas ele me interrompeu em voz alta e com raiva, para falar sobre sua sobrinha. Ela estava abrindo mão de seu amado bebê em favor do seu ex-marido, porque ele a estava ameaçando e ao seu atual amante. Richard quase gritou: "Nenhum deles está pensando no bebê e nos danos que isso causará a ele – somente em seu próprio egoísmo!" Estava claramente falando sobre os ciúmes narcísicos do marido por sua ex-esposa e seu amante. Lembrei-me de duas separações na infância do paciente: uma após seu nascimento e outra quando ele tinha dois anos e meio, após o nascimento de sua irmã odiada. Novamente tentei interpretar e associar o ciúme geneticamente, quando ele interrompeu mais uma vez com um sonho que disse ter tido na noite anterior: "*John estava na igreja com uma mulher asiática – a beijando. Mais tarde, ele estava patinando comigo, e sua esposa e filho estavam assistindo.*" O paciente associou que a esposa de John não era asiática, e que a mulher na igreja era de um amarelo-marrom escuro.

Finalmente consegui formular uma interpretação sobre o ciúme que Richard sentia da minha esposa, que me levava para longe dele no feriado de Ação de Graças, bem como na iminente interrupção de Natal. Esse ciúme levou a uma reativação de seu ciúme da esposa e dos filhos de John, a quem ele tentou ferir no feriado de Ação de Graças com seu telefonema "acidental". Seu sonho ilustrava como o ciúme da esposa de seu ex-amante e o ódio de sua união – os beijos na igreja – faziam com que a mulher ficasse da cor marrom amarelado: um ataque infantil com urina e fezes. Lembrei-o do atraso no pagamento de meus honorários, do seu comentário sobre o peru e como isso tinha como objetivo estragar meu feriado de Ação de Graças, e fazer minha esposa suspeitar do que eu estava fazendo com ele ou com meu dinheiro. Acrescentei que talvez minha esposa sentisse que eu o estava tratando de graça, por amor. Também comentei que ele patinava em fantasia com John, enquanto sua esposa e filho assistiam, sem dúvidas, cheios dos ciúmes e raiva que ele colocara neles. Assim como ele atacava a relação de John com sua esposa no sonho e na realidade com seu telefonema, ele me interrompia na sessão quando eu tentava ter relações sexuais com sua mente.

O paciente gritou para mim: "Você está cuspindo em cima de mim enquanto fala, e posso sentir o cheiro do seu peido!" Então lembrei a ele da mulher marrom-amarelada que havia sido desvalorizada como resultado de seus ataques com urina e fezes, como o bebê-ele deve ter atacado sua irmã Sylvia e sua mãe quando elas foram para Atlanta e o deixaram, aos seus dois anos e meio de idade. Ele agora sentia que eu era o pai que o atacava de volta, mijando e cagando em cima dele com minhas interpretações. Em algum momento na sessão, também comentei que sua raiva dos pais por prejudicar o bebê estava vinculada à sua negação do mal que ele fizera à sua parte bebê – a parte que precisava de nutrição analítica – por seus ataques contra mim e o processo analítico. Houve um longo silêncio até Richard responder, de maneira discreta, "Gosto quando você escuta a tudo o que digo."

Kleinianos acreditam que as relações de objeto começam no nascimento, provavelmente antes. Desde o início, o conflito dominante é entre amor e ódio. Duas importantes consequências desse conflito são ansiedade e culpa, para que a destrutividade odiosa não domine impulsos amorosos ou libidinosos e os objetos aos quais eles são direcionados. As clivagens do objeto e do *self* em bons e maus são vistas como realizações de desenvolvimento necessárias que, em certa medida, preservam o objeto bom. Quando ocorre integração das divisões e o indivíduo se torna consciente dos objetos totais, reconhecendo que o ódio é dirigido para o mesmo objeto que é amado, então culpa e remorso se estabelecem. Quando o desenvolvimento prossegue bem, ocorrem impulsos e atividades reparadoras; em circunstâncias menos afortunadas, defesas maníacas contra a culpa e a ambivalência dominam. Essas mudanças também são influenciadas e afetadas por situações externas, em que experiências ruins – de frustração e privação – aumentam o ódio, e boas experiências incentivam o amor.

Comentário de JSG

Mais uma vez vemos como Mason centra-se diligentemente sobre as relações de objeto parcial entre o paciente e ele próprio nos contextos tanto do quadro atual (ausências de fim de semana e férias) quanto de memórias revividas da história pregressa. Aqui, como no exemplo clínico 15, imagens de objeto total se transformam em imagens de objeto parcial fantasmagoricamente alteradas. Espero que o leitor aprecie como Mason enfatiza as ramificações clínicas da identificação projetiva, clivagem entre os objetos parciais bons e maus, e as defesas maníacas. Observe como, em geral, Mason equilibra sua atenção entre o material do texto de associações livres e seu radar emocional para detectar transidentificações projetivas enviadas secretamente pelo paciente. Observe também como ele demonstra a diferença entre identificação projetiva como uma evacuação do desconforto na imagem do objeto, pela parte infantil da personalidade do paciente, e transidentificação projetiva (Grotstein, 2005), empregada como uma comunicação com o analista (Bion, 1962a, 1962b).

24. Exemplo clínico 17

Ronald Britton

Ron Britton é um dos principais representantes da escola pós--kleiniana contemporânea de Londres, e é único em seus pontos de vista. Ele era um dos membros originais da oficina de Betty Joseph.

Os exemplos clínicos 17 e 18 foram extraídos do trabalho não publicado de Britton, "The Baby and the Bathwater"*. O tema principal desse trabalho são os "modelos" do pensamento na teoria e na prática. Estamos cientes do uso por Bion (1962b) de modelos como instrumentos de pensamento que são análogos externos ao objeto sendo estudado. Nesse sentido, Britton usa o termo "modelo" teoricamente, mas ele também o usa clinicamente para indicar o sistema de crenças pessoais de um paciente.*

Modelos na prática clínica

Um ponto de encontro para modelos científicos e modelos pessoais é o consultório psicanalítico, e eu gostaria de ilustrar isso a partir de dois casos reais.

Apresentação clínica

Este caso exemplifica como se pode encontrar um modelo clínico familiar ao trabalhar com um paciente. O caso, que supervisionei, é sobre "Peter", um homem com *gagueira severa* que havia sido tratado sem sucesso por uma variedade de métodos psiquiátricos e terapia da fala, e então foi encaminhado pelo Serviço Nacional de Saúde para psicoterapia psicanalítica. Não trabalhava; era casado, mas não tinha relações sexuais, e permanecia associal a maior parte do tempo. Evitava falar com sua mãe ao telefone, e escrevia cartas datilografadas para ela. O modelo que descrevo surgiu primeiro em minha mente, e o comuniquei para a analista, que o manteve em mente, acredito, mas só foi convencida quando o paciente, em seus próprios termos, descreveu esse modelo a partir da sua própria experiência cotidiana. Tratava-se da *organização narcísica de Herbert Rosenfeld, em que o indivíduo é proibido de vincular-se profundamente ou comunicar-se livremente com qualquer objeto externo por uma figura interna, ou grupo, que pune e oferece consolo solipsista* (grifo nosso).

Peter gaguejava em suas sessões, e de forma não declarada desenvolvia uma forte transferência positiva com sua analista mulher. A contratransferência também era positiva, e incluía uma boa dose de preocupação, com imagens inesperadas de violência indizível e receios de suicídio. Em nossas supervisões, *elaboramos um modelo do paciente tentando fazer contato e sendo atacado a partir de dentro por uma organização narcisista que mutilava seu discurso* (grifo nosso). O analista tinha pouca oportunidade de dizer muito para Peter, que apesar de sua gagueira, enchia as sessões com sua fala. Com o passar do tempo, ele ficou mais confiante, e revelou a extensão de sua reserva e o quanto nunca dissera a ninguém, incluindo a analista. Era, ele disse, "uma oportunidade única na vida" – ele nunca, nunca, falara para qualquer um o que estava em sua mente. Sua mãe costumava perguntar o que ele estava pensando, mas, segundo ele, "Eu preferiria cortar minhas mãos do que falar para ela". Como estávamos descobrindo, ser tocado tinha de ser evitado, tanto física quanto metaforicamente.

Seus segredos surgiram, e descobrimos que, quando estava sozinho, ele falava consigo mesmo fluentemente em voz alta, sem gaguejar, e que ele também nunca gaguejava quando falava com crianças ou animais. Desde quando tinha 14 anos, ele disse a ela, havia uma voz em sua cabeça que ordenava que ele não falasse e não se aproximasse de ninguém. Esse "outro Peter", como ele agora chamava, o estava punindo depois de suas sessões, especialmente quando haviam sido agradáveis. A análise passou por um período difícil para a analista quando Peter estava tentado a fazer mal a si mesmo, por vezes, se cortando e pensando em suicídio. A disposição de sua analista a saber de tudo isso, mantendo-se atenta e disponível, levou a análise para águas menos turbulentas.

Não posso fazer justiça aqui a este caso em toda sua complexidade: somente quero ilustrar a utilidade do modelo de Rosenfeld na compreensão do paciente. Mas antes de deixá-lo, eu gostaria de ilustrar a natureza transformável dos modelos, de pensamento para fala e ação.

Peter sempre chegava dois minutos antes de sua sessão e era recebido pela recepcionista na sala de espera, onde a analista o buscava. Certo dia, ela chegou à porta ao mesmo tempo que Peter e, portanto, abriu a porta e o acompanhou até a clínica. Quando ela pendurou seu casaco e saiu para buscá-lo, ele não estava lá. Alarmada, ela olhou pela janela e o viu saindo com seu carro do estacionamento; ela estava, naturalmente, perplexa e consternada. Alguns momentos depois, a recepcionista anunciou que seu paciente estava esperando por ela. Ele tinha saído, esperado um momento antes de voltar, e começado novamente, chegando à clínica da forma habitual, sendo recebido pela recepcionista. Sua racionalização inicial era que ele tinha que voltar a estacionar seu carro, pois ele precisava estar a certa distância mínima de qualquer outro para evitar contato. Mais tarde, ele admitiu que estar tão próximo da analista a ponto de poder tocá-la o havia deixado nervoso. Sua gagueira, sempre de um tipo hesitante, repetitivo, fora agora reproduzida em ação, e demonstrara como regulava a proximidade em um homem impulsivo com medo de desafiar seu outro *self* ao estabelecer contato apaixonado. *Depois disso, ele falou sobre um padrão doloroso em sua infância: todo domingo de manhã, ele e seu irmão ficavam deitados em suas camas ouvindo seus pais tendo relações sexuais no quarto ao lado; em seguida, a porta se abria e seu pai entrava, dizendo: "e agora é a vez de vocês", pegava o chinelo e batia neles. Isso desenrola outra história, aprofunda a análise e indica um modelo transgeracional* (grifo nosso).

Comentário de JSG

Esse foi um caso supervisionado, então não temos uma visão clara de como a analista interveio. O que é digno de nota, no entanto, é como Britton pensou sobre o caso, como ele gradualmente concebeu um modelo para abranger o interior conturbado e preocupante do paciente. Esse modelo pressupõe que o paciente tinha um sistema de crenças em que ele era proibido de ter contato, física ou emocional-

mente, com qualquer pessoa do lado de fora. Também é de interesse aqui, e no exemplo clínico 18, o reconhecimento de Britton do fator do trauma infantil – e como ele lida com isso como uma estrutura interna brutalmente possessiva e proibitiva.

Nota

Gostaria de expressar minha gratidão a Ron Britton, por sua gentil permissão para que eu citasse seu trabalho "*The baby and the bathwater*".

25. Exemplo clínico 18

Ronald Britton

Este breve material de caso também vem do trabalho não publicado de Ronald Britton "The baby and the bathwater".

Este caso *refere-se a eventos que se desenvolveram através de várias gerações, que parecem ter moldado um modelo psíquico* que lentamente emergiu no decorrer da análise de uma jovem paciente minha. Diferentemente do primeiro caso, não se trata do surgimento de um padrão clínico semelhante a um modelo teórico familiar, mas sim de um modelo peculiar ao paciente. Ele evoluiu na minha mente a partir de fragmentos de material espalhados por vários anos de análise. Desta forma, está de acordo com a noção de *fato selecionado* de Bion, que adotou o conceito de "fato selecionado" de Poincaré para descrever sua abordagem ao material analítico. Poincaré descreveu a escolha de um "fato selecionado", dentre um acúmulo de fatos indiferenciados, que prende a atenção do cientista de tal maneira que todos os outros dados se inserem em um padrão forjado por sua relação com esse fato. Ele propõe que uma vez que este seja selecionado, referências e eventos descritos que eram, até então, aparentemente desconexos, cristalizam-se em torno *dele. O fato selecionado a que me refiro nesta análise é "alguém desaparece", mas cheguei a essa conclusão somente após dois anos e meio de análise.*

O problema manifesto que trouxe essa jovem mulher para análise, por insistência de sua mãe, era uma incapacidade de começar as coisas: a procrastinação afligia seus relacionamentos, suas condições de vida e seu trabalho; ela também não conseguia concluir qualquer coisa. Isso significava não ser capaz de encerrar relacionamentos insatisfatórios; não ser capaz de parar uma coisa a fim de começar outra; e não ser capaz de chegar a conclusões. Ela não conseguia decidir o que deveria fazer, porque não conseguia decidir o que realmente pensava ou o que realmente sentia. Descobri no curso da análise que por trás dessa série de problemas manifestos havia *dois fenômenos principais. Um era que ela não conseguia manter sua própria linha de pensamento subjetivo sobre qualquer assunto se a linha de pensamento de qualquer outra pessoa cruzasse a sua. Não era uma simples questão de ceder à contradição: seu próprio ponto de vista desaparecia. O segundo era uma ansiedade existencial: ela temia deixar de existir como pessoa em algum sentido que ela não conseguia realmente descrever* (grifo nosso). Na adolescência, ela tivera severa fobia de espelhos.

Ela tinha vinte e poucos anos e uma irmã dois anos mais velha. Minha paciente tinha quatro anos de idade quando a família veio de Israel para a Inglaterra, e toda sua educação deu-se em escolas inglesas locais. Ao contrário de seus pais, seu inglês é totalmente sem sotaque, fluente, e pode ser literário ou idiomático. Graduou-se com muito sucesso em estudos teatrais, com o objetivo de se tornar diretora de teatro. Temia, no entanto, ter que aparecer no palco. Sua irmã é uma agente literária bem-sucedida. Os vínculos com Israel permaneceram fortes através de uma rede de primos e amigos de longa data e de sua avó materna, de quem ela era particularmente próxima.

Em grande medida, *sua história era lembrada nas sessões como se a lembrança fosse um comentário da paciente à interpretação da transferência e dos acontecimentos atuais em sua vida.* Por bastante tempo, a contribuição inicial da paciente para a análise era o *silêncio;* e descobri que a maneira como eu trabalhava era moldada pela paciente, e por minha resposta às suas comunicações e falta delas. É verdade que muitas vezes mencionei que *minha abordagem é diferente com pacientes diferentes, mas, neste caso, isso ocorria em uma medida incomum* (grifo nosso). Certamente muitos de meus pacientes e ex-pacientes não a teriam reconhecido. Questionei-me algumas vezes sobre estar trabalhando de forma tão atípica para mim, mas não me arrependi, ao olhar para trás depois de dois anos e meio. Nesse momento, surgiu material que deu sentido a algumas das minhas primeiras observações. Dois anos parece muito tempo de espera para obter confirmação de uma interpretação, e o que me surpreendeu foi minha própria falta de impaciência, dada minha personalidade habitual.

Este é um excerto de nossa segunda sessão:

> *Ela começou, "Passei a noite remoendo a sessão de segunda-feira em minha mente – não serei nada boa nisso."*
> *Eu disse: "Então ambos tivemos uma recepção hostil pelos críticos ao nosso desempenho."*
> *Silêncio por cinco minutos, em seguida ela diz: "Está OK hoje" (silêncio por 2 minutos), então: "Mas não vejo os*

alvos." (Apesar dessa frase, que parecia negar o valor do que tinha sido reconhecido, o silêncio que seguiu foi confortável e relaxado. Deixei que continuasse por 5 minutos antes de falar.)
Eu disse: "Você falou sobre alvos, uma palavra que poderia trazer duas imagens. Uma remete a objetivos especificados que medem realização, algo que um terceiro pode querer para nós; e outra é como alvos para tiro, que é possível atingir ou errar completamente."
Ela grunhiu – "isso é uma queda livre" (queda livre era uma expressão que ela usara na consulta para descrever um medo de cair). [Eu estava pensando na pequena quantidade de material e grande quantidade de silêncio, e nos meus esforços para acertar o alvo.]
Eu disse: "Um alvo parece ser uma coisa pequena para atingir, cercado por um espaço muito grande – então você tem pouca esperança de que suas palavras ou as minhas acertem em cheio, e se errarmos você estará em queda livre." (Permanecemos em silêncio por algum tempo – ela parecia relaxada, e eu me senti confortável – nem aborrecido, nem sonolento.)
Paciente.: "Eu estava no Jazz Club de Ronnie Scott ontem à noite e pensei – música é a resposta – apenas é intangível."
Eu disse: "Você diz intangível, mas a música é muito física, não é?"
Ela disse: "É?"
Eu disse: "Pensei que você estivesse descrevendo a música como indo através de seus ouvidos direto aos seus sentimentos; você não pode tocar na música nem vê-la, mas você a escuta, e ela tem uma linguagem. Você parece dar

tal posição dominante para a visão que o resto de suas percepções não conta. É como se estivesse dizendo que qualquer coisa que acontece aqui em termos de experiência de nada serve se você não vê o objetivo."

(Silêncio por 5 minutos.)

Paciente. "Sabe, eu disse na segunda-feira, 'se não falo, sou invisível'." (Ela tinha dito isso no contexto de sua família, quando todos estavam presentes, "se não falo, sou invisível".)

Eu disse: "Então você acha que não pode somente existir aqui; apenas o que você disser fará com que seja considerada ou a justificará."

Ela disse: "Caso contrário, soa como indulgência."

Eu disse: "Então, se você fosse um bebê apenas começando a existir, alguém diria para você, 'quando você fará algo para mostrar que está viva'."

(Ela riu, e em seguida ficou em silêncio por alguns minutos)

"Eu estava pensando sobre essa ideia de presença – lembro-me da primeira vez que percebi, em uma faixa para pedestres, que eu era realmente uma – um carro parou para mim, e eu pensei 'então está tudo bem, posso continuar'."

Eu disse: "Parece que você pensa que estou suficientemente consciente da sua presença, como o motorista do carro, para parar e dar-lhe tempo para completar seus pensamentos – atravessar para o outro lado da estrada."

Paciente. "Sim, e então você seguiria seu caminho" (tom surpreendentemente brusco).

"Está perto do final da sessão," eu disse, "após o que você imagina que seguirei meu caminho, e há um grande intervalo até a próxima sessão."

(Silêncio pelos cinco minutos restantes.)

Gostaria agora de apresentar a sessão de dois anos e meio depois, que, penso, esclarece essa sessão muito inicial. Pouco tempo antes, ela trouxera um sonho em que *ela e sua irmã estavam na beira de um rio, que ela não conseguia atravessar. Chovia muito sobre ela, que estava encharcada, mas em sua irmã estava chovendo não água, mas barcos.*

> *A sessão foi em uma segunda-feira, após uma semana em que ela, pela primeira vez na análise, comparecera a todas suas quatro sessões.*
>
> *Ela começou, "Tive um sonho: eu estava sangrando; pensei que era só por um tempo, mas o sangramento não parou, e me dei conta de que não iria parar, que apenas continuaria indefinidamente. Minha mãe estava lá, em algum lugar ao fundo, e estava muito perturbada. Quando acordei, comecei a me sentir muito perturbada, e contei para Bárbara (sua amiga)."*
>
> *Perguntei: "Você estava perturbada no sonho ou apenas quando acordou?"*
>
> *"Está certo! Eu não estava perturbada no sonho, só estava me afastando, mas fiquei muito ansiosa ao acordar; pensei que não iria passar. Era sexta-feira à noite, aniversário de um ano da morte da minha avó, e aniversário de 12 anos de morte da mãe de Bárbara."*
>
> *[A mãe de Bárbara morreu andando de bicicleta perto da escola, enquanto estavam juntas na sala de aula, e a paciente estava com Bárbara quando ela ouviu a notícia; ela sempre tratou esse fato como se tivesse sido a morte da sua própria mãe.]*
>
> *"Era dia dos namorados quando acordei. O sangramento no sonho me lembra dois irmãos que vi ontem*

– um deles estava sangrando pelo nariz. Eles eram tão diferentes, o do sangramento no nariz é tão reservado, e seu irmão é muito decidido."

Eu disse: "Você tem medo de que, se algo realmente começar, você nunca será capaz de pará-lo, seja uma hemorragia de sentimento por alguém ou lágrimas que nunca vão parar, ou pensamentos em alguém que nunca vão acabar. Esta foi a primeira semana em que você conseguiu vir a todas as quatro sessões, e isso parece tê-la assustado com pensamentos que você nunca será capaz de parar de vir aqui, a menos que a morte intervenha."

(Silêncio por alguns minutos, e após), "Os dois irmãos são como minha irmã e eu – você sabe que ela é rígida em relação tudo; ela não tem pensamentos, ela toma decisões."

Eu disse: "Lembrei-me de seu sonho em que você e sua irmã estavam na beira do rio, e choviam barcos nela. Não lágrimas, como chuva, mas decisões – veículos para atravessar o rio, enquanto você parecia sentir que só teria uma interminável chuva de lágrimas e nenhum barco, nenhum meio para atravessar o rio para o outro lado de qualquer experiência."

"Quando minha avó estava morrendo, fui a última pessoa com quem ela falou ao telefone. Ela falou hebraico, e foi surpreendente, era como o hebraico de crianças, como o meu" (sua avó, ao contrário de sua mãe, falava alemão como língua materna). (Longo silêncio.) "Ah! Fiz outra associação, algo mais aconteceu no dia anterior ao sonho, mas não há tempo para falar sobre isso agora." (Faltava cerca de dois minutos para o final da sessão.)

Eu disse: "Mas há tempo para me dizer o que foi."

> *"Encontrei minha amiga de Paris com seu novo namorado, que é de Riga. Foi o trem para Riga que a mãe da minha avó pegou, e ela nunca chegou – foi desviada para Auschwitz; deixou Praga e nunca chegou a Riga".*

Eu ouviria mais sobre essa parte da história da família no dia seguinte. Sua avó deixara Praga no início da Segunda Guerra Mundial como parte de um grupo de jovens que partia para a Palestina, onde ela entrou em um Kibutz. Enquanto isso, a mãe dela, bisavó da minha paciente, que era viúva, pegou o trem de Praga para Riga com seu novo marido para conhecer a família dele. Ela nunca chegou, e a avó do paciente, então na Palestina, nada sabia do que acontecera à sua mãe, a não ser que ela havia desaparecido. Sete anos mais tarde foi-lhe dito que sua mãe nunca chegara em Riga, e presumiu-se que ela seria uma das pessoas tiradas do trem na Polônia e enviadas para Auschwitz.

Esse modelo de desaparecimento inesperado eventualmente ressurgiu na análise, oferecendo cada vez uma nova oportunidade para "elaborar": ou seja, primeiro perceber e depois abandonar a versão mais recente do "modelo". Não muito tempo atrás – quatro anos após essa sessão –, manifestou-se em um sonho sobre um velho amigo de seus primeiros tempos de escola, que desapareceu permanentemente quando tinha 15 anos: um mistério que ficou sem solução; ela acredita que ele está morto. No sonho, ele apareceu como um fantasma. Não foi difícil vincular isso a ansiedades em relação ao seu próprio bebê de um ano de idade. Ela me disse então que tinha passado aquela noite repetidamente verificando se seu bebê ainda estava respirando, e que ela de vez em quando tinha uma fantasia consciente dela e seu marido no funeral de seu filho. Ela deixou escapar: "Se o perdesse, nunca pararia de procurar!"

Não nos foi difícil ligar isso a uma discussão que tivemos na sessão do dia anterior sobre uma data futura para o final da análise. Agora estamos planejando fazê-lo num futuro relativamente próximo, e trabalhar nesse sentido significou analisar a diferença entre terminar uma análise e desaparecer: entre término e aniquilação.

Isso reúne uma antiga história familiar do desaparecimento de sua bisavó, ansiedades recorrentes de sua própria mãe sobre seu desaparecimento quando criança, sua vida de perdas phantasiadas, uma preocupação com seu próprio desaparecimento existencial quando adolescente, seus medos sobre alguma perda futura de seu filho e sua ansiedade sobre minha morte coincidindo com o final de sua análise.

Comentário de JSG

O material clínico fala eloquentemente por si. Britton nos conta que foram necessários anos para que sua rêverie *contínua abrigasse o "fato selecionado", até que ele foi capaz de se cristalizar na revelação de uma tragédia familiar transgeracional. Observa-se como Britton, que é muito mais próximo de Bion do que a maioria dos kleinianos contemporâneos, suspende aspectos do seu próprio estilo clínico geral para se adaptar a cada momento aos estados emocionais da paciente. Ele também segue Bion no que diz respeito ao "fato selecionado", a associação de calibragem que organiza e dá coerência a todas as outras. Apreciamos ainda mais sua paciência quando descobrimos que foram necessários anos de* rêverie *para o fato selecionado fazer sua estreia.*

Nota

Gostaria de expressar minha gratidão a Ron Britton, por sua gentil permissão para que eu citasse seu trabalho "*The baby and the bathwater*".

26. Exemplo clínico 19

Antonino Ferro

Antonino Ferro começou a emergir como um dos mais significativos autores a contribuir na aplicação das contribuições de Wilfred Bion para a técnica clínica, bem como do conceito de "campo psicanalítico", formulado por Madeleine e Willi Baranger (1961-1962). O leitor deve atentar para seu uso da conexão entre elementos alfa e narremas → narrativas.

Neste excerto de "Marcella: a transição da sensorialidade explosiva para a capacidade de pensar", o autor discute um caso analítico em que foi necessário primeiro resolver a necessidade da paciente de continência de suas protoemoções – sua sensorialidade – para que a análise pudesse prosseguir por caminhos mais clássicos, com interpretação da transferência, trabalho sobre o deslocamento e aspectos de sua história infantil, e assim por diante. Antes do tratamento, a paciente recorrera a uma espécie de autismo afetivo a fim de não experimentar emoções perigosamente esmagadoras, e sua letargia emocional nas sessões inicialmente engendrava sentimentos semelhantes no analista, tornando o progresso impossível, até o estabelecimento de um continente para suas identificações projetivas.

Introdução

Com alguns pacientes, uma grande parte da análise deve consistir no consentimento e cooperação do paciente para o desenvolvimento da capacidade de pensar, através da construção de um *"lugar" para "sustentar" não só suas emoções, mas também as interpretações do analista* (grifo nosso). Essa tarefa deve ser cumprida antes que se possa trabalhar o deslocamento e a reconstrução da história infantil, usando interpretações clássicas.

No caso de Marcella, que apresento aqui, a parte central da análise consistiu neste trabalho, que eu definiria de forma geral como o *estabelecimento de contenções* (grifo nosso). *Este aspecto da análise teve prioridade em relação ao conteúdo real, uma vez que proporcionou a oportunidade para que ocorresse uma transformação – uma transformação das protoemoçoes turbulentas e do turbilhão de sensorialidade de Marcella em emoções e pensamentos com que ela podia começar a lidar, na medida em que eles tomavam forma em sua psique.* Como ela não era capaz de fazer isso (uma situação que Bion [1962b] poderia ter definido como *falta de função-alfa e de continente*), sua atividade psíquica consistia em *evacuação* contínua ou uma *sonolência profunda* – uma espécie de *hibernação* de seus estados protoemocionais e um amortecimento emocional e existencial. Esses modos de funcionamento serviam como um tipo de nivelamento emocional que impedia a formação de estados protoemocionais, que a paciente vivenciaria como uma fonte de perigo, pois não podia contê-los. *Ela não sabia como transformá-los em emoções experimentáveis ou pensamentos pensáveis* (grifo nosso).

Levei muito tempo para organizar meus pensamentos sobre o trabalho que fiz e o que ainda precisa ser feito com Marcella. Nesses casos, quando o trabalho clínico se torna sombrio e obscuro, quando os padrões de funcionamento psíquico desajustados do paciente parecem imodificáveis, e quando não há meios visíveis de saída, vim a compreender que é necessário contar com toda a paciência que for possível reunir. Muitos dos principais passos que descrevo em meu trabalho com Marcella assumiram especial significado somente após o fato. Além disso, *uma característica essencial da análise era meu próprio funcionamento mental nas sessões:* por um longo tempo, foi necessário que eu *compensasse* a incapacidade da paciente de viver suas próprias emoções e pensamentos, até que gradualmente consegui transmitir essa habilidade, para que Marcella pudesse fazê-lo por si mesma (grifo nosso).

O "apartamento de baixo" de Marcella

Durante muito tempo, a principal característica das minhas sessões com Marcella, uma jovem que trabalhava como secretária, era o *tédio* – uma atmosfera de tédio que parecia gradualmente preencher a sala e tomar conta da minha mente. Fisicamente, Marcella não era nem bonita nem feia, e intelectualmente não apresentava qualquer interesse: nada a atraía ou conseguia seu envolvimento. Ela viera para análise por um estado de mal-estar indefinido e indefinível. Muito cedo comecei a perceber o trabalho com ela como pesado e tedioso, e me vi incapaz de fazer interpretações na transferência, quase como se *eu não quisesse "tocá-la"*. Percebi que quando eu ficava ouvindo-a falar por certo tempo, *meus pensamentos pareciam ficar desconectados;* eu tendia a perder contato e parava de acompanhar até mesmo o nível manifesto do que ela estava dizendo (grifo nosso).

Isso tudo mudou quando Marcella me contou sobre um *sonho.* Nele, ela estava abrindo as gavetas de uma caixa perto de sua cama, e elas estavam cheias de carretéis de linha, todas as cores diferentes misturadas. Ela fechou as gavetas rapidamente, assustada com a ideia de quão difícil seria, e quanta paciência seria necessária para resolver todos esses emaranhados. Associando sobre o sonho, Marcella lembrou-se que, quando criança, ela costumava brincar na casa de sua avó, que era costureira. Mas minha mente de repente iluminou-se com a ideia de outro significado da palavra italiana para carretel de linha, *spoletta* (grifo no original): também significa um fusível, do tipo usado para detonar explosivos. Este pensamento imediatamente me fez lembrar uma criança que eu tivera em análise que costumava cobrir imagens de animais ferozes que a assustavam com uma espessa camada de plasticina, e de repente entendi por que fui incapaz por tanto tempo de chegar a Marcella em um nível emocional com minhas interpretações: era porque *eu tinha medo que ela "explodisse"*. Naquele momento, fui capaz de transferir-me com a paciente para a sala de trabalho de sua avó, e descobrir seu terror das emoções emaranhadas, explosivas que ela mantivera afastadas em gavetas por meio de seu tédio (grifo nosso).

Os "carretéis" começaram a desenrolar-se como "histórias" de Marcella. No entanto, senti que essas histórias não poderiam ser interpretadas de forma alguma, seja em seu sentido real ou na transferência, e que não havia sequer sentido em tentar fazê-lo, pois estávamos imersos em um *setting concreto. Foquei, portanto, no nível manifesto da narração, compartilhando o que Marcella tinha a dizer e tentando tornar minhas interpretações altamente "insaturadas"* (Ferro, 1996a, 2002b) *– isto é, orientadas por tentati-*

vas, e não convicções. Acima de tudo, eu tinha que recuperar minha capacidade de pensar – que, quando eu estava com Marcella, tendia a dissolver-se, deixando-me confuso, desorientado e incapaz de fazer conexões significativas (grifo nosso).

Lembro-me de um período durante o qual as reformas que ocorriam no apartamento abaixo do meu consultório, que estavam em curso fazia muito tempo, começaram a assumir relevância em nosso trabalho juntos, e Marcella começou a bisbilhotar naquele andar do edifício. *Foi nesse momento que percebi que dois níveis de comunicação estavam ocorrendo entre nós: um superficial – totalmente superficial – e outro levado a cabo através de identificações projetivas, que tinham o efeito de entorpecer minha capacidade de ouvir até mesmo o texto manifesto de seu discurso durante as sessões.* Como mencionado, essas identificações projetivas pareciam desligar meus próprios processos de pensamento, e me conscientizaram de uma corrente de protoemoções tão absolutamente primitivas que eram evacuadas ou ficavam enroscadas em tédio (grifo nosso).

E assim surgiram histórias do apartamento abaixo. Marcella falou sobre a *pastina* (grifo no original) nas paredes, referindo-se à mistura bruta de gesso usada pelos operários. Em resposta a um comentário meu, ela acrescentou que "*pastina* nas paredes" lembrava a ela uma criança muito irritada. Veio à tona que ela tinha birras na infância quando sua sopa, que continha pequenos pedaços de massa *[pastina]*, não estava na temperatura que ela considerava correta, e ela atirava o prato na parede mais próxima, derramando o conteúdo. *Lembro-me aqui da minha dificuldade em concordar com retroagir o problema à sua infância, em vez de encontrar uma explicação relacional simples, fácil – por exemplo, relacionada à forma como a paciente reagia toda vez que uma interpretação parecia muito quente ou muito fria, e como ela gostava de "derramar" o conteúdo de interpretações* (grifo nosso).

O mesmo era verdade em relação ao divã turco que Marcella descreveu ter em seu quarto, que era algo como uma "cama com um encosto", trazendo-nos de volta ao divã do analista. Este não era associado pela paciente a certos aspectos de si mesma que lhe eram estranhos e cuja língua ela não entendia, mas *esses significados não eram perdidos quando suas observações eram percebidas a partir de uma perspectiva de campo* (Baranger, 1983; Ferro, 1992). *Esses significados sempre estão presentes no consultório do analista se estão presentes na mente do analista, esperando se transformar em enredos que podem ser compartilhadas, ou abrir um espaço fresco para permitir que novos pensamentos se tornem pensáveis* (grifo nosso).

Uma emoção toma forma

Depois de um novo período de análise com Marcella, comecei a sentir *que eu estava lidando com uma espécie de lula, do tipo que solta tinta quando ameaçada.* Toda tentativa de me aproximar da paciente ou de fazer até mesmo as interpretações mais cautelosas eram recebidas com um banho de "tinta". O único recurso que eu podia usar era minha paciência. Essa posição acabou por ser recompensada, na medida em que relações afetivas começaram a gradualmente surgir em nosso local de trabalho, ao lado do que Marcella chamou de suas *"conexões de escritório"* – histórias sobre seu trabalho como secretária (grifo nosso).

Em uma sessão, em que consegui ajudar a estabelecer um ambiente sereno, com apenas sentimentos persecutórios mínimos, começaram a emergir memórias infantis. Estas incluíam uma lembrança – Marcella não sabia se realmente lembrava ou se sua mãe havia lhe contado essa história – em que ela estava em uma espécie de andador, em um longo corredor com três portas que se abriam a partir dele. (Parece desnecessário ressaltar que Marcella estava vindo a três sessões por semana nesse momento.) *Na lembrança, ela estava correndo cada vez mais rápido, até que violentamente atingiu a pia no banheiro ao final do corredor.* Essa história finalizou nossa sessão, e fiquei satisfeito que esse nível mais profundo, mais pessoal, finalmente tivesse começado a emergir.

Um dia, no intervalo de dez minutos que me concedo entre um paciente e outro, fui atingido por uma *dor de cabeça violenta.* Perguntei-me por que, já que geralmente não tenho dores de cabeça. Comecei a me preocupar sobre como eu iria lidar com meu "novo" paciente na próxima sessão. Senti que tinha algo a ver com Marcella, e de repente percebi a maneira como minha dor de cabeça, a próxima sessão e o "novo" paciente estavam todos vinculados. *Havia ocorrido uma mudança no meu trabalho com Marcella – não no sentido de uma identificação maciça com a paciente, mas, sim, uma mudança provocada pela chegada de uma emoção forte, uma dor mental, no campo.* Esse sofrimento psíquico acabaria por permitir que ocorresse um salto no crescimento mental de Marcella. Nesse momento eu via somente seu precursor, *mas uma vez que tal presença ocorre no campo, não demora para que o paciente a aceite.* Mais tarde ficou claro que a dor apareceu em resposta a uma interrupção de fim de semana que se aproximava, bem como à ruptura que se revelou quando falei com Marcella sobre a data das minhas férias. Sinto que é significativo que *fui eu que vivi a primeira emoção forte de Marcella,* por assim dizer, e a recebi e a organizei como um pensamento (grifo nosso).

Algum tempo depois, Marcella chegou para sua sessão quinze minutos atrasada. Normalmente era pontual, embora viesse de fora da cidade, mas nessa ocasião ela me disse que o trem atrasara quando o *controlador* (cobrador) viu um *jovem viciado* trancar-se no banheiro, e tentou fazê-lo sair e desembarcar do trem. O cobrador finalmente conseguiu fazer o menino desembarcar, mas o menino voltou para o trem – e todas as portas estavam fechadas. Só então ele foi retirado com sucesso. Todo o procedimento levou 15 minutos (grifo nosso).

Teria sido fácil fazer uma interpretação escolástica ("uma parte sua fez com que você se atrasasse para a sessão – indicativa da necessidade extrema que você sente da análise"), mas senti que tal interpretação teria vindo excessivamente de mim apenas. Teria sido em –K, como Bion (1965) poderia tê-lo colocado, e não teria se adequado à paciente. Além disso, esse tipo de interpretação não teria produzido *insight,* e poderia até mesmo ter causado uma sensação de perseguição na paciente e uma consequente perda de contato (grifo nosso).

Comentário de JSG

Exorto o leitor a prestar atenção especial ao que marquei em itálico, a fim de acompanhar o progresso da paciente e o desenvolvimento do pensamento de Ferro. É importante notar que, ao contrário dos kleinianos, ele se abstém de oferecer interpretações formais, especialmente transferenciais, quando acredita que o paciente não tem capacidade de continência – ou seja, de conter suas emoções e as interpretações do analista. Quando isso acontece, Ferro realiza uma "preparação narrativa re-analítica", enfatizando e elaborando as associações livres do paciente. Quando tomei conhecimento de sua "técnica preparatória narrativa", recordei-me de uma recomendação que recebi na formação analítica, quando candidato: que muitos pacientes tinham que ser preparados para ser analisados, passando inicialmente por psicoterapia.* Como regra, os *kleinianos não acreditam*

* *Re-analytic narrative preparation*, no original. [N.T.]

nisso. Comecei a me perguntar, ao refletir sobre isso, o que a psicoterapia poderia conseguir que a análise não obtinha (Wallerstein, 1986). Embora incapaz de chegar a uma conclusão sobre esse dilema, ocorreu-me que talvez o que realmente está subjacente é que interpretações psicanalíticas – especialmente kleinianas – procuram capacitar a parte infantil da personalidade do paciente para o "desmame" (separação) do objeto cuidador, enquanto a psicoterapia, especialmente de apoio, facilitaria o apego ao objeto. Ferro parece estar dizendo que não se pode propor interpretações que separam até que o paciente se sinta seguramente vinculado.

Outro aspecto da obra de Ferro é seu uso do conceito de "campo psicanalítico" (Baranger & Baranger, 1961-62) – um conceito que encontra paralelo no "terceiro sujeito intersubjetivo" de Ogden (1994). Ambas as ideias surgem não somente do desenvolvimento da irredutibilidade do fenômeno transferência – contratransferência, mas o reconhecimento é também mais do que apenas a própria transferência – contratransferência. Se leio Ferro corretamente, parece que sua paciência em lidar com uma paciente concreta, arredia, "chata", foi compensada à medida em que ela se sentiu conectada a ele na transferência – contratransferência, ou no campo intersubjetivo.

Nota

De Antonino Ferro, "Marcella: a transição da sensorialidade explosiva para a capacidade de pensar." *Psychoanalytic Quarterly,* 72 (2003): 183-200. Gostaria de expressar minha gratidão a Antonino Ferro, bem como ao editor do *Psychoanalytic Quarterly,* por sua gentil permissão para que eu publicasse partes desse trabalho.

27. Exemplo clínico 20: "a mulher que não conseguia refletir"

Thomas Ogden

Este fragmento de análise centra-se em três sessões consecutivas no início do sexto ano de uma análise realizada cinco vezes por semana. O apresento em maior extensão do que as "amostras" das contribuições anteriores pela maneira como Ogden apresenta e comenta o uso de sua mente e corpo como instrumentos analíticos infalíveis.

Meus músculos do estômago tensionaram-se, e experimentei uma leve sensação de náusea quando ouvi os rápidos passos da Sra. B subindo as escadas que levam ao meu consultório. Pareceu-me que ela estava desesperada para não perder um segundo da sua sessão. Eu sentia, havia algum tempo, que a quantidade de minutos que ela passava comigo tinha que substituir todas as formas nas quais ela se sentia incapaz de estar presente enquanto estava comigo. Segundos depois, imaginei a paciente esperando em um estado de urgência irritada para chegar até mim. Quando ela se deslocava da sala de espera para o consultório, eu podia sentir em meu corpo a paciente absorvendo cada detalhe do corredor. Percebi diversos pequenos pedaços de papel do meu caderno sobre o tapete. Eu sabia que a paciente os estava absorvendo e amontoando "dentro" dela, para dissecar mentalmente em silêncio durante e após a sessão. Senti de uma forma muito concreta que esses pedaços de papel eram partes de mim que estavam sendo feitos reféns. (As "fantasias" que estou descrevendo eram nesse momento quase inteiramente sensações físicas, e não narrativas verbais.)

Quando a Sra. B, uma arquiteta divorciada de 41 anos de idade, deitou-se no divã, ela arqueou suas costas, indicando de forma tácita que o divã fazia suas costas doerem. (Ao longo dos meses anteriores, ela havia se queixado em várias ocasiões que meu divã causavadesconforto às suas costas). Eu disse que ela parecia estar começando sua sessão registrando um protesto pelo sentimento de que eu não me importava o suficiente para fornecer a ela um lugar confortável aqui. (Mesmo enquanto eu falava essas palavras, eu podia ouvir tanto a frieza na minha voz quanto a natureza reflexiva, enlatada da interpretação. Era uma acusação disfarçada de interpretação – eu estava involuntariamente falando para a Sra. B sobre minha crescente frustração, raiva e sentimentos de inadequação em relação ao nosso trabalho em conjunto.) A Sra. B respondeu ao meu comentário dizendo que "o divã é assim". (Havia uma dureza no fato da paciente dizer "é", e não "me parece".)

A amarga resignação da paciente ao fato de que as coisas são do jeito como são trouxe à minha mente sua convicção (que ela tratava como um fato) de que ela tinha sido um bebê indesejado, "um erro", nascida quase uma década depois de seu irmão e irmã mais velhos. Sua mãe estava avançando rapidamente em sua carreira no governo federal quando ficou grávida da paciente, e com relutância tirou uma licença maternidade nos primeiros poucos meses de vida da paciente. A Sra. B sentia que sua mãe a odiara por toda sua vida, e a tratara desde o início com uma mistura de negligência e repulsa, ao mesmo tempo que insistia ferozmente que a paciente era uma "versão em miniatura" dela mesma. O pai da paciente, uma figura sombria na análise, era também parte do "dado" imutável a que a paciente se sentia resignada. Ele era descrito como um homem benigno, mas ineficaz, que parecia ter se retirado emocionalmente da família quando a paciente nasceu.

Eu disse à Sra. B, em tons cuidadosamente medidos, que ela devia sentir que perenemente se acomodava a mim – devia parecer a ela que eu não tinha a menor intenção de me acomodar a ela.

Tanto a paciente quanto eu sabíamos estar falando de uma grande dificuldade na transferência-contratransferência: a raiva intensa da paciente de mim por não lhe dar o que ela sabia que eu poderia facilmente dar se escolhesse fazê-lo – uma parte minha magicamente transformadora que iria mudar sua vida. Esse era um território familiar, e tinha sido atuado de inúmeras maneiras, incluindo, mais recentemente, uma ocasião em que, tendo feito felação em um amigo, triunfante engoliu seu sêmen, conscientemente fantasiando que se tratava de sua força e vitalidade. Suspeito que, inconscientemente, a Sra. B fantasiara que o sêmen era o leite/poder magicamente transformativo roubado de sua mãe e de mim. As tentativas da paciente de roubar uma parte de mim que era magicamente transformadora engendraram um sentimento de que era impossível dar-lhe qualquer coisa no sentido de compaixão ou preocupação, muito menos afeto ou amor, sem sentir que eu tinha me submetido a ela e estava passivamente desenvolvendo os movimentos de um papel escrito por ela.

A Sra. B falou então sobre eventos que ocorreram no início do dia, envolvendo uma disputa de longa data com um vizinho sobre um cachorro, cujo latido a paciente achava "irritante". Reconheci (com apenas um toque de diversão) que eu estava me identificando com o cachorro do vizinho: pareceu-me que estava sendo solicitado que o cão fosse um cão imaginário (inventado pela Sra. B), que não faz os ruídos que cães fazem. Apesar do fato de que eu poderia ter interpretado algo sobre o deslocamento da transferência para o cachorro do vizinho, decidi não ensaiar tal intervenção. Eu havia aprendido, a partir da minha experiência com a Sra. B, que uma boa parte do efeito criado por seu monólogo sobre o cão era a demanda não declarada de que eu apontasse a ela algo de que ela já estava plenamente ciente (ou seja, que quando ela estava falando sobre o cão, ela também estava falando sobre mim). Se eu o fizesse, imaginei, isso seria experimentado pela paciente como uma vitória momentânea em seu esforço para me fazer "fincá-la" com uma interpretação que refletia minha raiva dela e meu interesse por ela. Em fantasia, ela passiva e alegremente engoliria a parte roubada (irritada) de mim. Minha experiência com a Sra. B também me ensinou que o fato de eu sucumbir à pressão para fazer a interpretação "perfurante" exigida era decepcionante para ela, na medida em que refletia minha incapacidade de seguir minha própria mente (o que ela achava quase impossível fazer quando estava com sua mãe). Eu também concebia o esforço da paciente para evocar uma resposta irritada de mim como uma tentativa inconsciente de me tirar (na transferência paterna) das sombras e me trazer para sua vida. Isso também fora interpretado muitas vezes.

Por outro lado, eu poderia esperar que, se eu não fizesse uma interpretação, a Sra. B ficaria cada vez mais retraída e passaria para outro tópico, que pareceria ainda mais desprovido de vida do que a sessão atualmente parecia. No passado, em tais circunstâncias, ela ficara sonolenta de uma forma que foi experimentada por nós dois como raivosamente controladora, e às vezes ela adormecera por períodos de até 15 minutos. Quando interpretei sua retirada para o sono como uma forma de proteger a si mesma e a mim de sua raiva (e da minha), minha experiência foi que a paciente tratou minhas palavras como mercadorias preciosas que poderiam ser acumuladas (como os pedaços de papel no tapete), em vez de as usar para gerar suas próprias ideias, sentimentos e respostas. Da mesma forma, a interpretação dessa "utilização" da paciente de minhas intervenções não fora produtiva. Discussões anteriores com ela relativas a esse tipo de impasse analítico a levaram a gracejar que Oliver Sacks deveria escrever uma história sobre ela e chamá-la de "A Mulher que Não Conseguia Refletir".

Enquanto a Sra. B falava e eu refletia sobre o dilema que acabamos de discutir, comecei a pensar sobre uma cena de um filme que eu tinha visto no fim de semana anterior. Um oficial corrupto tinha sido ordenado por seu chefe na máfia a se matar. O oficial corrupto estacionou seu carro no acostamento de uma estrada movimentada e colocou uma pistola ao lado de sua cabeça. O carro foi então filmado à distância, do outro lado da rodovia. A janela ao lado do motorista em um instante tornou-se uma folha de vermelho sólido, mas não quebrou. O som do suicídio não foi o som de um tiro, mas o som de tráfego ininterrupto. (Estes pensamentos foram bastante discretos e ocuparam apenas alguns segundos de tempo.)

A Sra. B continuou, sem pausa ou transição, falando sobre um encontro que ela tivera na noite anterior. Ela descreveu o homem por meio de um conjunto de observações desconexas, bastante desprovidas de sentimento – ele era bonito, culto, exibia maneirismos ansiosos, e assim por diante. Não havia quase nenhuma indicação de como havia sido para a paciente ter saído com ele. Eu estava ciente de que, embora a Sra. B estivesse falando, ela não estava falando comigo. É possível que ela não estivesse sequer falando com ela mesma, pois não me parecia estar nem um pouco interessada no que estava dizendo. Muitas vezes interpretei essa sensação de desconexão da paciente de mim e de si mesma. Decidi não oferecer essa observação como uma interpretação, em parte porque senti que isso teria sido experimentado como outra "picada", e não me ocorreu outra forma de falar com ela.

Enquanto a paciente falava, eu sentia que a sessão passava muito lentamente. Tive a experiência claustrofóbica de verificar o horário no relógio, e algum tempo depois olhar novamente para o relógio e descobrir que os ponteiros pareciam não ter se movido. Além disso, me vi jogando um jogo (que não era nada divertido) de observar o ponteiro dos segundos no relógio do outro lado da sala movendo-se silenciosamente, e descobrir o momento preciso em seu movimento em que o relógio digital na secretária eletrônica ao lado da minha cadeira trocava um dígito pelo outro. A convergência dos dois eventos prendeu minha atenção de uma forma que era estranhamente hipnotizadora, embora não fosse excitante ou fascinante. Eu jamais fizera isso antes durante as sessões com a Sra. B ou com qualquer outro paciente. Ocorreu-me que esse jogo mental pode ter refletido o fato de que eu estava experimentando a interação com a Sra. B como mecânica, mas esta ideia parecia impensada e totalmente inadequada à natureza perturbadora da claustrofobia e de outros sentimentos mal definidos que eu estava experimentando.

Comecei, então (sem estar plenamente ciente disso), a pensar sobre um telefonema que eu recebera várias horas antes de um amigo que acabara de receber um diagnóstico de cateterismo cardíaco. Ele teria que fazer uma cirurgia de bypass de emergência, no dia seguinte. Meus pensamentos e sentimentos modificaram-se de ansiedade e angústia em relação à doença do amigo e sua cirurgia iminente para me imaginar recebendo a notícia de que eu precisaria de cirurgia de bypass de emergência. Na minha fantasia de receber essa notícia, inicialmente senti um medo intenso de nunca mais acordar da cirurgia. Esse medo deu lugar a uma sensação de dormência psíquica, um sentimento de distanciamento que pareceu algo como o surgimento de embotamento emocional depois de beber rapidamente uma taça de vinho. Essa dormência não durou: calmamente transformou-se em uma sensação diferente que ainda não tinha palavras ou imagens associadas. Esse sentimento precedeu qualquer pensamento ou imagem – da mesma forma como às vezes despertamos do sono com intensa ansiedade ou algum outro sentimento, e apenas alguns segundos depois nos lembramos dos eventos ou do sonho a que os sentimentos estão ligados.

No momento da sessão com a Sra. B que estou descrevendo, percebi que o novo sentimento era de profunda solidão e perda, inequivocamente relacionado com a recente morte de uma amiga próxima, J. Recordei o que havia sentido ao falar com J logo após ela ter sido diagnosticada com uma recidiva de câncer de mama. Durante uma longa caminhada em uma manhã de fim de semana, estávamos ambos "descobrindo" qual deveria ser o próximo passo para o tratamento de seu câncer, amplamente em metástase. Houve, durante esse passeio (acho que para nós dois), uma pausa momentânea de toda a intensidade do horror do que estava ocorrendo enquanto pesávamos alternativas, como se o câncer pudesse ser curado. Quando repassei partes da conversa em minha mente, parecia, em retrospecto, que quanto mais práticos nos tornávamos, mais irreal a conversa parecia – estávamos criando um mundo juntos, um mundo em que as coisas funcionavam e tinham uma relação de causa e efeito com as outras. Não era um sentimento vazio de faz de conta, mas amoroso. Afinal, é justo que 3 mais 8 seja igual a 11.

Estava embutido nesta parte da *rêverie* não somente um desejo de justiça, mas um desejo de que alguém fizesse cumprir as regras. Naquele momento no fluxo de *rêverie*, me conscientizei, de uma maneira que eu não tinha experimentado anteriormente, que o mundo de faz de conta que J e eu estávamos criando era um mundo em que não havia tal coisa como "nós": ela estava morrendo; eu estava falando sobre a morte dela. Ela estava sozinha naquilo de uma forma e em uma medida que eu nunca tinha ousado sentir antes daquele momento na sessão com a Sra. B. Tive uma sensação muito dolorosa de vergonha sobre a covardia que senti ter exibido ao ter me protegido da forma como fizera. Mais importante, senti que eu tinha deixado J ainda mais isolada do que ela tinha que estar ao não reconhecer plenamente a extensão do seu isolamento.

Reorientei então minha atenção para a Sra. B. Ela estava falando de uma forma bastante persuasiva (com um sotaque exagerado em sua voz) sobre o grande prazer que estava tendo com seu trabalho, e com o sentimento de respeito mútuo e colaboração amigável que experimentava com seus colegas em sua firma de arquitetura. Pareceu-me que a imagem idealizada que estava sendo apresentada disfarçava apenas de forma tênue os sentimentos de solidão e desesperança pela perspectiva de ela jamais experimentar realmente tais sentimentos de bem-estar e proximidade com seus colegas, seus amigos ou comigo.

Enquanto ouvia a descrição persuasiva da Sra. B, eu estava ciente de sentir uma combinação de ansiedade e desânimo, cuja natureza era bastante inespecífica. Lembrei-me da sombria satisfação que senti anteriormente ao rastrear a convergência da localização precisa e reproduzível da varredura do ponteiro dos segundos do relógio, e do instante em que os números digitais na secretária eletrônica se moviam. Pensei que talvez o fato de que havia um lugar e um momento em que o ponteiro dos segundos e o relógio digital se "encontravam" pode ter representado um esforço inconsciente da minha parte para criar um sentimento de que as coisas poderiam ser nomeadas, conhecidas, identificadas, localizadas, de uma forma que eu sabia que não podiam.

A Sra. B iniciou a sessão seguinte com um sonho:

> *Eu estava assistindo a um homem cuidar de um bebê em um lugar ao ar livre, poderia ser um parque. Ele parecia estar fazendo um bom trabalho atendendo ao bebê. Levou o bebê até uma íngreme escadaria de concreto e o levantou, como se houvesse um escorregador para colocá-lo, mas não havia escorregador. Ele soltou o bebê e deixou que ele caísse pelas escadas. Eu pude ver o pescoço do bebê quebrar quando bateu no degrau mais alto, e percebi que sua cabeça e pescoço ficaram frouxos. Quando o bebê chegou no último degrau, o homem pegou seu corpo imóvel. Fiquei surpresa que o bebê não estava chorando. Ele olhou diretamente nos meus olhos e sorriu de forma estranha.*

Embora a Sra. B muitas vezes começasse suas sessões com um sonho, esse sonho era incomum, pois era perturbador para mim. Isso me levou a sentir um lampejo de esperança. Os sonhos da paciente no passado pareceram triviais, e não suscitavam questionamentos ou discussão. A Sra. B não fez qualquer menção ao sonho, e imediatamente começou a falar de uma forma elaborada e detalhada sobre um projeto no trabalho, com o qual ela estivera envolvida por algum tempo. A interrompi depois de alguns minutos e disse que achava que, ao contar-me o sonho, ela tentara dizer algo que sentia que era importante que eu ouvisse, e ao mesmo tempo tinha medo de que eu ouvisse. Enterrar o sonho no ruído dos detalhes do projeto fazia parecer que ela não dissera algo importante.

A Sra. B então disse (de um modo sério, mas um pouco complacente) que, enquanto me contava o sonho, a princípio sentiu-se identificada com o bebê, já que muitas vezes se sente largada por mim. Rapidamente (e inesperadamente) passou a dizer que essa interpretação lhe parecia uma "espécie de mentira", pois era como um "refrão velho e cansado, uma reação instintiva". Acrescentou que havia várias coisas muito perturbadoras no sonho, a começar pelo fato de que ela se sentira "imobilizada" e incapaz de impedir o que viu que aconteceria. (Lembrei-me da vergonha que eu sentira na sessão anterior em conexão com o pensamento de que eu me protegera do isolamento de J e, em certo sentido, atuara como espectador, de forma imobilizada.) A Sra. B disse que era ainda mais angustiante para ela sua noção de si mesma como o bebê ou como o homem no sonho. Reconheceu-se no ato do bebê de incisivamente olhar em seus olhos e sorrir de uma forma desconectada, zombeteira. Ela disse que o sorriso do bebê parecia o sorriso invisível de triunfo que ela muitas vezes interiormente me dá ao final de cada sessão (e em vários momentos durante as sessões), indicando estar "acima" ou "imune" à dor psicológica, e que isso a torna muito mais poderosa do que eu (apesar do que eu possa pensar).

Fiquei comovido com os esforços conscientes e inconscientes da paciente para me dizer (ainda que indiretamente) que ela tinha uma noção de como fora, para mim, ter que suportar suas afirmativas desafiadoras de que não precisava de mim, e suas manifestações triunfantes de sua capacidade de ocupar um lugar acima (fora) da experiência humana e da dor psicológica.

A Sra. B então me disse que estava muito assustada com o quão fácil é para ela se tornar o homem e o bebê no sonho – ou seja, com a facilidade com que ela entra em um modo "robótico", em que ela é plenamente capaz de destruir a análise e sua vida. Estava aterrorizada por sua capacidade de enganar a si mesma, da mesma forma como o homem parecia acreditar que estava colocando o bebê em um escorregador. Ela poderia facilmente destruir a análise dessa forma irracional. Sentia não poder de modo algum confiar em sua capacidade de distinguir uma conversa real, que visa a mudança, de uma "pseudoconversa", que é feita para me fazer pensar que ela está dizendo algo, quando não está. Acrescentou que, mesmo naquele momento, não conseguia dizer a diferença entre o que realmente sentia e o que estava inventando.

Apresentarei apenas esquematicamente elementos da sessão seguinte, em um esforço para transmitir uma noção da forma do processo analítico que foi iniciado pelas duas sessões que acabamos de descrever.

A próxima sessão começou com a Sra. B retirando um pedaço de fio solto do divã e, em um gesto exagerado de desdém, o segurando no ar entre o polegar e o indicador e o derrubando no chão antes de se deitar. Quando lhe perguntei qual era a sensação de começar a sessão como ela começara, ela riu envergonhada, como se estivesse surpresa com a minha pergunta. Evitando minha pergunta, disse que estivera em um frenesi de limpeza compulsiva desde cedo naquela manhã. Havia acordado às 4h em um estado de grande agitação que parecia ser aliviado apenas ao limpar a casa, especialmente o banheiro. Sentia que tinha falhado na vida e na análise, e que não havia nada a fazer além de controlar "as coisas ridículas" que estava em seu poder controlar. (Eu podia sentir seu desespero, mas sua explicação parecia didática.) Prosseguiu enchendo a primeira metade da sessão com pensamento ruminativo. Meus esforços para interpretar as atividades compulsivas/ruminativas como uma resposta ansiosa a ela ter falado demais (feito uma "bagunça") na sessão do dia anterior receberam atenção somente superficial, antes que ela retomasse suas ruminações.

Enquanto a paciente estava no meio de suas ruminações defensivas, me vi observando o jogo da luz solar sobre os vasos de vidro próximos a uma das janelas no meu consultório. As curvas dos vasos eram encantadoras. Elas pareciam muito femininas, assemelhando-se às curvas do corpo de uma mulher. Um pouco mais tarde, ocorreu-me uma imagem de um grande recipiente de aço inoxidável no que parecia ser uma fábrica, talvez uma usina de processamento de alimentos. Minha atenção na fantasia estava ansiosamente cravada nas engrenagens no final de um dos recipientes. As máquinas estavam retinindo alto. Não ficou claro o que estava me assustando, mas parecia que as engrenagens não estavam funcionando como deveriam, e que estava prestes a ocorrer uma falha grave com resultados catastróficos. Lembrei-me da extrema dificuldade que a mãe da Sra. B tivera com a amamentação. De acordo com a mãe, a paciente mordia seus mamilos com tanta força que eles ficaram inflamados, e ela parou de amamentar.

Tive o pensamento de que estava experimentando uma vivacidade sensual e sexual com a Sra. B, mas isso me deixou ansioso, e transformei sua feminilidade (seus seios, em particular) em algo desumano (o recipiente de aço inoxidável e seus mamilos/engrenagens). Parecia que eu estava sentindo que uma ruptura catastrófica se seguiria imediatamente ao desejo sexual pela Sra. B e ao prazer sensual com ela. Esses desejos e medos vieram como uma surpresa para mim, já que, até aquele momento, eu não sentira qualquer atração sexual ou sensual pela Sra. B, e na verdade estivera ciente da aridez e tédio que resultaram da ausência gritante dessa dimensão da experiência. Pensei sobre a maneira como a Sra. B arqueara as costas duas sessões antes, e pela primeira vez experimentei a imagem dela arqueando as costas no divã como uma caricatura obscena de relações sexuais.

Faltando cerca de 20 minutos para o final da sessão, a Sra. B disse que viera hoje querendo me contar um sonho que fizera com que ela despertasse durante a noite, mas que esquecera até aquele momento:

> *Acabei de ter um bebê e estou olhando para ele no berço. Não vejo nada de mim em seu rosto, que é escuro, em forma de coração, mediterrâneo. Não o reconheço como algo que saiu de mim. Penso: "Como posso ter dado à luz a uma coisa dessas." O pego e o abraço, e o abraço, e o abraço, e ele se torna um menininho com cabelos encaracolados e bagunçados.*

A Sra. B disse: "Enquanto contava o sonho para você, estava pensando no fato de que o que sai de mim aqui não se parece comigo. Não tenho qualquer orgulho disso, tampouco sinto qualquer ligação." (Eu estava ciente de que a paciente estava me deixando de fora da cena, um fato que era particularmente notável, dado que meu cabelo é crespo. Também fiquei perplexo pela vitalidade do sonho na hora, e pela forma como parecia ser em parte devido ao fato de que a paciente o estava contando no tempo presente, o que era incomum para ela.)

Eu disse à paciente que parecia verdade que ela sentia aversão a tudo o que saia dela aqui, mas que, ao me contar o sonho, estava me dizendo algo mais. Eu disse que ela parecia assustada por sentir ou deixar que eu sentisse o amor que ela sentia pela criança no sonho. Perguntei se ela experimentara a mudança de sentimento quando deixou de se referir à criança como uma "coisa" ou "isso" e passou a usar a palavra "ele", ao dizer que pegou ele no colo e o abraçou, e o abraçou, e o abraçou. Ela ficou em silêncio por um minuto ou dois, e durante esse tempo pensei que eu talvez tivesse usado prematuramente a palavra "amor", que era uma palavra que eu não me lembrava, naquele momento, de qualquer um de nós ter usado durante todo o curso da análise.

A Sra. B disse então que percebera a mudança ao me contar o sonho, mas que a sentira como um sentimento somente quando me ouviu dizendo suas palavras. Ela me disse que enquanto eu falava, ela se sentia grata a mim por não ter deixado aquela parte das coisas ser "jogada fora", mas ao mesmo tempo sentia-se cada vez mais tensa a cada palavra que eu falava, temendo que eu lhe dissesse algo embaraçoso. Acrescentou que era como se eu pudesse despi-la, e ela ficaria nua no divã. Depois de outro silêncio de quase um minuto, disse que era difícil me dizer isso, mas enquanto imaginava estar nua no divã, passou pela sua cabeça que eu iria olhar para seus seios e os acharia muito pequenos.

Pensei na agonia relacionada à cirurgia de J pelo câncer de mama, e conscientizei-me nesse momento que eu estava sentindo tanto uma onda de meu profundo amor por J, juntamente com a tristeza pelo enorme vazio que sua morte tinha deixado na minha vida. Essa gama de sentimentos não tinha sido anteriormente parte da minha experiência enquanto eu estava com a Sra. B. Agora me vi escutando e respondendo à Sra. B de uma maneira bem diferente. Seria um exagero dizer que os sentimentos de raiva e isolamento haviam desaparecido, mas eles eram agora parte de uma constelação maior de emoções. O isolamento não era mais simplesmente um encontro com algo que parecia não humano: em vez disso, o isolamento parecia mais como uma experiência de perder a humanidade da Sra. B que eu visceralmente sabia existir, mas que me era permitido apenas vislumbrar de longe.

Eu disse à paciente que pensava que seu sonho e nossa discussão sobre ele também pareciam envolver sentimentos de tristeza, porque grandes partes da sua vida estavam sendo desnecessariamente desperdiçadas, "jogadas fora". Que ela começou a me contar sobre o sonho dizendo: "Acabei de ter um bebê", mas muito do que seguiu foi sobre as maneiras como ela se impedia de viver a experiência de ter um bebê. (No decorrer da análise, ela raramente tinha fantasias ou sonhos de ter um bebê, e apenas duas vezes ela discutira a questão de saber se poderia em algum momento querer ter filhos.) Havia lágrimas em seu rosto, mas nenhum som de choro em sua voz quando ela disse que não tinha anteriormente colocado o sentimento em palavras, mas boa parte de sua vergonha dos seus seios é porque eles parecem seios de rapazes, que nunca poderiam produzir leite para um bebê.

Discussão

Comecei a apresentação da primeira das três sessões no sexto ano da análise de Sra. B com uma descrição da minha resposta ao ouvir os passos da paciente nas escadas que levam ao meu consultório. Acho inestimável estar tão plenamente ciente quanto possível em relação a como me sinto ao encontrar a paciente em cada sessão (incluindo os sentimentos, pensamentos, fantasias e sensações corporais experienciados em antecipação a cada encontro específico). Grande parte da minha resposta à Sra. B naquele dia, tanto ao ouvir sua aproximação quanto ao encontrá-la na sala de espera, foi sob a forma de respostas corporais ("phantasias no corpo" – Gaddini, 1982). Desde o início, eu estava antecipando (em phantasia) ser física e psicologicamente invadido pela paciente: meus músculos do estômago tensionaram-se quando inconscientemente antecipei receber um golpe no abdômen, e eu estava nauseado, em preparação para evacuar uma presença nociva que eu esperava experimentar dentro de mim. Estes sentimentos foram elaborados na forma de fantasias da irritação da paciente para "chegar a mim" (para entrar em meu consultório/corpo) e fantasias sobre ela me canibalizar com seus olhos, enquanto tomava partes de mim como reféns ao "absorver" os pedaços de papel do meu caderno, que percebeu no tapete.

Claramente, essa *rêverie*, que ocorreu antes mesmo que a paciente tivesse entrado no consultório, refletia um conjunto de sentimentos transferenciais-contratransferenciais que vinham crescendo em intensidade e especificidade há algum tempo, e ainda não estavam disponíveis, para a paciente ou para mim, para pensamento reflexivo ou simbolização verbal. Este aspecto da relação analítica foi largamente experimentado por nós dois simplesmente como a forma como as coisas eram.

Experimentei o arquear das costas da Sra. B apenas como uma queixa, e não fui, naquele momento, capaz de considerar a possibilidade de que o gesto tivesse outros significados. Minha interpretação inicial abordava a ideia de que a paciente estava protestando com raiva contra minha má vontade em fornecer-lhe um lugar confortável em meu consultório. Eu podia ouvir a frieza na minha voz, que transformava a interpretação em uma acusação. Naquele momento, eu estava me sentindo incapaz de ser um analista com a paciente e, em vez disso, estava me vivenciando como raivoso, confuso e bastante impotente para alterar o curso dos acontecimentos. A natureza "enlatada" da minha interpretação alertou-me para minha própria rigidez emocional em relação à Sra. B, e minha incapacidade naquele momento de pensar ou falar de forma renovada, ou ficar aberto a novas possibilidades de compreender e experimentar o que estava ocorrendo entre nós. Essas percepções eram profundamente inquietantes.

Embora aspectos da experiência da paciente com seus pais passassem pela minha mente, eu estava muito pouco capaz de trazer esse contexto de forma relevante para a situação atual de uma maneira que parecesse real. Além disso, a constelação de ideias sobre transferência-contratransferência que evoluiu no decorrer deste período de análise (por exemplo, a ideia de que a paciente implacavelmente demandava leite/sêmen/poder magicamente transformador) perdera a maior parte da vitalidade que já tivera. Essas ideias tornaram-se, tanto para a paciente quanto para mim, fórmulas estagnadas que em grande parte serviam como defesa contra sentimentos de confusão e desamparo, e contra a experiência de uma gama mais completa de sentimentos (inclusive amorosos).

Talvez a consciência perturbadora da forma como minha raiva estava interferindo com minha capacidade de oferecer interpretações utilizáveis tenha levado à ocorrência do início de uma mudança psicológica em mim. Isso se refletiu na minha capacidade de ver (e sentir) o humor na minha identificação com o cachorro do vizinho, que estava (eu sentia) sendo solicitado a não ser um cão, mas, sim, a criatura imaginária, inventada, da paciente. Isso me levou a ser capaz de abster-me de oferecer ainda outra intervenção fria, velada ("cuidadosamente medida") e, em vez disso, tentar ouvir.

Foi depois dessa mudança afetiva que começou a ocorrer *rêverie* de um tipo mais verbalmente simbólico (menos exclusivamente somático). A *rêverie* que ocorreu nesse momento da sessão consistia de imagens e sentimentos derivados de um filme, em que um oficial corrupto comete suicídio de tal forma que o som do suicídio não é o do disparo de uma arma ou do vidro quebrando, mas o som ininterrupto de tráfego, alheio a esse evento humano solitário. Embora essas imagens fossem emocionalmente poderosas, elas eram tão discretas, tão pouco disponíveis para consciência autorreflexiva, que serviam quase inteiramente como um fundo emocional invisível.

A experiência dessa *rêverie* foi, todavia, inquietante, e contribuiu para a criação de um contexto emocional específico para a elaboração inconsciente do que se seguiu. O relato, pela Sra. B, de seu encontro na noite anterior foi vivido de forma diferente do que teria sido, caso contrário. O principal efeito em mim de sua fala foi a criação de uma consciência dolorosa do sentimento de ela não estar falando comigo, uma sensação de preenchimento de espaço vazio, palavras não ditas por alguém a qualquer pessoa (nem a si mesma).

Sentindo-me perdido, sem saber como falar com a paciente sobre ela não falar nem comigo, nem consigo mesma, continuei a manter silêncio. Mais uma vez percebi minha mente vagando, dessa vez para uma breve imersão no "jogo" mental de observar o local e momento preciso de convergência do movimento do relógio digital da secretária eletrônica e do ponteiro segundeiro do relógio do outro lado da sala. Em parte, isso serviu para aliviar a claustrofobia que eu estava experimentando, sentindo-me preso sozinho com a Sra B. Formulei a hipótese de que tanto a *rêverie* sobre o suicídio, quanto o "jogo" envolvendo o funcionamento dos dois relógios, poderiam estar refletindo meu sentimento das qualidades mecânicas, não humanas da experiência com a Sra. B, mas essa ideia parecia superficial e banal.

As *rêveries* que se seguiram refletiam um movimento de uma forma obsessiva bastante rígida, repetitiva, para uma "corrente de pensamento" muito mais carregada de afeto (James, 1890). Fiquei angustiado ao recordar um telefonema de um amigo que recebeu a notícia de que precisava fazer uma cirurgia cardíaca a céu aberto de emergência. Muito rapidamente, me protegi do medo de sua morte, transformando narcisisticamente, em fantasia, o evento em uma história de como seria se eu recebesse essa notícia. Meu próprio medo de morrer foi expresso como um medo de nunca mais acordar. A ideia de não acordar foi, nessa conjuntura, inconscientemente sobredeterminada e, em retrospecto, parece ter incluído uma referência à "morte em vida" opressiva da analisanda, bem como ao meu próprio estado anestesiado na análise, do qual eu inconscientemente temia nunca acordar.

Em tudo isso havia um sentimento crescente de estar fora de controle tanto em relação ao meu próprio corpo (doença/sono/morte) como em relação às pessoas que eu amava e de quem dependia. Esses sentimentos foram momentaneamente dissipados por uma retirada defensiva em distanciamento emocional, um entorpecimento psíquico. Meus esforços inconscientes de distanciamento emocional não se mantiveram por muito tempo, e deram lugar a uma espécie de *rêverie*, na forma das imagens vívidas de um tempo que passei com uma amiga muito próxima, J, no meio de sua tentativa de lutar com a morte iminente. (Apenas pela falta de palavra melhor, refiro-me à criação dessas imagens em *rêverie* como "lembranças", porque a ideia de lembrança conota muito fortemente algo fixado na memória que é "chamado à consciência novamente" [relembrado]. A experiência na sessão não era uma repetição de algo, não era uma lembrança de algo que já ocorrera; estava ocorrendo pela primeira vez, uma experiência fresca sendo gerada no contexto intersubjetivo inconsciente da análise).

No decorrer da *rêverie* da conversa com J (em que estavam sendo feitos esforços de faz de conta, mas desesperadamente reais, para "descobrir" o que fazer em seguida), uma importante mudança psicológica ocorreu. O que começou na *rêverie* como uma insistência desejosa de que as coisas fossem justas e "fizessem sentido" se tornou um doloroso sentimento de vergonha em relação à minha sensação de que eu não conseguira apreciar a profundidade do isolamento que J estava experimentando. O conteúdo simbólico e afetivo da *rêverie* estava quase inconsciente, e ainda não constituía uma autoconsciência do isolamento sobre a qual eu poderia falar comigo mesmo, ou a partir da qual eu poderia falar com a paciente. No entanto, apesar do fato de que não ocorreu nesse momento uma compreensão consciente, verbalmente simbolizada da experiência de *rêverie*, ocorreu um importante movimento psicológico inconsciente, que, como se verá, moldou significativamente os eventos subsequentes da sessão.

Ao "devolver" o foco da minha atenção para a Sra. B, eu não estava voltando para um lugar em que eu estivera na sessão, mas estava indo para um novo "lugar" psicológico que não existia anteriormente, um lugar emocionalmente gerado em parte pelas experiências de *rêverie* que acabo de descrever. A Sra. B estava falando sobre relacionamentos com colegas de uma forma ansiosamente persuasiva, idealizada. As experiências de *rêverie* discutidas anteriormente (incluindo a minha experiência de entorpecimento psíquico defensivo) me haviam deixado agudamente sensível à experiência de dor psicológica disfarçada pelo recurso à defesa maníaca, especialmente a dor dos esforços para viver em terrível solidão e isolamento com seus próprios sentimentos de impotência.

A *rêverie* do "jogo do relógio", que ocorrera no início da sessão, assumiu um novo significado no contexto emocional do que agora ocorria.[1] A *rêverie* "anterior" estava, em um sentido importante, ocorrendo pela primeira vez, pois o ato de recordá-la no novo contexto psicológico transformou-a em um diferente "objeto analítico". O "jogo mental", como o experimentei, estava cheio, neste momento, não de tédio, desconexão e claustrofobia, mas de desesperança que parecia um apelo. Era um apelo por alguém ou algo com quem contar, algum ponto de ancoragem que poderia ser conhecido e precisamente localizado, e que, mesmo que apenas por um momento, ficaria parado. Estes eram sentimentos que, no momento, pareciam "polivalentes", ou seja, pareciam ao mesmo tempo ter uma influência sobre os meus sentimentos em relação a J (e não "velhos" sentimentos, mas sentimentos que tomavam forma no momento) e em relação ao relacionamento analítico em evolução.

O movimento afetivo que acabamos de descrever não é conceituado com precisão como o "descobrimento" de sentimentos até então "escondidos" em relação à minha experiência passada com J. Seria igualmente enganoso reduzir o que estava ocorrendo a um processo em que a paciente estava me ajudando a "trabalhar" meus conflitos inconscientes anteriormente mal resolvidos em relação a J (um processo a que Searles (1975) referiu-se como o paciente servindo como "terapeuta para o analista"). *Pelo contrário, imagino que as experiências de* rêverie *geradas nessa sessão refletem um processo intersubjetivo inconsciente, em que aspectos do meu mundo objetal interno foram elaborados de maneiras que eram exclusivamente definidas pelas construções inconscientes específicas geradas pelo par analítico. A mudança emocional que experimentei em relação à minha relação (objetal interna) com J poderia ter ocorrido da maneira como ocorreu apenas no contexto da relação intersubjetiva inconsciente específica com a Sra. B que existia no momento (grifo nosso).*

A relação objetal interna com J (ou com qualquer outro objeto interno) não é uma entidade fixa; é um conjunto fluido de pensamentos, sentimentos e sensações que está continuamente em movimento, e sempre suscetível a ser moldado e reestruturado, já que é experimentado como novo, no contexto de cada nova relação intersubjetiva inconsciente. Cada instância será uma faceta diferente do complexo movimento de sentimento que constitui uma relação objetal interna, que será mais viva no novo contexto intersubjetivo inconsciente. É isso que faz com que cada interação analítica inconsciente seja única, tanto para o analista quanto para o analisando. *Não concebo a interação analítica em termos do analista trazendo sensibilidades pré-existentes à relação analítica, que são "colocadas em ação" (como teclas de um piano sendo tocadas) pelas projeções ou identificações projetivas do paciente. Concebo, em vez disso, o processo analítico como envolvendo a criação de eventos intersubjetivos inconscientes que nunca existiram anteriormente na vida afetiva do analista e do analisando* (grifo nosso). A experiência e participação da Sra. B no movimento intersubjetivo inconsciente que estou descrevendo foi refletida no sonho com que ela começou a segunda das três sessões apresentadas. Nesse sonho, a paciente estava assistindo a um homem cuidar de um bebê. O homem colocou o bebê em um escorregador imaginário, e permitiu que ele caísse de uma escada de concreto, quebrando o pescoço no processo. No fim do sonho, quando o homem pegou o bebê em silêncio, imóvel, a criança olhou diretamente nos olhos da paciente e sorriu assustadoramente.

Após relatar o sonho, a Sra. B continuou, como se não tivesse dito nada de relevante sobre sua vida onírica ou qualquer outra parte de sua vida. Pensei (sem planejar) que as palavras da interpretação que ofereci se inspiraram tanto nas imagens da minha *rêverie*, do barulho do tráfego cobrindo o suicida solitário, quanto no efeito emocional, sobre mim, do silêncio absoluto que emoldurava o sonho da paciente (palavras faladas, gritos, choro, batidas, nada disso existia em seu relato do sonho). Comentei sobre a forma como a paciente usara palavras fazendo as vezes de "ruído" para falar sobre (abafar) algo de grande importância; que, ao contar-me o sonho, ela ao mesmo tempo esperava que eu ouvisse e tentava me impedir de ouvir. Não era possível determinar de forma significativa, neste momento, onde minha *rêverie* parou e o sonho da paciente começou. Tanto minha *rêverie* como o sonho da paciente foram criados no mesmo "espaço onírico analítico intersubjetivo" (Ogden, 1996).

A resposta de Sra. B à minha interpretação foi mais direta, auto reflexiva e afetivamente marcante do que fora por algum tempo. Apesar de uma nota de complacência, estava claro que a relação analítica estava em processo de mudança. Após começar dizendo que se via como o bebê que estava sendo derrubado por mim, ela foi capaz de observar que a interpretação era uma "espécie de mentira", na medida em que parecia antiquada e reflexiva. Ela então falou sobre sentir-se "imobilizada" em sua incapacidade de impedir que o que ela estava observando acontecesse. Minha *rêverie* da sessão anterior, envolvendo meu sentimento de vergonha associado com o sentimento de ser um observador imobilizado do isolamento de J, levou-me a questionar se vergonha e culpa eram aspectos importantes do sofrimento da paciente em relação ao sonho, assim como em relação à forma como me tratava. Os próximos comentários da Sra. B pareceram confirmar esse entendimento: ela me disse indiretamente que estava com medo de sua capacidade de se isolar e a mim através de suas reivindicações de ser "imune a" dor psicológica.

Quando a Sra. B falou sobre seu uso do "sorriso sinistro" comigo, eu não tinha certeza se ela estava consciente de seus esforços para aliviar-me dos meus sentimentos de isolamento enquanto com ela. Essa sessão terminou com a paciente falando comigo sobre seu medo de sua capacidade de se tornar tão mecânica que seria capaz de destruir a análise e sua vida. Em sua experiência de incapacidade de distinguir sentimento real de "pseudofala" enganosa, a Sra. B, sem reconhecê-lo totalmente, estava me falando sobre as únicas coisas que ela poderia saber de forma visceral que eram verdadeiras – sua consciência assustadora de não saber o que, se alguma coisa, é real sobre ela, e o sentimento de estar totalmente aprisionada nela.

A sessão seguinte começou com uma atuação teatral, em que a Sra. B meticulosamente removeu do divã um pedaço de fio solto.

Era um padrão antigo a paciente retirar-se ansiosamente após sessões em que parecera a mim que tínhamos falado um com o outro de uma forma que refletia uma sensação de calor humano. No entanto, a qualidade imperiosa, desconectada do gesto da paciente me deixou com uma sensação distinta de decepção, de que a ligação que eu tinha começado a sentir tinha sido abruptamente levada ao fim. Senti que eu estava sendo derrubado com tanta preocupação quanto ao que ela estava sentindo em relação ao pedaço de fio que estava derrubando no chão.

Parecia que ela também estava se sentindo decepcionada consigo mesma, fracassada na vida e na análise. Ela também aparentemente sentia-se assustada e envergonhada por ter (em fantasia) sujado a si mesma e a mim, e estava febrilmente empenhada em limpar os conteúdos corporais/sentimentos derramados (a bagunça suja no banheiro). Tentei conversar com ela sobre o que pensei ter entendido da maneira como seus sentimentos e comportamentos atuais representavam uma resposta ao que ela tinha experimentado comigo na sessão anterior, mas meus esforços foram sistematicamente ignorados.

Durante a maior parte da sessão, enquanto a paciente estava ruminando, minha própria *rêverie* incluía um prazer sensorial das linhas femininas criadas pelo jogo da luz solar sobre os vasos no meu consultório. Isso foi seguido por um conjunto de imagens, pleno de ansiedade, de *rêverie* de engrenagens que funcionavam mal, em containers, em uma fábrica que poderia ser uma usina de processamento de alimentos. Havia um forte sentimento de desastre iminente. Essas imagens e sentimentos estavam conectados na minha mente com a descrição da paciente da finalização muito precoce do seu aleitamento materno, resultante de seu desejo "excessivo" (ela mordendo os mamilos da sua mãe com tanta força que eles ficaram inflamados).

Parecia-me que, apesar do fato de não ter experimentado anteriormente qualquer indício de vitalidade sexual ou sensual enquanto com a Sra. B, eu agora começava a ter esses sentimentos, e estava ansioso pela catástrofe que tais sentimentos trariam em fantasia. Lembrei-me da Sra. B arqueando suas costas no começo da sessão, no início da semana, e lembrei-me de como o gesto não tivera qualquer força sexual sobre mim na ocasião. Esse movimento corporal agora parecia-me uma caricatura depreciativa da relação sexual: tanto uma expressão de desejo sexual em relação a mim como a simultânea depreciação desse desejo.

Os pensamentos, bem como os sentimentos e imagens de *rêverie*, serviram de contexto emocional para eu escutar e responder ao sonho que a paciente apresentou na segunda metade da sessão. Nesse sonho, a Sra. B acabara de dar à luz um bebê que lhe parecia estranho. Ao abraçá-lo, e abraçá-lo, e abraçá-lo, ele se transformou em um menininho com cabelos encaracolados e bagunçados. A Sra. B, de forma bastante estranha para ela, ofereceu sua própria interpretação do sonho, dizendo perceber que ele refletia a forma como ela não sente qualquer ligação com o que sai dela na análise. Reconheci que ela pareceu capturar algo que sentia por muito tempo, mas (influenciado pelo resíduo de sentimento das minhas *rêveries*) disse a ela que achava que ela estava me dizendo mais do que isso ao contar-me o sonho. Eu disse que pensava que era assustador para ela abertamente sentir afeição por seu filho. (Decidi adiar para uma sessão posterior interpretar a ideia/desejo de que o bebê de cabelos encaracolados fosse "nosso", pois parecia necessário que a paciente primeiro fosse capaz de experimentar genuinamente sua própria conexão com ele [comigo/com ela/com a análise].) Então perguntei se ela sentira a maneira como, quase sem querer, ela permitira que o bebê se tornasse humano (e amado), quando deixou, no meio da frase, de se referir ao bebê como "isso", passando a usar a palavra "ele".

Depois de um silêncio que pareceu pensativo e ansioso, ela me disse que ficara grata por eu não ter "jogado fora aquela parte das coisas". Eu estava ciente de que ela estava usando uma linguagem vaga ("aquela parte das coisas"), em vez de usar a palavra "amor" (como eu fizera), ou uma palavra própria para nomear o sentimento que não fora "jogado fora". Ela prosseguiu me dizendo que tinha medo de que eu a constrangesse com minhas palavras (em fantasia, a despisse), e que seus seios fossem revelados, e que eu os achasse muito pequenos.

Experimentei então, de uma maneira como eu não tinha sido capaz de sentir no decurso da análise, a intensidade do amor que eu sentia por J, bem como a profundidade dos meus sentimentos de tristeza e perda. Foi só nesse momento que comecei a suspeitar que os sentimentos de vergonha que eu sentira durante a *rêverie* sobre J na sessão anterior haviam servido para me proteger de sentir a dor desse amor e o sentimento de perda. Eu suspeitava que a vergonha da Sra. B em relação à fantasia de que eu acharia seus seios pequenos demais servia, de forma similar, a uma função defensiva em relação aos desejos mais assustadores de ser capaz de me amar e sentir-se amada por mim (bem como os receios, que acompanhavam, de meu desprezo por ela e seu desprezo por si mesma por ter tais desejos). Esse desprezo defensivo, amedrontado, tinha sido expresso em seu gesto compulsório no início da sessão.

As *rêveries* e pensamentos que acabo de descrever (por exemplo, as *rêveries* envolvendo um suicídio anônimo, o esforço para controlar a passagem do tempo, a incapacidade de lamentar plenamente a morte precoce de um amigo, a ansiedade associada com vitalidade e interação sexual e sensual impedidas) contribuíram fortemente para que eu dissesse à Sra. B que eu sentia que havia uma tristeza no que estávamos falando, que tinha a ver com a sensação de que aspectos importantes de sua vida não estavam sendo vividos (estavam sendo "jogados fora"). Ao referir-me à tristeza de uma vida jogada fora, uma vida não vivida, eu estava pensando não só na forma como ela não se permitiu ter a experiência de ser a mãe de seu (nosso) bebê no sonho, mas também na forma como (em diversos graus) ela não se permitiu viver a experiência de estar em análise comigo, e não se permitiu viver a experiência de ser uma filha para sua mãe ou de ter uma mãe.

A Sra. B respondeu ao que eu disse chorando, de uma forma que me pareceu que ela estava sentindo tristeza comigo, e não dramatizando para mim um sentimento inventado. Ela elaborou sobre a ideia de que grande parte da sua vida não tinha sido vivida, me dizendo que ela não tinha, em grande medida, experimentado sua vida como menina e como mulher, pois não tivera uma noção de si mesma como tendo tido um corpo feminino. Como resultado, sentiu que nunca seria capaz de "fazer leite para um bebê". Estava implícito, nessa declaração final da sessão, o medo da paciente de que ela nunca seria capaz de experimentar plenamente estar viva como uma mulher sexual comigo, e experimentar (em imaginação) ser a mãe do nosso bebê.

Comentários de JSG

A quintessência da abordagem intersubjetiva de Ogden nessa apresentação de caso

> *Imagino que as experiências de* rêverie *geradas nessa sessão refletem um processo intersubjetivo inconsciente, em que aspectos do meu mundo objetal interno foram elaborados de maneiras que eram exclusivamente definidas pelas construções inconscientes específicas geradas pelo par analítico. A mudança emocional que experimentei em*

> *relação à minha relação (objetal interna) com J poderia ter ocorrido da maneira como ocorreu apenas no contexto da relação intersubjetiva inconsciente específica que existia no momento com a Sra. B. A relação objetal interna com J (ou com qualquer outro objeto interno) não é uma entidade fixa; é um conjunto fluido de pensamentos, sentimentos e sensações que está continuamente em movimento, e sempre suscetível a ser moldado e reestruturado, já que é experimentado como novo, no contexto de cada nova relação intersubjetiva inconsciente.*

A declaração de Ogden claramente reflete a prescrição de Bion para o analista ouvir a si mesmo ouvindo o analisando (Bion, comunicação pessoal). Seu estilo técnico é caracterizado por permitir que pensamentos dispersos de seu corpo, mente e ambiente entrem em sua consciência atenta plena e, então – e esta é a quintessência de seu estilo –, permitir que eles o coloquem em um estado de fuga verdadeira, muito como um "solo de clarinete" em música, em que o clarinetista executa um longo solo e então junta-se novamente à orquestra (ou banda) no tom: "no tom" porque todo o tempo estava vinculado à partitura da orquestra.

Ogden traz à psicanálise uma dimensão que é rara. Como o leitor pode facilmente ver, ele escreve como se fosse um escritor extraordinariamente criativo, bem como um pensador imaginativo. Sua incomum sensibilidade sensorial (corporal) e emocional às sutis flutuações emocionais de seu analisando revela quão profunda e amplamente sua alma psicanalítica pode alcançar – e ser alcançada – para manter contato primorosamente íntimo com seus analisandos. Seus dons nativos foram aumentados por seu longo contato com o falecido L. Bryce Boyer, que tinha um talento legendário por seu uso misterioso da contratransferência – rêverie *com seus analisandos.*

*Era natural, portanto, que Ogden fosse mais tarde influenciado pelo estilo semelhante de Bion. Ele aplicou os conceitos de Bion de transformações em, de, e para O (*rêverie*) de maneira profunda e significativa. O presente trabalho está estreitamente afinado com o idioma de Bion. Constitui a quintessência da técnica analítica "bioniana". Ogden partilha com Bion o que chamo de "imaginação fundamentada" – "fundamentada" denotando que sua disciplina de hemisfério esquerdo está intacta, suspensa no pré-consciente, mas sempre ancorando os voos de conjectura imaginativa do hemisfério direito. Através das palavras de Ogden, experimentamos vicariamente sua solitária, mas emocionante, odisseia traçada pela* rêverie. *Quando fui analisado por Bion, eu não conseguia saber quando ele entrava em uma odisseia, mas lembro-me que seu tempo era ocupado por muitas interpretações profundamente pensativas, e que ele sempre estava "no ponto" – ou seja, atento ao aqui e agora, mas muitas vezes intercalando as ressonâncias de suas observações a alusões apropriadas às formas.*

"O terceiro sujeito subjugador" como a ordem oculta da psicanálise

Deixe-me compartilhar uma phantasia que tive ao ler o relato de Ogden: Quando a analisanda entrou no consultório, ele imediatamente tomou o pulso de sua contratransferência – rêverie *em relação à sua analisanda, e preparou-se para ser "impressionado" (afetado) por ela. Digo "impressionado" como Bion usou o termo: para designar impressões – como recortes mentais – na fronteira emocional do indivíduo pelas intersecções contínuas de O. Também fui levado a pensar o quanto o estilo de Ogden combinava com o conceito de Winnicott (1956) de "preocupação materna primária", com suas insinuações de ressonância telepática virtual.*

Minha phantasia continua: A psicanálise é um jogo de paixão que procura exteriorizar e, assim, revelar, através de dramatização, um conflito oculto. Para que essa dramatização ocorra, a neurose infantil inicial do analisando (a neurose de um) deve ser convertida (transformada) em uma neurose transferencial, que hoje chamaríamos de uma "neurose transferencial contratransferencial" (as neuroses misturadas dos dois participantes). Esse momento analítico e sua continuação são dirigidos pelo "terceiro sujeito subjugador", o "dramaturgo" inconsciente que "escreve", "faz o roteiro", "produz", "seleciona", e "dirige" os papeis, emoções e comportamentos para os dois participantes, sendo que eles próprios, em todos os sentidos, acreditam que estão sendo ambos analiticamente espontâneos (teatro de improviso). As autoavaliações de Ogden, que resultam da transação do contato emocional entre eles, são o que Bion (1965, 1970) chamou de "transformações em O". Além disso, pode-se ver o fantasma de Stanislavski (1936), e suas sugestões para atores aprenderem o "método de atuar": encontrar dentro de si mesmos aquilo que o papel atribuído exige.

O terceiro subjugador é uma função componente do que Ogden chama de "terceiro sujeito da análise" – uma entidade que encobre e inclui as subjetividades do analisando e do analista, respectivamente. Assim, esse terceiro misterioso "subjuga" suas subjetividades individuais, e inconscientemente atribui funções para que elas desempenhem – para que algo do inconsciente do analisando possa tornar-se conhecido e esclarecido. É quase como se cada participante, de acordo com minha avaliação, inconscientemente realizasse as atribuições de sua função (Sandler, 1976), e sinalizasse pistas para o outro: como se o "sonhador que sonha o sonho" (Grotstein, 1987b, 2000) dentro do analisando envolvesse seu homólogo dentro do analista, e as organizações oníricas estéticas dentro de ambos fossem ativadas, ou como crianças brincando (Opie & Opie, 1959) o que intuitivamente percebem ser um jogo – sem a necessidade de um árbitro estabelecendo limites – de modo a alcançar uma atmosfera teatral de descrença suspensa, para permitir que a brincadeira continue e uma verdade oculta emerja, seja dramatizada, seja reconhecida e seja realizada! "O drama é o laço com o qual prenderei a consciência do rei".

Surge a pergunta: Será que o papel extremamente sensível que Ogden desempenha *enquanto objeto de sustentação, continência e transformação do analisando (Bollas, 1987) constitui uma "experiência emocional corretiva" eficaz (Alexander de, 1956) para a analisanda – além de ajudá-la a "sonhar" com mais sucesso seu passado conturbado, e prepará-la para lamentar a perda de sua infância incompleta? Deixo a pergunta sem resposta, pois ela é irrespondível, mas gostaria de invocar meu conceito de "criança do inconsciente sempre e para sempre em desenvolvimento": a "criança virtual" na phantasia inconsciente, que, paradoxalmente, representa a criança da infância real, autolimitada,* e *uma criança que continua a evoluir e amadurecer sem "crescer". Na medida em que o bebê real autolimitado é considerado, lamentar sua privação passada infeliz é a única alternativa, mas se também incluirmos a "criança do inconsciente sempre...em desenvolvimento" (a "criança imortal", nascida do infinito, O), podemos ser capazes de considerar a possibilidade de uma experiência, emocional corretiva retroativa – talvez.*

Para voltar ao uso pré-consciente de Ogden de "imaginação fundamentada" – isso pode ser mostrado em dois exemplos:

1. "Meus músculos do estômago tensionaram-se, e experimentei uma leve sensação de náusea quando ouvi os rápidos passos da Sra. B subindo as escadas que levam ao meu consultório."

Aqui, o processamento de hemisfério direito de Ogden pode ser compreendido como premonições de sua própria ansiedade persecutória em antecipação/preparação (P-S) para ser projetada dentro dele por sua analisanda antes da análise formal começar.

2. "Quando ela se deslocava da sala de espera para o consultório, eu podia sentir em meu corpo a paciente absorvendo cada detalhe do corredor. Percebi diversos pequenos pedaços de papel do meu caderno sobre o tapete. Eu sabia que a paciente os estava absorvendo e amontoando 'dentro' dela, para dissecar mentalmente em silêncio durante e após a sessão. Senti de uma forma muito concreta que esses pedaços de papel eram partes de mim que estavam sendo feitos reféns."

Ogden está experimentando sua própria versão única e altamente pessoal do que acredita ser a phantasia inconsciente da analisanda, envolvendo impulsos canibais possessivos. Invocamos agora o contexto adaptativo. Já fomos alertados para o fato de que esta é a primeira de três sessões nesta semana. Temos, portanto, razão para especular que a paciente experimentou uma tal carência durante a interrupção no fim de semana que ela pode ter se tornado virtualmente "canibal". Ela então projetou isso em Ogden e temeu sua retaliação. Sem ir mais longe, o que isso mostra é que Ogden estivera todo o tempo pré-conscientemente ciente das bases kleinianas da sessão (P-S, evacuação de ansiedade persecutória acumulada para o analista). Quando Bion afirma "abandonar memória e desejo", deve ser implicitamente entendido que ele acredita que o analista deve ter tal domínio da teoria psicanalítica que pode esquecê-la – assumindo que não vai esquecer de si mesmo. Em resumo: Ogden parece, para mim, demonstrar o surgimento de trabalho onírico imaginativo de hemisfério direito, mas essa atividade imaginativa é necessariamente firmemente "fundamentada" (e, portanto, mediada), creio eu, por seu domínio de hemisfério esquerdo da teoria kleiniana. Em outras palavras, Ogden silenciosamente desenvolve uma árvore de inferência em ambos os hemisférios, mas destacando o direito – aguardando o momento adequado para intervir.

No entanto, também detectamos outro modo kleiniano no pensamento de Ogden e em sua técnica: a propensão pós-kleiniana a trabalhar no nível de objeto total, em um engajamento transferencial--contratransferencial irredutível, em que os sentimentos, impressões e desejos de cada participante são minuciosamente examinados por Ogden como toda a situação no aqui e agora – como processo intersubjetivo. Em qualquer momento definido, é difícil diferenciar a influência de Bion sobre Ogden e as técnicas pós-kleinianas defendidas por Betty Joseph e seus seguidores – possivelmente porque há pouca diferença, exceto, talvez, em relação à terminologia – "sonhar" e "transformações em O", particularmente.

Há outra coisa que Ogden faz que é única. Em seu trabalho mais recente, ele saiu do circuito do discurso analítico convencional para se tornar um "crítico literário", por assim dizer, da obra de poetas e romancistas, bem como da obra de psicanalistas. Denomina essa sua nova tendência de "leitura atenta"[NT] *das produções e declarações dos sujeitos. Em referência a uma obra atual sua sobre Borges, Ogden (2009) afirma em uma correspondência pessoal para mim: "É um grande prazer perceber as reticências na* Library of Babylon, *de Borges, como uma sugestão sutil de que o leitor não sabe realmente quem é o escritor do texto. A linguagem (neste caso, a pontuação) não é portadora de significado, ela* é *o significado. Da mesma forma, no trabalho psicanalítico, não se escuta o que está por trás ou por baixo das palavras ou silêncios ou sensações corporais; o significado está* nas *palavras, silêncios, sensações corporais."*

Na minha própria tentativa de ler atentamente a declaração de Ogden, sinto as seguintes respostas emergindo: a leitura atenta abre uma nova era no pensamento e técnica psicanalítica. Ela pressupõe que, com relação à experiência do indivíduo de um objeto, a consciência e o inconsciente estão indissociavelmente ligados. Como corolário do postulado anterior, a técnica analítica de observação está intimamente ligada à intuição. A leitura atenta constitui um microscópico e um indutivo (sonho). Significado psicanalítico em torno, por trás ou por baixo das expressões que estão sendo cuidadosamente estudadas pode ser encontrado exclusivamente dentro *das palavras e expressões. Quando se lê outras obras recentes de Ogden, obtém-se uma "sensação" dessa forma radicalmente nova de apreender o significado dormente, bem como óbvio, abrigado dentro de todas as formas de comunicação (Grotstein, 2009d; Ogden, 2009a, 2009b).*

Notas

Ogden, T. (1997b). Rêverie and interpretation. *Psychoanalytic Quarterly, 66* (1997): 567-595. Gostaria de expressar minha gratidão a Thomas Ogden, bem como ao editor do *Psychoanalytic Quarterly,* por sua gentil permissão para republicar este trabalho.

1. O movimento inconsciente provocado pela *rêverie* pode ser pensado como resultado do "trabalho de entendimento" inconsciente (Sandler, 1976), que é parte integral do sonhar (e da *rêverie*). Sonho e *rêverie* sempre envolvem um discurso interno inconsciente entre "o sonhador que sonha o sonho e o sonhador que entende o sonho" (Grotstein, 1979). Se não houvesse tal discurso inconsciente (se não houvesse "trabalho de entendimento" inconsciente em relação ao "trabalho onírico" inconsciente), teríamos que concluir que apenas os sonhos (ou *rêveries*) de que nos lembramos tem valor psicológico e contribuem para o desenvolvimento psicológico. Essa é uma ideia que poucos analistas apoiariam. [N.T.]: "*Close reading*", no original.

Epílogo

Chegamos agora ao fim da jornada. Espero que nenhum leitor tenha perdido seu caminho ou "pulado do barco" nesta longa aventura cognitiva. Pouparei o leitor de um resumo do que foi dito até agora. Desejo apenas dizer que pratiquei psicanálise por mais de 50 anos, e senti a necessidade de documentar e compartilhar minhas experiências, ajudando a traçar o panorama da técnica psicanalítica a partir da minha visão da perspectiva kleiniana/bioniana. Mas este trabalho é apenas um começo. Pretendo publicar trabalho clínico mais profundo no futuro – com a ajuda de outros. Digo adeus em uma última nota: que a psicanálise funciona em parte porque é uma peça terapêutica, e o analisando e analista são suas estrelas em constante improvisação.

Referências

Abraham, K. (1924). A short study of the development of the libido. In: *Selected Papers on Psycho-Analysis* (pp. 418-501). London: Hogarth Press, 1948.

Alexander, F. (1956). *Psychoanalysis and Psychotherapy: Developments in Theory, Technique and Training*. New York: Norton.

Alhanati, S. (2002). Silent grammar. The emergence of the ineffable. In: *Primitive Mental States, Vol. II: Psychobiological and Psychoanalytic Perspective on Early Trauma and Personality Development* (pp. 111-140). London: Karnac.

Alhanati, S. (2005). "Silent grammar: Additional Case Presentations." Paper presented at the Conference on Conjuring Presences: Contributions of Fetal, Infantile, and Pre-verbal Communications to Transference and Countertransference, sponsored by the Psychoanalytic Center of California, Los Angeles, California (10 June).

Alvarez, A. (1996). *Live Company: Psychoanalytic Psychotherapy with Autistic, Borderline, Deprived and Abused Children*. London: Tavistock/Routledge.

Balestriere, L. (2007). The work of the analyst in the field of psychosis. *International Journal of Psychoanalysis, 88:* 407-422.

Baranger, M. (1983). The mind of the analyst: From listening to interpretation. *International Journal of Psychoanalysis, 74:* 15-24.

Baranger, M., & Baranger, W. (1961-62). La situación analytica como campo dinámico. *Revista Uruguayo de Psicoanálisis, 4:* 3-54.

Baranger, M., & Baranger, W. (1964). El insight en la situacion analitica. In: *Problemas del Campo Psicoanalitico*. Buenos Aires: Kargieman.

Baranger, M., Baranger, W., & Mom, J. (1983). Process and non--process in analytic work. *International Journal of Psychoanalysis, 64:* 1-15.

Bion, W. R. (1958). On hallucination. In: *Second Thoughts: Selected Psychoanalysis* (pp. 65-85). London: Heinemann, 1967.

Bion, W. R. (1959). Attacks on linking. In: *Second Thoughts: Selected Papers on Psychoanalysis* (pp. 93-109). London: Heinemann, 1967.

Bion, W. R. (1962a). The psychoanalytic study of thinking. *International Journal of Psycho-Analysis, 43:* 306-310. In: *Second Thoughts: Selected Papers on Psychoanalysis* (pp. 110-119). London: Heinemann, 1967.

Bion, W. R. (1962b). *Learning from Experience*. London: Heinemann.

Bion, W. R. (1963). *Elements of Psycho-Analysis*. London: Heinemann.

Bion, W. R. (1965). *Transformations*. London: Heinemann.

Bion, W. R. (1967a). Notes on memory and desire. *Psychoanalytic Forum*, 2: 271-286.

Bion, W. R. (1967b). *Second Thoughts.* London: Heinemann.

Bion, W. R. (1970). *Attention and Interpretation.* London: Tavistock Publications.

Bion, W. R. (1977). *Two Papers: The Grid and Caesura.* Rio de Janeiro: Imago Editora.

Bion, W. R. (1979). *A Memoir of the Future, Book III: The Dawn of Oblivion.* Perthshire: Clunie Press; also in: *A Memoir of the Future, Books 1-3.* London: Karnac, 1991.

Bion, W. R. (1980). *Bion in New York and São Paulo,* ed. F. Bion. Strath Tay: Clunie Press.

Bion, W. R. (1992). *Cogitations,* ed. F. Bion. London: Karnac.

Bion, W. R. (1997). *Taming Wild Thoughts,* ed. F. Bion. London: Karnac.

Blass, R. (2008). On the immediacy of unconscious truth: Understanding Betty Joseph's "here and now" through comparison with alternative views of thinking. Paper presented at "Here and Now Today" Conference, University College London (12-14 December).

Bollas, C. (1987). *The Shadow of the Object: Psychoanalysis of the Unthought Known.* London: Free Association Books.

Bowlby, J. (1958). The nature of the child's tie to his mother. *International Journal of Psychoanalysis, 39:* 350-373.

Bowlby, J. (1969). *Attachment and Loss. Vol. I: Attachment.* New York: Basic Books.

Bowlby, J. (1973). *Attachment and Loss. Vol. II: Separation Anxiety and Anger.* New York: Basic Books.

Bowlby, J. (1980). *Attachment and Loss. Vol. III: Loss: Sadness and Depression*. New York: Basic Books.

Britton, R. (1998a). Before and after the depressive position: Ps(n)→D(n)→ Ps(n+1). In: *Belief and Imagination: Explorations in Psychoanalysis* (pp. 69-81). London & New York: Routledge.

Britton, R. (1998b). *Belief and Imagination: Explorations in Psychoanalysis*. London: Routledge.

Britton, R., & Steiner, J. (1994). Interpretation: Selected fact or overvalued idea? *International Journal of Psychoanalysis, 75:* 1069-1078.

Brown, L. (1987). Borderline personality organization and the transition to the depressive position. In: J. S. Grotstein, J. F. Solomon, & J. A. Lang (Eds.), *The Borderline Patient: Emerging Concepts in Diagnosis, Psychodynamics, and Treatment. Vol. 1* (pp. 147-180). Hillsdale, NJ: Analytic Press.

Brown, L. (2006). Julie's Museum: The evolution of thinking, dreaming and historicization in the treatment of traumatized patients. *International Journal of Psychoanalysis, 87:* 1569-1585.

Brown, L. The Transitional Position. Unpublished ms.

Busch, F. (1995a). Neglected classics: M. N. Searl's "Some Queries on Principles of Technique." *Psychoanalytic Quarterly, 64:* 326-344.

Busch, F. (1995b). Do actions speak louder than words? A query into an enigma in analytic theory and technique. *Journal of the American Psychoanalytic Association, 43:* 61-82.

Busch, F. (1997). Understanding the patient's use of the method of free association: An ego psychology approach. *Journal of the American Psychoanalytic Association, 45:* 407-423.

Damasio, A. (1999). *The Feeling of What Happens: Body and Emotion in the Making of Consciousness*. New York: Harcourt Brace.

Damasio, A. (2003). *Looking for Spinoza: Joy, Sorrow, and the Feeling Brain*. New York: Harcourt.

Decety, J., & Chaminade, T. (2003). Neural correlates of feeling sympathy. *Neuropsychologia, 41*: 127-138.

Eaton, J. (2008). *The Tasks of Listening*. Unpublished manuscript.

Ehrenzweig, A. (1967). *The Hidden Order of Art: A Study in the Psychology of Artistic Imagination*. Berkeley: University of California Press.

Eisenbud, J. (1946). Telepathy and problems of psychoanalysis. *Psychoanalytic Quarterly, 15*: 32-87.

Entralgo, P. L. (1970). *The Therapy of the Word in Classical Antiquity*, tr. L. J. Rather & J. M. Sharp. New Haven, CT: Yale University Press.

Etchegoyen, R. H. (1991). *The Fundamentals of Psychoanalytic Technique* (pp. 318-346), tr. P. Pitchon. London: Karnac.

Feldman, M. (2007a). "The Problem of Conviction." Paper presented for the Seventh Annual James S. Grotstein Conference on Psychoanalysis around the World, Los Angeles, California (19 February).

Feldman, M. (2007b). Addressing parts of the self. *International Journal of Psychoanalysis, 88*: 371-386.

Fenichel, O. (1941). Problems of psychoanalytic technique. *Psychoanalytic Quarterly*: 1-70, 98-122.

Ferro, A. (1992). *The Bi-Personal Field: Experiences in Child Analysis*, tr. P. Slotkin. London: Routledge.

Ferro, A. (1996). *In the Analyst's Consulting Room*, tr. P. Slotkin. Hove: Brunner-Routledge.

Ferro, A. (1999). *Psychoanalysis as Therapy and Storytelling*, tr. P. Slotkin. London: Routledge.

Ferro, A. (2002a). *In the Analyst's Consulting Room,* tr. P. Slotkin. Hove: Routledge.

Ferro, A. (2002b). *Seeds of Illness, Seeds of Recovery: The Genesis of Suffering and the Role of Psychoanalysis,* tr. P. Slotkin. Hove: Brunner-Routledge, 2005.

Ferro, A. (2005). Which reality in the psychoanalytic session? *Psychoanalytic Quarterly, 74:* 421-442.

Ferro, A. (2006). Clinical implications of Bion's thought. *International Journal of Psychoanalysis, 87:* 989-1003.

Ferro, A., & Basile, R. (2009). *The Analytic Field: A Clinical Concept.* London: Karnac.

Fosshage & Hershberg (2009). Loving and leaving: A reappraisal of analytic termination. *Psychoanalytic Inquiry, 29* (2).

Freud, S. (1900a). *The Interpretation of Dreams. S.E.*, 5: 339-630.

Freud, S. (1905d). Three contributions on the theory of sexuality. *S.E.*, 7: 125-245.

Freud, S. (1905e). Fragment of an analysis of a case of hysteria. *S.E.*, 7: 3-124.

Freud, S. (1911b). Formulations of the two principles of mental functioning. *S.E., 12:* 213-226.

Freud, S. (1911c). Psycho-analytic notes on an autobiographical account of a case of paranoia (dementia paranoides). *S.E., 12:* 3-84.

Freud, S. (1911e). The handling of dream-interpretation in psycho-analysis. *S.E., 12:* 91-96.

Freud, S. (1912b). The dynamics of transference. *S.E., 12:* 97-108.

Freud, S. (1912e). Recommendations to physicians practising psycho-analysis. *S.E., 12:* 109-120.

Freud, S. (1913[1912-1913]). *Totem and Taboo. S.E., 13:* 1-64.

Freud, S. (1915a[1914]). Observations on transference-love (Further recommendations on the technique of psycho-analysis, III). *S.E., 12:* 157-171.

Freud, S. (1915c). Instincts and their vicissitudes. *S.E., 14:* 109-140.

Freud, S. (1915d). Repression. *S.E.,* 14: 141-158.

Freud, S. (1915e). The unconscious. *S.E.* 14: 159-215.

Freud, S., & Andreas-Salomé, L. (1966). Letter dated "25.5.16." In: *Letters,* ed. E. Pfeiffer, tr. W. Robson-Scott & E. Robson-Scott. London: Hogarth Press, 1972.

Gaddini, E. (1982). Early defensive fantasies and the analytic process. *International Journal of Psychoanalysis, 63*: 369-388.

Gallese, V. (2001). The "shared manifold" hypothesis: From mirror neurons to empathy. *Journal of Consciousness Studies, 8*: 33-50.

Gallese, V., & Goldman, A. (1998). Mirror neurons and the simulation theory of mind reading. *Trends in Cognitive Science, 2*: 493-501.

Garfield, D., & Mackler, D. (2009). *Beyond Medication: Therapeutic Engagement and the Recovery from Psychosis.* London: Routledge.

Girard, R. (1972). *Violence and the Sacred,* tr. P. Gregory. Baltimore: Johns Hopkins University Press.

Girard, R. (1978). *Things Hidden Since the Foundation of the World,* trans. S. Bann & M. Metteer. Stanford, CA: Stanford University Press, 1987.

Girard, R. (1986). *The Scapegoat,* trans. Y. Freccero. Baltimore: Johns Hopkins University Press.

Girard, R. (1987). *Job: The Victim of His People.* Stanford, CA: Stanford University Press.

Glover, E. (1931). *The Technique of Psycho-Analysis* (pp. 261-304). New York: International Universities Press.

Gray, P. (1982). Developmental lag in evolution analytic technique. *Journal of the American Psychoanalytic Association, 30:* 621-656.

Gray, P. (1994). *The Ego and Analysis of Defence.* Northvale, NJ: Jason Aronson.

Greenson, R. (1967). *The Technique and Practice of Psychoanalysis, Vol. I* (pp. 372-376). New York: International Universities Press.

Grotstein, J. (1978). Inner space: Its dimensions and its coordinates. *International Journal of Psychoanalysis, 59*: 55-61.

Grotstein, J. (1979). Who is the dreamer who dreams the dream, and who is the dreamer who understands it? *Contemporary Psychoanalysis, 15* (1): 110-169.

Grotstein, J. (1981a). *Splitting and Projective Identification.* New York: Jason Aronson.

Grotstein, J. (1981b). Who is the dreamer who dreams the dream, and who is the dreamer who understands it? (revised). In: *Do I Dare Disturb the Universe? A Memorial to Wilfred R. Bion* (pp. 357-416). Beverly Hills, CA: Caesura Press.

Grotstein, J. (1986). The dual-track: Contribution toward a neurobehavioral model of cerebral processing. *Psychiatric Clinics of North America, 9* (2): 353-366.

Grotstein, J. (1988). The "Siamese-twinship" of the cerebral hemispheres and of the brain-mind continuum: Toward a "psychology" for the corpus callosum. *Psychiatric Clinics of North America, 11* (3): 399-412.

Grotstein, J. (1993a). A reappraisal of W. R. D. Fairbairn. *Journal of the Menninger Clinic, 57* (4): 421-449.

Grotstein, J. (1993b). Towards the concept of the transcendent position: Reflections on some of "the unborns" in Bion's "Cogitations." *Journal of Melanie Klein and Object Relations, 11* (2): 55-73. [Special Issue: "Understanding the Work of Wilfred Bion."]

Grotstein, J. (1995a). Projective identification reappraised: Projective identification, introjective identification, the transference/countertransference neurosis, and their consummate expression in the Crucifixion, the Pietà, and "therapeutic exorcism". Part II: The countertransference complex. *Contemporary Psychoanalysis, 31:* 479-510.

Grotstein, J. (1995b). Orphans of the "Real": I. Some modern and post-modern perspectives on the neurobiological and psychosocial dimensions of psychosis and primitive mental disorders. *Bulletin of the Menninger Clinic, 59:* 287-311.

Grotstein, J. (1995c). A reassessment of the couch in psychoanalysis. In: Issue on the relevance of the couch in contemporary psychoanalysis (issue ed. G. Moriates). *Psychoanalytic Inquiry, 15*: 396-405.

Grotstein, J. (1997a). Integrating one-person and two-person psychologies: Autochthony and alterity in counterpoint. *Psychoanalytic Quarterly, 66:* 403-430.

Grotstein, J. (1997b). "Internal objects" or "chimerical monsters?": The demonic "third forms" of the internal world. *Journal of Analytical Psychology, 42:* 47-80.

Grotstein, J. (2000). *Who is the Dreamer Who Dreams the Dream?: A Study of Psychic Presences.* Hillsdale, NJ: Analytic Press.

Grotstein, J. (2002). We are such stuff as dreams are made on: Annotations on dreams and dreaming in Bion's works. In: C. Neri, M. Pines, & R. Friedman (Eds.), *Dreams in Group Psychotherapy: Theory and Technique* (pp. 110-145). London & Philadelphia: Jessica Kingsley.

Grotstein, J. (2004a). The light militia of the lower sky: The deeper nature of dreaming and phantasying. *Psychoanalytic Dialogues, 14:* 99-118.

Grotstein, J. (2004b). The seventh servant: The implications of a truth drive in Bion's theory of "O". *International Journal of Psychoanalysis, 85:* 1081- 1101.

Grotstein, J. (2005). Projective transidentification as an extension of projective identification. *International Journal of Psychoanalysis, 86:* 1051-1069.

Grotstein, J. (2007). *A Beam of Intense Darkness: Wilfred R. Bion's Legacy to Psychoanalysis*. London: Karnac.

Grotstein, J. (2008). "Innocence versus Original Sin: 'The Myth of Cain and Abel' and the Moral Dilemma within Psychoanalytic Technique." Paper presented at the Eighth Annual James S. Grotstein Conference, David Geffen School of Medicine, Los Angeles, California (9 February).

Grotstein, J. (2009a). Dreaming as a "curtain of illusion": Revisiting the "Royal Road" with Bion as our guide. *The International Journal of Psychoanalysis.* In press.

Grotstein, J. (2009b). "The play is the thing wherein I'll catch the conscious of the king!" Psychoanalysis as a Passion Play. In: A. Ferro & R. Basile (Eds.), *Italian Annual Book of the IJPA*. Rome: Edizioni Borla.

Grotstein, J. (2009c). Voice from the crypt: The negative therapeutic reaction and the longing for the childhood that never was. In: J. Van Buren & S. Alhanati (Eds.), *Protomental States, the Unborn Self and Meaning Without Words.* Routledge. In press.

Grotstein, J. (2009d). Review of Ogden's (2009) "Rediscovering Psychoanalysis: Thinking and Dreaming, Learning and Forgetting"

(London & New York: Routledge). *Psychoanalytic Quarterly*. In press.

Hampshire, S. (2005). *Spinoza and Spinozism*. Oxford: Clarendon Press.

Hargreaves, E., & Varchevker, A. (Eds.) (2004). *In Pursuit of Psychic Change: The Betty Joseph Workshop*. Hove: Brunner-Routledge.

Jacobson, E. (1964). *The Self and the Object World*. New York: International Universities Press.

James, W. (1890). *The Principles of Psychology*. Cambridge, MA: Harvard University Press, 1981.

Joseph, B. (1989). *Psychic Equilibrium and Psychic Change*. London: Routledge.

Jowett, B. (trans.) (1892). Theatetus. In: *The Dialogues of Plato* (pp. 143-220). New York: Random House, 1937.

Kant, I. (1787). *Critique of Pure Reason* (revised edition), trans. N. Kemp Smith. New York: St. Martin's Press, 1965.

Klein, M. (1928). Early stages of the oedipus conflict. In: *Contributions to Psycho-Analysis, 1921-1945* (pp. 202-214). London: Hogarth Press, 1950.

Klein, M. (1961). *Narrative of a Child Analysis*. New York: Basic Books.

Kohut, H. (1971). *The Analysis of the Self: A Systematic Approach to the Psychoanalytic Treatment of Narcissistic Personality Disorders*. New York: International Universities Press.

Kris, E. (1950). On preconscious mental processes. *Psychoanalytic Explorations in Art* (pp. 303-318). New York: International Universities Press, 1952.

Kristeva, J. (1941a). *Tales of Love*, trans. L. S. Roudiez. New York: Columbia Universities Press, 1987.

Kristeva, J. (1941b). *Desire in Language: A Semiotic Approach to Literature and Art*, ed. L. S. Roudiez; trans. T. Gora, A. Jardine, & L. S. Roudiez. New York: Columbia University Press, 1980.

Lacan, J. (1966). *Ecrits: 1949-1960*, trans. A. Sheridan. New York: W. W. Norton, 1977.

Lacan, J. (1975). *Le Séminaire XX.* (*1972-1973*). Paris: Seuil.

Langs, R. (1976a). *The Bipersonal Field.* New York: Jason Aronson.

Langs, R. (1976b). *The Therapeutic Interaction.* New York: Jason Aronson.

Langs, R. (1981a). *Interactions: A Realm of Transference and Countertransference.* New York: Jason Aronson.

Langs, R. (1981b). Modes of "cure" in psychoanalysis and psychoanalytic psychotherapy. *International Journal of Psycho-Analysis, 62:* 199-214.

Llinás, R. (2001). *I of the Vortex: From Neurons to Self.* Cambridge, MA: MIT Press.

López-Corvo, R. E. (2006). *Wild Thoughts Searching for a Thinker: A Clinical Application of W. R. Bion's Theories.* London: Karnac.

Mason, A. (1994). A psychoanalyst looks at a hypnotist: A study of folie à deux. *Psychoanalytic Quarterly, 63* (4): 641-679.

Matte Blanco, I. (1988). *Thinking, Feeling, and Being: Clinical Reflections on the Fundamental Antinomy of Human Beings.* London: Routledge.

McDougall, J. (1985). *Theaters of the Mind: Illusion and Truth on the Psychoanalytic Stage.* New York: Basic Books.

Meltzer, D. W. (1967). *The Psycho-Analytical Process* (pp. 1-52). London: Heinemann.

Meltzer, D. W. (1992). *The Claustrum: And Investigation of Claustrophobic Phenomena.* Perthshire: Clunie Press.

Ogden, T. (1994). *Subjects of Analysis.* Northvale, NJ: Jason Aronson.

Ogden, T. (1997a). Rêverie and interpretation. *Psychoanalytic Quarterly, 66:* 567-595.

Ogden, T. (1997b). *Rêverie and Interpretation.* Northvale, NJ: Jason Aronson.

Ogden, T. (1996). Reconsidering three aspects of psychoanalytic technique. *International Journal of psychoanalysis, 77*: 883-900.

Ogden, T. (2004). An introduction to the reading of Bion. *International Journal of Psychoanalysis, 85:* 285-300.

Ogden, T. H. (2009a). *Rediscovering Psychoanalysis: Thinking and Dreaming, Learning and Forgetting.* London & New York: Routledge.

Ogden, T. H. (2009b). Kafka, Borges, and the creation of consciousness. Part I. Kafka: Dark ironies of the "gift" of consciousness. *Psychoanalytic Quarterly, 78*: 343-368.

Ogden, T. H. (2009c). Kafka, Borges, and the creation of consciousness. Part II. Borges: A life of letters encompassing everything and nothing. *Psychoanalytic Quarterly, 78*: 369-396.

Ogden, T. (2001). *Conversations at the Frontier of Dreaming.* Northvale, NJ: Jason Aronson.

Opie, L., & Opie, P. (1959). *The Lore and Language of School Children.* Oxford: Oxford University Press.

Poincaré, H. (1963). *Science and Method.* New York: Dover.

Saks, E. R. (2007). *The Center Cannot Hold.* New York: Hyperion.

Sandler, J. (1976). Countertransference and role responsiveness. *International Review of Psycho-Analysis, 3*: 43-47.

Schore, A. (2003a). *Affect Regulation and the Repair of the Self.* New York: W. W. Norton.

Schore, A. (2003b). *Affect Dysregulation and Repair of the Self.* New York: W. W. Norton.

Searles, H. F. (1975). The patient as therapist to his analist. In: *Countertransference and Related Subjects* (pp. 380-459). New York: International Universities Press.

Searles, H. F. (1987). The development in the patient of an internalized image of the therapist. In: J. S. Grotstein, M. F. Solomon, & J. A. Lang (Eds.), *The Borderline Patient: Emerging Concepts in Diagnosis, Psychodynamics, and Treatment, Vol.* 2 (pp. 25-40). Hillsdale, NJ: Analytic Press.

Simon, B. (1978). *Mind and Madness in Ancient Greece: The Classical Roots of Modern Psychiatry.* Ithaca: Cornell University Press.

Sparrow, C. (1986). The Lorenz equations. In: A. V. Holden (Ed.), *Chaos* (pp. 111-134). Princeton, NJ: Princeton University Press.

Spillius, E. B. (2007). *Encounters with Melanie Klein: Selected Papers of Elizabeth Spillius*, ed. P. Roth & R. Rushbridger. London: Routledge.

Stanislavski, C. (1936). *An Actor Prepares*, trans. E. Reynolds Hapgood. New York: Routledge, 1989.

Steiner, J. (1993). *Psychic Retreats: Pathological Organizations in Psychotic, Neurotic and Borderline Patients.* London: Routledge.

Stern, D. (2004). *The Present Moment in Psychotherapy and Everyday Life.* New York: W.W. Norton.

Strachey, J. (1934). The nature of the therapeutic action of psychoanalysis. *International Journal of Psychoanalysis, 15:* 127-159.

Tustin, F. (1986). *Autistic Barriers in Neurotic Patients.* New Haven, CT: Yale University Press.

Tustin, F. (1990). *The Protective Shell in Children and Adults.* London: Karnac.

Wallerstein, R. S. (1986). *Forty-Two Lives in Treatment.* New York: Guilford Press.

Winnicott, D. W. (1953). Symptom tolerance in paediatrics: A case history. In: *Collected Papers: Through Paediatrics to Psycho--Analysis.* New York: Basic Books, 1958.

Winnicott, D. W. (1956). Primary maternal preoccupation. In: *Collected Papers: Through Paediatrics to Psycho-Analysis* (pp. 300--305). London: Tavistock Publications; New York: Basic Books, 1958.

Winnicott, D. W. (1958). The capacity to be alone. In: *The Maturational Processes and the Facilitating Environment: Studies in the Theory of Emotional Development.* New York: International Universities Press.

Winnicott, D. W. (1960a). Ego distortion in terms of the true and false self. In: *The Maturational Processes and the Facilitating Environment* (pp. 140-152). London: Hogarth Press; New York: International Universities Press, 1965.

Winnicott, D. W. (1960b). The theory of the parent-infant relationship. In: *The Maturational Processes and the Facilitating Environment* (pp. 37-55). London: Hogarth Press; New York: International Universities Press, 1965.

Winnicott, D. W. (1968). The Squiggle game. In: C. Winnicott, R. Shepherd, & M. Davis (Eds.), *Psycho-Analytic Explorations* (pp. 299-317). Cambridge, MA: Harvard University Press, 1989.

Winnicott, D. W. (1969). The use of an object through identifications. *International Journal of Psychoanalysis, 50:* 711-716.

Winnicott, D. W. (1971). *Playing and Reality.* London: Tavistock.